高等院校应用型国际经济与贸易专业精品教材

报关实务

张克夫　隋东旭◎主　编
崔日明◎主　审

電子工業出版社
Publishing House of Electronics Industry
北京・BEIJING

内 容 简 介

本书紧密结合我国进出口业务实际需要，以报关员从事报关与通关业务所需政策法规、专业基础知识和作业技能为基础，分十章进行阐述，介绍了报关与海关管理、与报关有关的法律法规以及相应的管理制度；报关的单据填制、商品归类及进出口税费等基本知识；最后详细地阐述了一般进出口货物、保税加工货物、保税物流货物、其他特殊货物的报关流程。本书既可作为高等院校经济类、管理类各专业学生和老师学习和教学的通用教材或辅导书，也可作为从事外贸、运输、保险、银行、海关商检、商会等部门工作的专业人员学习与参考资料。

图书在版编目（CIP）数据

报关实务 / 张克夫，隋东旭主编. —北京：电子工业出版社，2021.9

ISBN 978-7-121-41884-6

Ⅰ. ①报… Ⅱ. ①张… ②隋… Ⅲ. ①进出口贸易－海关手续－中国－高等学校－教材 Ⅳ. ①F752.5

中国版本图书馆 CIP 数据核字（2021）第 173582 号

责任编辑：刘淑敏　　特约编辑：田学清
印　　刷：大厂聚鑫印刷有限责任公司
装　　订：大厂聚鑫印刷有限责任公司
出版发行：电子工业出版社
　　　　　北京市海淀区万寿路 173 信箱　　邮编：100036
开　　本：787×1092　1/16　印张：15.5　字数：349 千字
版　　次：2021 年 9 月第 1 版
印　　次：2021 年 9 月第 1 次印刷
定　　价：56.00 元

凡所购买电子工业出版社图书有缺损问题，请向购买书店调换。若书店售缺，请与本社发行部联系，联系及邮购电话：（010）88254888，88258888。

质量投诉请发邮件至 zlts@phei.com.cn，盗版侵权举报请发邮件至 dbqq@phei.com.cn。

本书咨询联系方式：（010）88254199，sjb@phei.com.cn。

前　言

改革开放后，中国已成为经济全球化的受益者和对外贸易增长较快的国家之一。自 2002 年以来，中国的对外贸易连续多年保持高速增长态势。2008 年，中国对外贸易额达 25 616.3 亿美元，居全球第三位。2010 年，中国成为继美国之后的世界第二大贸易国，并带动世界贸易的增长。2019 年年末，中国经济持续放缓，国际不稳定因素居多，对外贸易的快速发展必然对国际商务人才产生巨大的需求。高等教育体系中的报关专业的教学目标是学生能够在外经贸企业、外资企业、外贸管理等部门从事外贸销售，外贸制单，外贸跟单，进出口货物报关、报检，涉外商务代理、货运代理、船务代理，涉外商务谈判，咨询，商务文秘和其他涉外报关服务及管理的工作。

海关的报关不但要依法监管进出境的运输工具、货物、行李物品、邮递物品和其他物品，而且要负责征收关税和其他税费，查缉走私，担负编制海关统计的任务，即以实际的进出口货物作为统计和分析对象，通过搜集、整理和加工处理进出口货物报关单证或经海关核准的其他报关单证，对进出口货物的品种、数量、价格、国别（地区）、经营单位、境内目的地、境内货源地、贸易方式、运输方式等项目分别进行统计。通过对这些全面的、准确的统计数据进行综合分析，我们就能及时了解和掌握对外贸易运行的情况，为中国制定对外贸易政策、进行宏观调控提供重要的决策依据。

在知识结构和能力结构等方面，海关报关专业要求学生掌握基本的报关流程、报关政策及制度，使学生能够具体运作国际商务报关中各个业务环节，并具有扎实的报关基础和实务应用能力。海关报关专业具有明显的技能型特点，因此在教学内容与手段上强调应用性和实践性。高等教育和应用型本科院校的报关实务教学应以就业为导向，以培养高技能人才为目标，满足社会发展和经济建设的需要。在以就业为导向方面，目前中国相关部门推出了外销员、国际商务师，以及报关员、单证员、跟单员、货运代理、报检员等职业从（执）业考试制度。明确的职业准入制度及职位岗位能力要求，使报关实务的教学有了与就业需求对接的“接口”，可以减少毕业生的职业“磨合”过程。

“报关实务”是一门研究进出境运输工具、货物、物品所有人或其代理人向海关办理有关手续，以及海关对其依法进行监督管理、核准其进出境的具体过程的专业课程。为了适应国际商务专业教学教改和就业需求导向的要求，本书紧密结合中国进出口业务实际的需要，以报关员从事报关与通关业务所需的政策法规、专业基础知识和作业技能为基础。本书共十章：报关与海关管理、与报关有关的海关法律制度、报关与进出口国家管制制度、进出口报关单填制规范、进出口商品归类、进出口税费、一般进出口货物报关、保税加工货物报关、保税物流货物的报关程序、其他特殊货物的报关程序。

本书涉及进出口报关与通关业务专业知识，技能技巧全面，易懂好学。其中，每章前面的“学习目标”指引学生了解或掌握重点知识；“开篇案例”的知识由浅入深，加强实务的应用。每章后面附有“本章小结”“复习思考题”，便于学生巩固学习成果。报关是国际贸易不可缺少的环节，报关能力一方面直接关系到企业的物流周期和贸易成本，另一方面影响海关的通关效率和海关监管水平。我们根据多年讲授报关实务课程积累的经验，并结合企业的做法，编写了本书。希望本书可以为从事报关等业务操作方面的商务人员提供一些参考。

目　录

第一章

报关与海关管理

学习目标

- 了解我国报关管理制度的产生和发展。
- 了解报关的概念和范围。
- 掌握报关的分类。
- 掌握报关单位的管理制度。
- 了解我国海关的性质与任务。
- 了解我国海关的权力。
- 了解我国海关的管理体制与法律体系。

开篇案例

2013 年 10 月 15 日，某公司以一般贸易方式向某海关（直属海关）申报进口一批大豆，但申报单价明显低于国际市场上同期同类商品的行情价格及海关所掌握的商品价格。某公司对此未能向海关做出合理的解释。后经进一步核查，海关发现该公司在进口贸易过程中有删改合同和发票行为，存在故意低报价格、逃税漏税的重大嫌疑。

辩证思考：

根据《中华人民共和国海关法》（以下简称《海关法》）第六条的现代关税与报关有关规定，海关有权扣留涉案货物。在案件调查期间，海关可以委托拍卖机构将该货物先行变卖，同时制发《先行变卖通知书》，告知当事人对涉案货物先行变卖的有关情况。

（资料来源：程敏然，董晓波．现代关税与报关实务[M]．合肥：安徽大学出版社，2015．略有改动）

第一节 报 关

报关管理制度是指海关依法对报关单位的报关资格审定、批准，以及对报关单位的报关行为进行规范和有效管理的业务制度。报关管理制度是实现海关职能的制度保障，是报关单位和报关人员的报关行为准则，是实现海关进出境监督管理职能和维护国家进出口经济贸易活动正常秩序的重要保证。

一、我国报关管理制度的产生和发展

为了维护国家的主权，中华人民共和国成立伊始，就制定了进出口人针对进出口货物应向海关申报的报关制度，并统一使用新的报关单证。长期以来，由于对外贸易都是经国家批准的国有对外贸易专业公司来经营的，进出口货物全部在原外贸部统一领导下有组织、有计划地进行，报关均由各个国有对外贸易专业公司单独直接办理，报关管理对象较为单一。因此，这个阶段的报关管理只是一种形式上的管理，没有充分地体现海关的管理机关职能。

1985 年 2 月，中华人民共和国海关总署发布了《中华人民共和国海关对报关单位实施注册登记制度的管理规定》。这个规定明确了报关单位的范围和报关员的资格条件，也明确了报关单位和报关员的权利、义务和法律责任，并对报关单位提出了注册登记的要求。该规定是我国海关第一个比较完善的、全国统一的报关管理制度的法规文件，是我国海关报关制度基本形成的重要标志。

1987 年 7 月 1 日，《海关法》颁布实施，首次以法律形式对报关注册登记、报关企业、代理报关企业、报关员的管理做了规定，为我国报关管理制度的发展和完善提供了坚实的法律基础。《海关法》的有关规定明确了海关对企业、单位的进出口货物报关权的审批权力，解决了长期以来存在的进出口经营权、国际货运代理权与报关权混淆的问题，为海关加强报关管理工作提供了充分的法律依据。

1992 年，《中华人民共和国海关对报关单位和报关员的管理规定》公布并实施，进一步明确了报关企业或者有权经营进出口业务的企业必须由海关注册登记后才能具有向海关办理报关纳税手续的资格，并将报关单位分为代理报关单位（指专业报关企业和代理报关企业）和自理报关单位两大类，对其申请注册登记的条件资格做了明确的规定；明确了报关员的资格条件及其报关行为规则、义务和法律责任；首次明确了经计算机传送数据的报关单与手工填写的报关单具有同等的法律效力，规定在实现计算机报关的口岸，代理报关单位和自理报关单位或报关员应当负责将报关单上的申报数据录入计算机，不具备自行录入报关数据条件的可委托数据录入服务单位代为录入；明确提出了报关管理制度的改革方向是报关专业化、社会化和网络化，支持专业报关企业的发展。

1994 年 10 月 24 日，《中华人民共和国海关对专业报关企业的管理规定》公布并实施。1995 年 7 月 6 日，《中华人民共和国海关对代理报关企业的管理规定》公布并实施。这些规定的实施，积极地推进了报关管理制度的进一步法制化、规范化。同时，我国的报关管理制度向国际化迈进了一大步。

2001 年 1 月 1 日起，新修订的《海关法》以法律形式明确规定了向海关办理报关纳税手续的企业及及其人员的主体资格、报关企业及其委托人的法律地位和法律责任、企业的报关注册登记、报关企业和报关人员的业务守则等内容，将我国的报关管理制度进一步法治化和规范化，使我国的报关管理更加适应外贸体制的改革与中国加入世界贸易组织的要求，标志着我国报关管理制度走向完善。

随着报关和行业监管制度的完善，海关总署于 2013 年发布了第 54 号《关于改革报关员资格管理制度的公告》，取消报关员资格核准审批制度，对报关员从业不再设置门槛和准入条件。自 2014 年起不再组织报关员资格全国统一考试。报关从业人员既可以企业自主聘用，也可以由报关协会自行管理。海关总署通过指导、督促报关企业加强内部管理实现对报关从业人员的间接管理。

二、报关的概念和范围

（一）报关的概念

报关的概念有广义和狭义之分。广义的报关是指进出口货物的收发货人、进出境物品的所有人、进出境运输工具的负责人或代理人就其进出口货物、进出境物品或进出境运输工具向海关办理进出境手续及有关海关事务的全过程；而狭义的报关是指企业的报关人员就企业的进出口货物、物品备齐所需单证向海关申报的行为。

（二）报关的性质

《海关法》第八条、第九条明确规定了进出境运输工具、货物、物品，必须通过设立海关的地点进境或者出境，在特殊情况下，需要经过未设立海关的地点，临时进境或者出境的，必须经国务院或者国务院授权的机关批准，并依照《海关法》规定办理相关手续。进出口货物，除另有规定的外，可以由进出口货物收发货人自行办理报关纳税手续，也可以由进出口货物收发货人委托海关准予注册登记的报关企业办理报关纳税手续。因此，报关制度是一种以法律形式确定下来的管理制度。进出口企业及相关的从业人员必须遵守报关制度。

（三）报关的范围

按照《海关法》第二条规定，海关对进出境的运输工具、货物、行李物品、邮递物品和其他物品依法进行监管。据此，进出境运输工具的负责人、进出口收发货人和进出境物品的所有人，在上述运输工具、货物及物品进出境时必须如实申报，配合海关的监管工作。报关分为进出境运输工具报关、进出境货物报关和进出境物品报关三项内容。

1. 进出境运输工具报关

《海关法》明确规定，进出境运输工具到达或者驶离设立海关的地点时，运输工具负责人应当向海关如实申报，交验单证，并接受海关监管和检查。停留在设立海关的地点的进出境运输工具，未经海关同意，不得擅自驶离。进出境运输工具从一个设立海关的地点驶往另一个设立海关的地点，应当符合海关监管要求，办理海关手续，未办结海关手续的，不得改驶境外。进境运输工具在进境以后且向海关申报以前，出境运输工具在办结海关手续以后出境以前，应当按照交通主管机关规定的路线行进；交通主管机关没有规定的，由海关指定。进出境船舶、火车、航空器到达和驶离时间、停留地点、停留期间更换地点以及装卸货物、物品时间，运输工具负责人或者有关交通运输部门应当事先通知海关。运输工具装卸进出境货物、物品或者上下进出境旅客，应当接受海关监管。货物、物品装卸完毕，运输工具负责人应当向海关递交反映实际装卸情况的交接单据和记录。进出境运输工具的人员携带物品的，应当向海关如实申报，并接受海关检查。

海关在检查进出境运输工具时，运输工具负责人应当到场，并根据海关的要求开启舱室、房间、车门；有走私嫌疑的，并应当开拆可能藏匿走私货物、物品的部位，搬移货物、物料。海关根据工作的需要，可以派员随运输工具执行职务，运输工具负责人应当提供方便。

视野拓展

进出境货物

进出境货物是指自进境起到办结海关手续止的进口货物，自向海关申报起到出境止的出口货物，自进境起到出境止的过境、转运和通运货物。

2. 进出境货物报关

根据《海关法》规定：进口货物自进境起到办结海关手续止；出口货物自向海关申报起到出境止；过境、转运和通运货物自进境起到出境止，应当接受海关监管。

进口货物的收货人应当自运输工具申报进境之日起十四日内，出口货物的发货人除海关特准的外，应当在货物运抵海关监管区后、装货的二十四小时以前，向海关申报。进口货物的收货人超过规定期限向海关申报的，由海关征收滞报金。

视野拓展

滞报金

海关征收滞报金的计算公式：进口货物完税价格×0.5‰×滞报天数。滞报金是一种由于进口货物收货人或其代理人超过法定期限向海关报关而产生的行政罚款。值得注意的是，海关出具的滞报金收据不是处罚通知书。

进口货物的收货人、出口货物的发货人应当向海关如实申报，交验进出口许可证件和有关单证。国家限制进出口的货物，没有进出口许可证件的，不予放行，具体处理办法由国务院规定。

进出口货物应当接受海关查验。海关在查验货物时，进口货物的收货人、出口货物的发货人应当到场，并负责搬移货物，开拆和重封货物的包装。海关认为必要时，可以径行开验、复验或者提取货样。

3. 进出境物品报关

《海关法》规定：个人携带进出境的行李物品、邮寄进出境的物品，应当以自用、合理数量为限，并接受海关监管。进出境物品的所有人应当向海关如实申报，并接受海关查验。海关加施的封志，任何人不得擅自开启或者损毁。当今世界上大多数国家的海关法律都规定对旅客进出境采用“红绿通道”制度。我国海关也采用了“红绿通道”制度。我国海关规定，进出境旅客在向海关申报时，可以在分别以红色、绿色作为标记的两种通道中进行选择。带有绿色标志的通道称为“无申报通道”（又称“绿色通道”），适用于携运物品在数量和价值上均不超过免税限额，且无国家限制或禁止进出境物品的旅客；带有红色标志的通道称为“申报通道”（又称“红色通道”），适用于携带应向海关申报物品的旅客。选择“红色通道”的旅客，必须填写“中华人民共和国海关进出境旅客行李物品申报单”（以下简称申报单）或海关规定的其他申报单证，在进出境地向海关做出书面申报。

自 2008 年 2 月 1 日起，海关在全国各对外开放口岸实行新的进出境旅客申报制度。进出境旅客没有携带应向海关申报物品的，无须填写申报单，选择“无申报通道”通关。除海关免予监管的人员及随同成人旅行的 16 周岁以下旅客以外，进出境旅客携带应向海关申报物品的，须填写申报单，向海关书面申报并选择“申报通道”通关。

进出境邮袋的装卸、转运和过境，应当接受海关监管。邮政企业应当向海关递交邮件路单。邮政企业应当将开拆及封发国际邮袋的时间事先通知海关，海关应当按时派员到场监管查验。

经海关登记准予暂时免税进境或者暂时免税出境的物品，应当由本人复带出境或者复带进境。过境人员未经海关批准，不得将其所带物品留在境内。

享有外交特权和豁免的外国机构人员的公务用品或者自用物品进出境，依照有关法律、行政法规的规定办理。

视野拓展

外交特权与豁免

外交特权与豁免是指在国际交往中，根据互相尊重主权和平等互惠的原则，一国对驻在本国的他国外交代表及享有外交代表资格的人员给予一定的特殊权利和优惠待遇。其主要包括：（1）人身、寓所和财产不受侵犯；（2）司法管辖豁免；（3）免除捐税；（4）免纳关税、行李免检；（5）免除作证义务。按照《中华人民共和国刑法》第八条的规定，享有外交特权与豁免权的外国人的刑事责任问题，通过外交途径解决。

三、报关的分类

（一）根据报关的对象划分

根据报关的对象划分，报关分为进出境运输工具报关、进出境物品报关和进出境货物报关三类。进出境运输工具报关是将进出境的运输工具作为货物、人员及其携带的物品的进出境的载体，其报关内容主要是向海关直接交验随附的、符合国际商业运输惯例的、能反映运输工具进出境合法性及其所载货物、物品情况的合法证件、清单和其他运输单证，报关手续比较简单。

进出境物品是指个人以运输、携带等方式进出境的行李物品、邮寄进出境物品和其他类型的物品。这些物品属于非贸易性质，因此海关在自用、合理的数量范围内予以免证、免税放行。进出境货物报关在所有报关业务中最为重要。为了实现海关监管的目标，海关制定了一系列的报关管理规范，并要求该项工作由专业人员办理。

（二）根据报关的目的划分

根据报关的目的划分，报关分为进境报关、出境报关和转关报关三类。

视野拓展

转关报关

转关报关：报关单位需要在出口货物所在地海关，办理一次性报关手续，并且办理转关运输手续，然后在口岸海关办理放行手续。转关运输货物属于海关监管货物。

（1）由进境地入境后，向海关申请转关运输，运往另一设关地点，办理进口海关手续的货物。

（2）在起运地以办理出口手续运往出境地，由出境地海关监管放行的货物。

（3）从关境内设关地点转运至另一个设关地点，应受海关监管的货物。

（三）根据报关主体划分

根据报关主体划分，报关分为自理报关和代理报关两类。自理报关是指进出口收发货人自行办理报关业务。代理报关是指报关企业接受进出口收发货人的委托，根据报关协议代其办理报关业务。

四、报关单位的管理制度

为了加强对报关纳税的企业及其人员的主体资格的管理，规范报关行为，明确报关单位的法律地位和法律责任，《海关法》和相关行政法规、规章，明确了一系列报关单位管理制度，其中包括报关单位的注册登记制度。海关总署令第 221 号《中华人民共和国海关报关单位注册登记管理规定》已于 2014 年 3 月 13 日经海关总署署务会议审议通过并公布，自公布之日起施行。2005 年 3 月 31 日以海关总署令第 127 号发布的《中华人民共和国海关对报关单位注册登记管理规定》同时废止。

（一）报关单位的注册登记制度

《中华人民共和国海关法》第九条、第十一条明确规定，进出口货物除另有规定的外，可以由进出口货物收发货人自行办理报关纳税手续，也可以由进出口货物收发货人委托海关准予注册登记的报关企业办理报关纳税手续。进出口货物收发货人、报关企业办理报关手续，必须依法经海关注册登记。未经海关注册登记，不得从事报关业务。报关注册登记制度是指进出口货物收发货人、报关企业向海关提供规定的注册登记申请材料，经注册地海关依法对申请注册登记材料进行审核，准予其办理报关业务的管理制度。

1. 报关单位的主体资格

报关单位是指依法在海关注册登记的进出口货物收发货人和报关企业。《海关法》明确规定了对向海关办理进出口货物报关手续的进出口货物收发货人、报关企业实行注册登记管理制度。依法向海关注册登记是法人、其他组织或者个人成为报关单位的法定要求。《海关法》将报关单位分为进出口货物收发货人和报关企业两种类型。

1）进出口货物收发货人

进出口货物收发货人是指依法直接进口货物或者出口货物的中华人民共和国关境内的法人、其他组织或者个人。

一般而言，进出口货物收发货人是指依法向国务院对外贸易主管部门或者其委托的机构办理备案登记的对外贸易经营者。对于一些未取得对外贸易经营者备案登记表，但按照国家有关规定需要从事非贸易性进出口活动的单位，如境外企业，新闻、经贸机构，文化团体等依法在中国境内设立的常驻代表机构，少量货样进出境的单位，国家机关、学校、科研院所等组织机构，临时接受捐赠、礼品、国际援助的单位，国际船舶代理企业等，在进出口货物时，海关视其为进出口货物收发货人。进出口货物收发货人经向海关注册登记后，只能为本单位进出口货物报关。

2）报关企业

报关企业是指按照相关规定经海关准予注册登记，接受进出口货物收发货人的委托，以进出口货物收发货人的名义或者以个人的名义，向海关办理代理报关业务，从事报关服务的境内企业法人。

目前，我国从事报关服务的报关企业主要分为两类：一类是经营国际货物运输代理等业务，兼营进出口货物代理报关业务的国际货物运输代理公司等；另一类是主营代理报关业务的报关公司或报关行。

中华人民共和国海关是报关单位注册登记管理的主管机关。报关单位办理报关业务应当遵守国家有关法律、行政法规和海关规章的规定，承担相应的法律责任。报关单位对其所属报关人员的报关行为应当承担相应的法律责任。除法律、行政法规或者海关规章另有规定外，办理报关业务的报关单位，应当按照规定到海关办理注册登记。

报关单位注册登记分为报关企业注册登记和进出口货物收发货人注册登记两类。报关企业应当经所在地直属海关或者其授权的隶属海关办理注册登记许可后，方能办理报关业务。

进出口货物收发货人可以直接到所在地海关办理注册登记。报关单位应当在每年 6 月 30 日前向注册地海关提交《报关单位注册信息年度报告》。报关单位所属人员从事报关业务的，报关单位应当到海关办理备案手续，海关予以核发证明。报关单位可以在办理注册登记手续的同时办理所属报关人员备案。

进出口货物收发货人应当通过本单位所属的报关人员办理报关业务，或者委托海关准予注册登记的报关企业，由报关企业所属的报关人员代为办理报关业务。

海关可以将报关单位的报关业务情况及所属报关人员的执业情况予以公布。已经在海关办理注册登记的报关单位，再次向海关提出注册登记申请的，海关不予受理。

2. 报关企业注册登记

报关服务是一项专业性、技术性很强的工作，是进出口贸易中重要的中介服务环节。报关企业作为提供报关服务的企业，要有一定的经营规模、相当数量的报关专业人员和有经验的管理人员，并具备健全的组织机构和财务管理制度，应对报关服务市场有一定的了解。为此，海关对报关企业规定了具体的设立条件。报关企业应依法获得注册登记许可。

（1）报关企业应具备的设立条件：

① 具备境内企业法人资格条件；

② 法定代表人无走私记录；

③ 无因走私违法行为被海关撤销注册登记许可记录；

④ 有符合从事报关服务所必需的固定经营场所和设施，以及海关监管所需的其他条件。

（2）报关企业获得注册登记许可一般要经过下列程序。

第一，报关企业提出注册登记许可申请。申请报关企业注册登记许可的申请人应当到所在地直属海关对外公布受理申请的场所向海关提出申请。申请人在提出申请时应提交的材料包括：《报关单位情况登记表》；企业法人营业执照副本复印件和组织机构代码证书副本复印件；报关服务营业场所所有权证明或者使用权证明；其他与申请注册登记许可相关的材料。

申请人可以委托代理人提出报关企业注册登记许可申请。申请人委托代理人代为提出申请的，应当出具授权委托书。

第二，海关对申请的处理。对申请人提出的申请，海关应当根据下列情况分别做出处理：申请人不具备报关企业注册登记许可申请资格的，应当做出不予受理的决定；申请材料不齐全或者不符合法定形式的，应当当场或者在签收申请材料后5日内一次性告知申请人需要补正的全部内容，逾期不告知的，自收到申请材料之日起即为受理；申请材料仅存在文字、技术或者装订等方面出错，可以当场更正的错误的，应当允许申请人当场更正，并且由申请人对更正内容予以签章确认；申请材料齐全、符合法定形式，或者申请人按照海关的要求提交全部补正申请材料的，海关应当受理报关企业注册登记许可申请，并做出受理的决定。

第三，海关对申请的审查。海关受理申请后，应当根据法定条件和程序进行全面审查，并于受理报关企业注册登记许可申请之日起20日内审查完毕。

直属海关未授权隶属海关办理注册登记许可的，应当自收到所在地海关报送的审查意见之日起20日内做出决定；直属海关授权隶属海关办理注册登记许可的，隶属海关应当自受理或者收到所在地海关报送的审查意见之日起20日内做出决定。

第四，行政许可的认定。申请人的申请符合法定条件的，海关应当依法做出准予注册登记许可的书面决定，并送达申请人，同时核发《中华人民共和国海关报关单位注册登记证书》，有效期为2年。申请人的申请不符合法定条件的，海关应当依法做出不准予注册登记许可的书面决定，并且告知申请人享有依法申请行政复议或者提起行政诉讼的权利。

（3）报关企业分支机构备案。报关企业在取得注册登记许可的直属海关关区外从事报关服务的，应当依法设立分支机构，并向分支机构所在地海关备案。报关企业在取得注册登记许可的直属海关关区内从事报关服务的，可以设立分支机构，并向分支机构所在地海关备案。报关企业分支机构可以在备案海关关区内从事报关服务。备案海关为隶属海关的，报关企业分支机构可以在备案海关所属的直属海关关区内从事报关服务。报关企业对其分支机构的行为承担法律责任。报关企业设立分支机构应当向其分支机构所在地海关提交下列备案材料：《报关单位情况登记表》；报关企业的《中华人民共和国海关报关单位注册登记证书》复印件；报关企业分支机构营业执照副本复印件及组织机构代码证书副本复印件；报关服务营业场所所有权证明复印件或者使用权证明复印件；海关要求提交的其他备案材料。经审查符合备案条件的，海关应当核发《中华人民共和国海关报关单位注册登记证书》。

视野拓展

海关备案

海关备案是指要求海关对其知识产权实施保护的权利人，将其知识产权的法律状况、有关货物的情况、知识产权合法使用情况和侵权货物进出口情况以书面形式通知海关总署，以便海关在对进出口货物的监管过程中主动对有关知识产权实施保护。根据《中华人民共和国知识产权海关保护条例》，知识产权备案不再是海关对知识产权实施保护的前提，未进行知识产权备案的权利人仍然有权向口岸海关申请扣留进出口的侵权货物。但是，事先是否进行知识产权备案，在实践中有很大的差异。

（4）报关企业注册登记许可期限。报关企业注册登记许可期限为2年。被许可人需要延续注册登记许可有效期的，应当办理注册登记许可延续手续。报关企业分支机构备案有效期为2年，报关企业分支机构应当在有效期届满前30日持备案材料到分支机构所在地海关办理换证手续。

（5）报关企业注册登记许可的变更。报关企业的企业名称、法定代表人发生变更的，应当持《报关单位情况登记表》《中华人民共和国海关报关单位注册登记证书》、变更后的工商营业执照或者其他批准文件及复印件，以书面形式到注册地海关申请变更注册登记许可。报关企业分支机构企业名称、企业性质、企业住所、负责人等海关备案内容发生变更的，应当自变更生效之日起30日内，持变更后的营业执照副本或者其他批准文件及复印件，到所在地海关办理变更手续。报关人员备案内容发生变更的，报关企业及其分支机构应当在变更事实发生之日起30日内，持变更证明文件等相关材料到注册地海关办理变更手续。对被许可人提出的变更注册登记许可申请，注册地海关应当参照注册登记许可程序进行审查。经审查符合注册登记许可条件的，海关应当做出准予变更的决定，并办理注册信息变更手续。经审查不符合注册登记许可条件的，海关不予变更其注册登记许可。

（6）报关企业注册登记许可的延续。报关企业办理注册登记许可延续手续，应当在有效期届满40日前向海关提出申请，并提交申请报关企业注册登记许可应当提交的文件材料。依照海关规定提交复印件的，报关企业应当同时交验原件。报关企业应当在办理注册登记许可延续的同时，办理换领《中华人民共和国海关报关单位注册登记证书》手续。报关企业未按照规定的时限提出延续申请的，海关不再受理其注册登记许可延续申请。海关应当参照注册登记许可程序在有效期届满前对报关企业的延续申请予以审查。经审查认定报关企业符合注册登记许可条件，以及法律、行政法规、海关规章规定的延续注册登记许可应当具备的其他条件的，海关应当依法做出准予延续2年有效期的决定。海关应当在注册登记许可有效期届满前做出是否准予延续的决定。有效期届满仍未做出决定的，视为准予延续，海关应当依法为其办理注册登记许可延续手续。海关对不再具备注册登记许可条件，或者不符合法律、行政法规、海关规章规定的延续注册登记许可应当具备的其他条件的报关企业，不准予延续其注册登记许可。

（7）报关企业注册登记许可的注销。有下列情形之一的，海关应当依法注销报关企业注册登记许可：

① 有效期届满未申请延续的，报关企业依法终止的；

② 注册登记许可依法被撤销、撤回的，或者注册登记许可证件依法被吊销的；

③ 不可抗力导致注册登记许可事项无法实施的；

④ 法律、行政法规规定的，应当注销报关企业注册登记许可的其他情形。海关依据规定注销报关企业注册登记许可的，应当同时注销该报关企业设立的所有分支机构。

3. 进出口货物收发货人注册登记

1）办理注册登记的流程

进出口货物收发货人应当按照规定到所在地海关办理报关单位注册登记手续。进出口货物收发货人在海关办理注册登记后可以在中华人民共和国关境内口岸或者海关监管业务集中的地点办理本企业的报关业务。进出口货物收发货人申请办理注册登记，应当提交下列文件材料，另有规定的除外：

（1）《报关单位情况登记表》。

（2）营业执照副本复印件及组织机构代码证书副本复印件。

（3）对外贸易经营者备案登记表复印件或者外商投资企业（中国台、港、澳地区侨胞投资企业）批准证书复印件；其他与注册登记有关的文件材料。

（4）申请人按照《中华人民共和国海关单位注册登记管理规定》第一款规定提交复印件的，应当同时向海关交验原件。

注册地海关依法对申请注册登记材料进行核对。经核对申请材料齐全、符合法定形式的，应当核发《中华人民共和国海关报关单位注册登记证书》。除海关另有规定外，进出口货物收发货人的《中华人民共和国海关报关单位注册登记证书》长期有效。

2）其他规定

（1）办理临时注册登记手续的单位。下列单位未取得《对外贸易经营者备案登记表》，按照国家有关规定需要从事非贸易性进出口活动的，应当办理临时注册登记手续。

第 ，境外企业，新闻、经贸机构，文化团体等依法在中国境内设立的常驻代表机构；

第二，少量货样进出境的单位；

第三，国家机关、学校、科研院所等组织机构；

第四，临时接受捐赠、礼品、国际援助的单位；

第五，其他可以从事非贸易性进出口活动的单位。

临时注册登记单位在向海关申报前，应当向所在地海关办理备案手续。在特殊情况下，可以向拟进出境口岸或者海关监管业务集中地海关办理备案手续。

办理临时注册登记的单位，应当持本单位出具的委派证明或者授权证明，以及非贸易性活动证明材料。办理临时注册登记的单位，海关可以出具临时注册登记证明，但是不予核发注册登记证书。临时注册登记有效期为 1 年，有效期届满后，进出口货物收发货人应当重新办理临时注册登记手续。已经办理报关注册登记的进出口货物收发货人，海关不予办理临时注册登记手续。

（2）进出口货物收发货人注册登记内容的变更。进出口货物收发货人的企业名称、企业性质、企业住所、法定代表人（负责人）等海关注册登记内容发生变更的，应当自变更生效之日起 30 日内，持变更后的营业执照副本或者其他批准文件及复印件，到注册地海关办理变更手续。所属报关人员发生变更的，进出口货物收发货人应当在变更事实发生之日起 30 日内，持变更证明文件等相关材料到注册地海关办理变更手续。

（3）进出口货物收发货人注册登记内容的注销。

进出口货物收发货人有下列情形之一的，应当以书面形式向注册地海关办理注销手续。海关在办结有关手续后，应当依法办理注销注册登记手续。

第一，破产、解散、自行放弃报关权或者分立成两个以上新企业的；

第二，被工商行政管理机关注销登记或者吊销营业执照的；

第三，丧失独立承担责任能力的；

第四，对外贸易经营者备案登记表或者外商投资企业批准证书失效的；

第五，其他依法应当注销注册登记的情形。进出口货物收发货人未主动办理注销手续的，海关可以在办结有关手续后，依法注销其注册登记。

4. 报关单位的管理

报关单位有权向海关查询其办理的报关业务情况。报关单位应当妥善保管海关核发的注册登记证书等相关证明文件。遗失相关证明文件的报关单位应当及时以书面形向海关报告并说明情况。海关应当自收报关单位的情况说明之日起 20 日内予以补发相关证明文件。遗失的注册登记证书等相关证明文件在补办期间仍然处于有效期间的，报关单位可以办理报关业务。报关单位向海关提交的纸质进出口货物报关单应当加盖报关单位的报关专用章。报关专用章应当按照海关总署统一规定的要求刻制。报关企业及其分支机构的报关专用章仅限在其取得注册登记许可或者备案的直属海关关区内使用。进出口货物收发货人的报关专用章可以在全关境内使用。

报关单位在办理注册登记业务时，应当对其提交的申请材料及所填报信息内容的真实性负责并承担法律责任。海关依法对报关单位从事报关活动及其经营场所进行监督和实地检查，依法查阅或者要求报关单位报送有关材料。报关单位应当积极配合海关，如实提供有关情况和材料。

海关对报关单位办理海关业务中出现的报关差错予以记录，并公布记录情况的查询方式。报关单位对报关差错记录有异议的，可以自报关差错记录之日起 15 日内向记录海关以书面方式申请复核。海关应当自收到书面申请之日起 15 日内进行复核，对报关记录错误的行为予以更正。

5. 其他规定

报关单位、报关人员违反《海关法》的规定，构成走私行为、违反海关监管规定行为或者其他违反《海关法》行为，由海关依照《海关法》《中华人民共和国海关行政处罚实施条例》的有关规定予以处理；报关单位、报关人员构成犯罪的，依法追究刑事责任。报关单位有下列情形之一的，海关予以警告，责令其改正，处 1 万元以下罚款：

（1）报关单位企业名称、企业性质、企业住所、法定代表人（负责人）等海关注册登记内容发生变更，未按照规定向海关办理变更手续的。

（2）向海关提交的注册信息中隐瞒真实情况、弄虚作假的。

上述规定中所规定的期限以工作日计算，不含法定节假日、休息日。报关人员是指经报关单位向海关备案，专门负责办理所在单位报关业务的人员。报关差错率是指报关单位被记录报关差错的总次数除以同期申报总次数的百分比。海关特殊监管区域内企业可以申请注册登记成为特殊监管区域双重身份企业，海关按照报关企业有关规定办理注册登记手续。特殊监管区域双重身份企业在海关特殊监管区域内拥有进出口货物收发货人和报关企业双重身份，在海关特殊监管区外仅有报关企业身份。除海关特殊监管区域双重身份企业外，报关单位不得同时在海关注册登记为进出口货物收发货人和报关企业。

（二）企业分类管理制度

为了实现海关监管资源合理配置，海关总署于 2010 年 11 月 15 日以第 197 号令发布了《中华人民共和国海关企业分类管理办法》（以下简称《管理办法》），自 2011 年 1 月 1 日起施行。同时，2008 年 1 月 30 日，海关总署令第 170 号公布的《中华人民共和国海关企业分类管理办法》废止。对企业实施分类管理，对高类别的守法企业，通过简化通关手续，加快通关速度，降低其通关成本，为守法企业带来实实在在的便捷和效益，从而增强企业的竞争力。海关将有限的监管力量主要放在对低类别失信企业的严密监管上，促使企业规范其进出口行为，同时对其他企业起到警示、教育和预防的作用。

1.《管理办法》对企业实行分类管理的范围

《管理办法》对适用对象做出了严格的界定，即在海关注册登记的进出口货物收发货人和报关企业。具体包括：海关特殊监管区域内（如保税区、保税物流园区、保税港区、出口加工区等）的企业；在海关登记的加工企业，按照进出口货物收发货人实施分类管理。

视野拓展

出口加工区

出口加工区是国家划定或开辟的专门制造、加工、装配出口商品的特殊工业区。它是经济特区的形式之一，常享受减免各种地方征税的优惠。出口加工区一般选在经济相对发达、交通运输和对外贸易方便、劳动力资源充足、城市发展基础较好的地区，多设于沿海港口或国家边境附近。世界上第一个出口加工区是 1956 年建于爱尔兰的香农国际机场。中国台湾高雄在 20 世纪 60 年代建立出口加工区。中国大陆在 20 世纪 80 年代实行改革开放政策后，在沿海一些城市开始兴建出口加工区。

2.《管理办法》对企业进行类别的设置

《管理办法》无论对进出口货物收发货人，还是对报关企业，都分为 A、AA、B、C、D 五个管理类别。

对于 A 类企业，海关实行“属地报关、口岸验放”，优先派员到企业结合生产或装卸环节实施查验，在业务现场优先办理货物申报、查验、放行手续，在进口货物起运后抵港前或出口货物运人海关监管场所前提前办理报关手续；优先安排在非工作时间和节假日办理加急通关手续，按规定实行银行保证金台账“空转”或不实行银行保证金台账制度；优先办理加工贸易备案、变更、报核等手续；优先办理报关注册登记手续；优先组织对报关员的报关业务培训和岗位考核等一系列通关便利措施。

对于 AA 类企业，除享受 A 类通关便利措施外，海关还实行信任放行，指派专人负责协调解决企业办理海关事务的疑难问题，报关单电子数据经电子审核后直接进入现场验放环节办理复核、验放手续，对进出口货物一般不予开箱查验等通关便利措施。

对于 B 类企业适用常规管理措施，而对 C、D 类企业，海关要在审单、查验、核查等通关，加工贸易业务开展和后续管理环节实行严密的监管措施。

3. 企业管理类别调整的程序

企业管理类别的调整分为上调和下调两个管理类别。对企业类别上调的，必须由企业向注册地海关提出申请，按规定提交申请书及相关材料。注册地海关经审核后，认为企业所提交的材料齐全并符合法定形式的，当场制发《企业分类管理申请受理决定书》，然后报直属海关审定。对于不符合法定形式审核要求的申请，注册地海关予以退回，并一次性告知企业需要补正的内容和材料。

对于申请 AA 类的企业，海关应当自受理之日起 6 个月内做出调整或者不予调整的决定；对于申请 A 类的企业，海关应当自受理之日起 3 个月内做出调整或者不予调整的决定。对于 C、D 类申请调整为 B、C 类的企业，海关应当自受理之日起 1 个月内做出调整或不予调整的决定。

海关发现企业有应当降低管理类别情形的，将按照规定下调其所适用的管理类别并制发《企业类别调整决定书》。

第二节 海关管理

《海关法》第二条规定：中华人民共和国海关是国家的进出关境（以下简称进出境）监督管理机关。海关依照本法和其他有关法律、行政法规，监管进出关境的运输工具、货物、行李物品、邮递物品和其他物品，征收关税和其他税、费，查缉走私，并编制海关统计和办理其他海关业务。

一、我国海关的性质与任务

（一）海关的性质

1. 海关是国家行政机关

我国的国家机关包括享有立法权的立法机关，享有司法权的司法机关和享有行政管理权的行政机关。海关是国家行政机关之一，从属于国家行政管理体制，属于我国最高国家行政机关——国务院的直属机构。海关不论对内、对外，都代表国家依法独立行使行政管理权。

2. 海关是国家行政监督管理机关

海关履行国家行政制度的监督职能。海关依照有关法律、行政法规并通过法律赋予的权力，制定具体的行政规章和行政措施，对特定领域的活动开展行政监督管理，以保证其按国家的法律规范进行。海关实施监督管理的范围是进出关境及与之有关的活动。海关监督管理的对象是所有进出关境的运输工具、货物、物品。

3. 海关的监督管理是国家行政执法活动

海关通过法律赋予的权力，对特定范围内的社会经济活动进行监督管理，并对违法行为依法实施行政处罚，以保证这些社会经济活动符合国家的法律规范。因此，海关的监督管理是保证国家有关法律、法规实施的行政执法活动。

视野拓展

行政执法

行政执法是指行政主体依照行政执法程序及有关法律、法规的规定，对具体事件进行处理并直接影响相对人权利与义务的具体行政法律行为，是国家行政机关在执行宪法、法律、行政法规或履行国际条约时所采取的具体办法和步骤，是为了保证行政法规的有效执行，对特定的人和特定的事件所做的具体的行政行为。

2019 年 1 月 3 日，国务院办公厅印发《关于全面推行行政执法公示制度执法全过程记录制度重大执法决定法制审核制度的指导意见》，就全面推行行政执法公示制度、执法全过程记录制度、重大执法决定法制审核制度工作有关事项提出明确要求。

（二）海关的任务

《海关法》明确规定海关有四个基本任务：监督进出境的运输工具、货物、行李物品、邮递物品和其他物品；征收关税和其他税、费；查缉走私；编制海关统计和办理其他海关业务。四个基本任务简称：海关监管、征收税费、查缉走私和海关统计。除了这四项基本任务，海关的任务还包括知识产权海关保护、海关对反倾销及反补贴的调查等。

1. 海关监管

海关监管是海关的基本任务。根据监管物件的不同，海关监管分为运输工具监管、货物监管和物品监管三个体系，每个体系都有一整套规范的管理程序与管理方法。海关的其他任务都是在监管工作的基础上进行的。除了通过备案、审单、查验、放行、后续管理等方式对进出境运输工具、货物、物品的进出境活动实施监管，海关监管还要执行或监督执行国家其他对外贸易管理制度如进出口许可证制度、外汇管理制度、进出口商品检验检疫制度、文物管理制度等的实施，从而在政治、经济、文化、道德、公众健康等方面维护国家利益。

2. 征收税费

海关的重要任务之一是代表国家征收关税和其他税、费（增值税、消费税等）。海关征税的基本法律依据是《海关法》《中华人民共和国进出口关税条例》（以下简称《关税条例》）。

关税是指由海关代表国家按照《海关法》《中华人民共和国进出口税则》（以下简称《进出口税则》），向进出口商、收发货人就所进出口的货物、进出境物品征收的间接税。关税是国家财政收入的重要来源，也是国家宏观经济调控的重要工具。关税的征收主体是国家。

《海关法》明确将征收关税的权力授予海关，由海关代表国家行使征收关税职能。因此，未经法律授权，其他任何单位和个人均不得行使征收关税的权力。

3. 查缉走私

走私是指进出境活动的当事人或者相关人违反《海关法》及有关法律、行政法规，逃避海关监管，偷逃应纳税款、逃避国家有关进出境的禁止性或者限制性管理，非法运输、携带、邮寄国家禁止、限制进出口或者依法应当缴纳税款的货物、物品进出境，或者未经海关许可并且未缴应纳税款、交验有关许可证件，擅自将保税货物、特定减免税货物，以及其他海关监管货物、物品、进境的境外运输工具在境内销售的行为。

查缉走私是指海关依照法律赋予的权力，在海关监管场所和海关附近的沿海沿边规定地区，为发现、制止、打击、综合治理走私活动而进行的一种调查和惩处活动。查缉走私是海关为保证顺利完成监管和征税等任务而采取的保障措施。

视野拓展

查缉走私

查缉走私是海关为保证顺利完成监管和征税等任务而采取的保障措施，对我国的社会和国家安全具有重要的意义，是我国人民生活正常进行的重要保障。以逃避监管、偷逃关税、牟取暴利为目的的行为，扰乱经济秩序，冲击民族工业，腐蚀干部群众，毒化社会风气，引发违法犯罪，对国家危害性极大，必须予以严厉打击。

4. 海关统计

《中华人民共和国海关统计条例》第二条对海关统计工作做了如下定义：海关统计是海关依法对进出口货物贸易的统计，是国民经济统计的组成部分。

海关统计以实际进出口货物为统计对象，通过收集、整理、分析我国对外贸易进出口货物原始资料（报关单），全面准确地反映我国对外贸易进出口货物情况及国家制定的对外贸易政策运行的情况，为进一步制定宏观经济调控措施提供重要依据。我国海关统计制度规定：实际进出境并引起境内物质资源储备增加或减少的货物，列入海关统计；进出境物品超过自用、合理数量的，列入海关统计。

在上述四个基本任务中，海关监管是基础任务，其他任务是在此基础任务上的延伸。反之，其他任务为海关监管服务。

二、我国海关的权力

海关的权力是指国家为保证海关依法履行职责，通过《中华人民共和国海关法》及其他法律法规赋予海关行使监管职责的权能。海关权力属于公共行政职权，其行使受到一定范围和条件限制，自然应当受到执法监督。

（一）海关权力的特点

海关权力作为一种行政职权，除了一般行政权力的单方性、强制性、无偿性等基本特征，还具有特定性、独立性、效力先定性等特征。

1. 特定性

《海关法》第二条规定：中华人民共和国海关是国家的进出关境监督管理机关。从法律上明确了海关享有对进出关境监管的主体资格，其他机关不具有该项权力。海关权力的特定性体现在海关权力的适用范围是特定的，即进出关境监督管理领域不能用于其他场合。

2. 独立性

《海关法》第三条规定，海关依法独立行使职权，向海关总署负责。海关管理实行垂直领导的管理体制，不受地方政府或个人的干预。

3. 效力先定性

海关效力先定性表现在海关行政行为一经做出，就应推定其合法而必须遵照执行（先执行再申辩）。

（二）海关权力的内容

根据《海关法》及其他法律法规，海关权力包括行政法规制定权、行政许可权、税费征收权、行政监督检查权、行政强制权、行政处罚权、其他行政处理权。

1. 行政法规制定权

行政法规制定权是指海关依照国家法律、法规的授权，针对海关业务制定和颁布具有行政约束力的规则、条例、办法的权力。

2. 行政许可权

行政许可权是指对报关企业注册登记许可，对从事海关监管货物的仓储、转关运输货物的境内运输、加工贸易备案、变更和核销业务的许可，以及对报关人员从业资格的许可等权力。

3. 税费征收权

海关代表国家对进出口货物、物品征收关税及其他税、费；根据法律、行政法规及有关规定对特定的进出口货物、物品减征或者免征关税；对经海关放行后的有关进出口货物、物品，发现少征或者漏征税款的，有依法追征、补征税款的权力。

4. 行政监督检查权

行政监督检查权是实现海关行政管理职能的保证，具体包括如下几项权力：

（1）检查权。海关针对进出境运输工具、有藏匿走私货物嫌疑的场所和走私嫌疑人进行检查。有走私嫌疑的运输工具，在海关监管区和海关附近沿海沿边规定地区外，须经直属海关关长或者其授权的隶属海关关长批准，才能进行检查，但不能检查公民住处。对走私嫌疑人身体检查应在海关监管区和海关附近沿海沿边规定地区内进行。

（2）查验权。海关对进出境的货物、物品有权进行查验以确定货物、物品申报是否属实。必要时，可径行提货，鉴别其合法性。

（3）查阅、复制权。海关有权查阅出入境人员的证件，查阅复制与进出境运输工具、货物、物品相关的合同、发票、账册等其他出入境贸易的资料。

（4）查问权。海关有权对违法人或违法嫌疑人进行查问。

（5）查询权。海关在调查走私案件时，经直属海关关长或者其授权的隶属海关关长批准，对涉嫌走私单位和涉嫌走私人员在金融机构、邮政企业的存款、汇款进行查询。

（6）稽查权。自进出口放行之日起3年内或者保税货物、减免税进口货物在监管期限内及其后的3年内，海关可以对与进出口货物直接相关的企业、单位的会计账簿、会计凭证、报关单证及其他有关资料和有关的进出口货物进行稽查。具体内容参阅《中华人民共和国海关稽查条例》。

5. 行政强制权

海关行使行政强制权是《海关法》及相关法律法规得以贯彻施行的重要保障。具体表现如下：

（1）扣留权。《海关法》第六条的第一、二、三、四款明确规定，对违法进出境运输工具、货物、物品，海关可以扣留。对有走私嫌疑的运输工具、货物、物品和走私犯罪嫌疑人，经直属海关关长或者其授权的隶属海关关长批准，可以扣留，但对走私犯罪嫌疑人，扣留时间不超过二十四小时，在特殊情况下可以延长至四十八小时。在海关监管区和海关附近沿海沿边规定地区以外，海关在调查走私案件时，对有走私嫌疑的运输工具和除公民住处以外的有藏匿走私货物、物品嫌疑的场所，经直属海关关长或者其授权的隶属海关关长批准，海关可以进行检查，有关当事人应当到场；当事人未到场的，在有见证人在场的情况下，海关可以径行检查；对其中有证据证明有走私嫌疑的运输工具、货物、物品，海关可以扣留。

（2）滞报金、滞纳金征收权。海关有权对超过法定申报期限的进出口的货物征收滞报金；有权对进出口货物的纳税义务人未按法定期限缴纳进出口税费征收滞纳金。

视野拓展

纳税义务人

纳税义务人简称“纳税人”，税法规定的直接负有纳税义务的法人或自然人，是纳税的主体。纳税人必须依法纳税，否则按照税法的相关规定承担法律责任。法人是指依法成立并能够独立地行使法定权利和承担法律义务的社会组织。在我国，实行独立经济核算的国有企业、集体经济组织、中外合资经营企业，或者享有独立预算经费的机关、事业单位，以及合法成立的社会团体，都是法人。依法独立享有法定权利，并承担法律义务的公民，以及居住在我国境内的外国人和无国籍的人，都是自然人。

（3）提取货物变卖、先行变卖权。海关对下列情况之一者可先行依法变卖：进口货物超过 3 个月未向海关申报的；进口货物收货人或所有人声明放弃的；海关依法扣留的货物、物品不宜长期保留的，经直属海关关长或其授权的隶属海关关长批准的；规定期限内未申报而又不宜长期保留，以及误卸或溢卸且不宜长期保留的。

（4）强制扣缴、变价抵缴关税权。超过规定期限不纳税，经直属海关关长或授权隶属海关关长批准，对纳税义务人、担保人扣等额银行存款、变卖应税货物或其他货物等财产，以变卖所得抵缴税款。

（5）税收保全。进出口纳税义务人在规定的纳税期内有明显的转移、藏匿其应税货物及其他财产迹象的，海关可责令纳税义务人提供担保；在不能提供纳税担保时，经直属海关关长或授权隶属海关关长批准，可采取扣等额金融存款、货物或其他财产的保全措施。

（6）抵缴、变价抵缴罚款权。当事人逾期不履行处罚决定而又不申请复议或向人民法院提起诉讼时，做出处罚决定的海关可以将其保证金抵缴或将其被扣留货物、物品或运输工具依法变价抵缴。

6. 行政处罚权

海关有权对尚未构成走私罪的违法当事人给予行政处罚，包括对走私的物品没收，对有关当事人的罚款，以及对违规报关员、走私行为人的警告、处罚、暂停资格和取消报关资格权。

7. 其他行政处理权

海关除了拥有上述的权力，还有如下几项权力。

（1）佩戴和使用武器权。《海关法》第六条第七款规定：海关为履行职责，可以配备武器。

（2）连续追缉权。《海关法》第六条第六款规定：进出境运输工具或者个人违抗海关监管逃逸的，海关可以连续追至海关监管区和海关附近沿海沿边规定地区以外，将其带回处理。

（3）行政裁定权。《海关法》第四十三条规定：海关可以根据对外贸易经营者提出的书面申请，对拟作进口或者出口的货物预先做出商品归类等行政裁定。进口或者出口相同货物，应适用相同的商品归类行政裁定。海关对所做出的商品归类等行政裁定，应当予以公布。

（4）行政奖励权。《海关法》第十三条规定：海关建立对违反《海关法》规定逃避海关监管行为的举报制度。任何单位和个人均有权对违反《海关法》规定逃避海关监管的行为进行举报。海关对举报或者协助查获违反《海关法》案件的有功单位和个人，应当给予精神的或者物质的奖励。海关应当为举报人保密。

（三）海关权力行使原则

海关按照《海关法》和国家有关法律法规，在国家赋予的职权范围内自主地、全权地行使海关监督管理权，不受地方政府（包括同级党的机构）和有关部门的干预。在行使权力时应遵循以下原则。

1. 合法原则

合法的原则主要体现在以下几个方面：

（1）主体资格合法。海关有行政权，缉私警察有侦查权。

视野拓展

> **侦查权**
>
> 侦查权是指依法对刑事案件侦缉查讯的权力，是国家追究犯罪人刑事责任的权力之一。中世纪的纠问式诉讼中的侦查权与审判权一般由同一个机关掌握；近代产生了国家追诉主义，把追诉权（包括侦查权）与审判权分开，侦查权一般由警察机关和检察机关行使。法律赋予侦查机关人员广泛的权力，以保证有效地与犯罪做斗争的同时，对侦查手段和强制措施的使用做了限制性的规定，以防滥用侦查权，侵犯公民权利，甚至伤及无辜。在中国，侦查权依法由公安机关、国家安全机关和人民检察院行使。其他任何机关、团体和个人都没有侦查权。

（2）行使权力以法律规范为依据。《海关法》第二条：中华人民共和国海关是国家的进出关境（以下简称进出境）监督管理机关。海关依照《海关法》和其他有关法律、行政法规，监管进出境的运输工具、货物、行李物品、邮递物品和其他物品（以下简称进出境运输工具、货物、物品），征收关税和其他税、费，查缉走私，并编制海关统计和办理其他海关业务。

（3）行使权力的方法、手段、步骤、时限、程序要合法。

（4）一切行政违法主体（包括海关及管理相关人）都应承担相应的法律责任。

2. 适当原则

权力的行使以公平性、合理性为基础，以正义性为目标。海关执法人员出于国家利益的考虑，在验、征、放、减、罚的管理活动中拥有很大的自由裁量权。为保证自由裁量权的合理运用，我国在制度上规定了两个监督途径：行政监督（行政复议程序）和司法监督（行政诉讼程序）。

3. 依法独立行使原则

海关实行高度集中统一的管理体制和垂直领导方式，隶属海关只对海关总署负责。《海关法》第三条：国务院设立海关总署，统一管理全国海关。国家在对外开放的口岸和海关监管业务集中的地点设立海关。海关的隶属关系，不受行政区划的限制。海关依法独立行使职权，向海关总署负责。

4. 依法受到保障原则

《海关法》第七条：各地方、各部门应当支持海关依法行使职权，不得非法干预海关的执法活动。《海关法》第十二条：海关依法执行职务，有关单位和个人应当如实回答询问，并予以配合，任何单位和个人不得阻挠。海关在执行职务受到暴力抗拒时，执行有关任务的公安机关和人民武装警察部队应当予以协助。

（四）海关权力的监督

海关权力的监督是指执法监督，具体是指特定的监督主体依法对海关行政机关和执法人员的行政执法活动实施的监察、检查，以确保海关权力在法定范围内运行，也使当事人的合法权利得到有效的保护。《海关法》专门将第七章列为执法监督。海关在依法执行公务过程中，不仅要接受来自党、群众、国务院、法院、检察院、审计、司法等组织、行政部门、司法机关的监督，还要接受管理相对人、上下级、机关内部各部门，以及社会舆论的监督。

三、我国海关的管理体制与法律体系

《海关法》第三条规定：国务院设立海关总署，统一管理全国海关。海关实行垂直领导的体制，即隶属海关由直属海关领导，向直属海关负责；直属海关由海关总署领导，向海关总署负责。

（一）海关的管理体制

中华人民共和国成立初期，海关总署隶属国务院，实行垂直领导的体制；后来，海关总署划归对外贸易部领导。直至 1980 年，海关总署重新受国务院的直接领导，并于 1987 年 1 月以立法形式确立了这种隶属关系。

（1）海关总署属于国务院直属部门，并以法律形式加以确定。

（2）采取集中统一的垂直领导体制，海关隶属关系不受行政区划的限制。

（3）海关独立行使职权，向海关总署负责，有力地保证了海关各项监督管理职能的实施。

（二）设关原则

《海关法》第三条已经明确我国的设关原则，即国家在对外开放口岸和海关监管业务集中的地点设立海关。对外开放的口岸是指经国务院批准，允许运输工具及所载人员、货物、物品直接出入国（关）境的机场、港口、车站，以及允许运输工具及所载人员、货物、物品直接出入国（关）境的边境通道。我国规定，在对外开放的口岸必须设置海关和出入境检验检疫机构。海关监管业务集中的地方是指转关运输监管、保税加工监管等地方。

（三）海关的组织机构

中华人民共和国海关是国家的进出境监督管理机关，实行垂直领导的体制。组织机构分为三个层次：第一层次是海关总署；第二层次是广东分署，上海、天津 2 个特派员办事处，41 个直属海关和 2 所海关学校；第三层次是各直属海关下辖的 562 个隶属海关机构。此外，在布鲁塞尔、莫斯科、华盛顿等地设有派驻机构。目前，我国共有国家批准的海、陆、空一类口岸 253 个，省级人民政府原来批准的二类口岸近 200 个。中国海关现有关员（含海关缉私警察）48 000 余人。

1. 海关总署

海关总署是中国海关的领导机关，是国务院下属的正部级直属机构，在国务院领导下负责统一管理全国海关机构、人员、经费及业务，是海关系统最高领导部门。海关总署下设广东分署，在上海和天津设立特派员办事处作为其派出机构。

海关总署的主要职责任务如下：

（1）研究拟订海关工作的方针、政策、法律、法规和发展规划并组织实施和监督检查。

（2）研究拟订关税征管条例及实施细则，组织实施进出口关税及其他税费的征收管理，依法执行反倾销、反补贴措施。

（3）组织实施进出境运输工具、货物、行邮物品和其他物品的监管，研究拟订加工贸易、保税区、保税仓库、保税工厂及其他保税业务的监管制度并组织实施。

（4）研究拟订进出口商品分类目录，拟定进出口商品原产地规则，组织实施知识产权海关保护。

（5）编制国家进出口贸易统计，发布国家进出口贸易统计信息。

（6）统一负责打击走私工作，组织查处走私案件，组织实施海关缉私，负责对走私犯罪案件进行侦查、拘留、执行逮捕、预审工作。

（7）制定海关稽查规章制度，组织实施海关稽查。

（8）研究拟订口岸对外开放的整体规划及口岸规范的具体措施和办法，审理口岸开放。

（9）垂直管理全国海关，管理全国海关的组织机构、人员编制、工资福利、教育培训及主管干部的任免。

（10）研究拟订海关科技发展规划，组织实施海关信息化管理，管理全国海关经费、固定资产和基本建设，以及开展海关领域的国际合作与交流、承办国务院交办的其他事项。

2. 直属海关

海关总署下设直属海关 41 个，除中国香港、澳门、台湾地区外，分布在全国 30 个省、自治区、直辖市。

直属海关的主要职责如下：

（1）对关区通关作业实施运行管理，包括执行海关总署业务参数、建立并维护审单辅助决策参数、对电子审单通道判别进行动态维护和管理、对关区通关数据和相关业务数据进行有效监控和综合分析。

（2）实施关区集中审单、组织和指导隶属海关开展接单审核、征收税费、查验、放行等通过作业。

（3）组织实施对各类海关监管场所、进出境货物和运输工具的实际监控。

（4）组织实施贸易管制措施、税收征管、保护和加工贸易海关监管、企业分类管理和知识产权进出境保护。

（5）组织开展关区贸易统计、业务统计和统计分析工作。

（6）组织开展关区调查、稽查和侦查工作。

（7）按规定程序及权限办理各项业务审核、审批、转报和注册备案手续。

（8）开展对外执法协调和行政纠纷、争议的处理。

（9）开展对关区各项业务的执法检查、监督和评估。

3. 隶属海关

隶属海关是由直属海关领导，负责办理海关业务的海关，是进出境监督管理职能的基本执行单位。

隶属海关的主要职责如下：

（1）开展接单审核、征收税费、验估、查验、放行等通过作业。

（2）对辖区内加工贸易实施海关监管。

（3）对进出境运输工具及其燃料、物料、备件等实施海关监管，征收船舶吨税。

（4）对各类海关监管场所实施监控。

（5）对通关、转关及保税货物的存放、移动、放行或其他处置实施实际监控。

（6）开展对运输工具、进出口货物、监管场所的风险分析，执行各项风险处置措施。

（7）办理辖区内报关单位通关注册备案业务。

（8）受理辖区内设立海关监管场所、承运海关监管货物业务的申请。

（9）对辖区内特定减免税货物实施海关后续监管。

4. *海关缉私警察机构*

海关缉私警察队伍是一支专门打击走私犯罪的警察队伍。根据实际情况的需要，1998 年设立海关总署走私犯罪侦查局；2003 年 1 月 1 日起，更名为海关总署缉私局，实行海关总署和公安部双重领导，以海关领导为主的体制，同时在广东分署和各直属海关设立分局。

（四）我国海关的法律体系

我国海关的法律体系根据制定的主体和效力的不同分为法律、行政法规、部门规章和规范性文件四个基本的组成部门。

1.《*海关法*》

《海关法》于 1987 年 1 月 22 日第六届全国人民代表大会常务委员会第十九次会议通过，根据 2000 年 7 月 8 日第九届全国人民代表大会常务委员会第十六次会议《关于修改〈中华人民共和国海关法〉的决定》第一次修正，根据 2013 年 6 月 29 日第十二届全国人民代表大会常务委员会第三次会议《关于修改〈中华人民共和国文物保护法〉等十二部法律的决定》第二次修正，根据 2013 年 12 月 28 日第十二届全国人民代表大会常务委员会第六次会议《关于修改〈中华人民共和国海洋环境保护法〉等七部法律的决定》第三次修正，根据 2016 年 11 月 7 日第十二届全国人民代表大会常务委员会第二十四次会议《关于修改〈中华人民共和国对外贸易法〉等十二部法律的决定》第四次修正，根据 2017 年 11 月 4 日第十二届全国人民代表大会常务委员会第三十次会议《关于修改〈中华人民共和国会计法〉等十一部法律的决定》第五次修正。

《海关法》是我国现行法律体系的一个重要组成部分，是管理海关事务的基本法律规范。

2. *行政法规*

目前，在海关管理方面主要的行政法规有：《中华人民共和国进出口关税条例》《中华人民共和国海关稽查条例》《中华人民共和国知识产权海关保护条例》《中华人民共和国海关行政处罚实施条例》《中华人民共和国海关统计条例》《中华人民共和国进出口货物原产地条例》等。

视野拓展

行政法规

行政法规是国务院为领导和管理国家各项行政工作，根据宪法和法律，并按照《行政法规制定程序条例》的规定而制定的政治、经济、教育、科技、文化、外事等各类法规的总称。行政法规的制定主体是国务院，行政法规根据宪法和法律的授权制定、行政法规必须经过法定程序制定、行政法规具有法的效力。行政法规一般由条例、办法、实施细则、规定等形式组成。发布行政法规需要国务院总理签署国务院令。行政法规的效力仅次于宪法和法律，高于部门规章和地方性法规。

3. 海关规章

海关规章是海关总署根据海关行使职权、履行职责的需要，依据《中华人民共和国立法法》的规定，单独或会同有关部门制定的，是海关日常工作中引用数量最多、内容最广、操作性最强的法律依据，其效力等级低于法律和行政法规。海关行政规章以海关总署令的形式对外公布，如海关总署令第229号《中华人民共和国海关〈中华人民共和国政府和大韩民国政府自由贸易协定〉项下进出口货物原产地管理办法》等。

4. 规范性文件

规范性文件是指海关总署及各直属海关按照规定程序制定的对行政管理相对人的权利、义务具有普遍约束力的文件。海关总署制定的规范性文件要求行政管理相对人遵守或执行的，应当以海关总署公告形式对外发布，如海关总署公告2016年第26号《关于跨境电子商务零售进出口商品有关监管事宜的公告》等。

5. 我国签订或缔结的海关国际公约或海关行政互助协议

海关国际公约是指世界海关组织（WCO）成员方缔结的多边协议，如《关于简化和协调海关业务制度的国际公约》《货物暂准进口公约》，以及世界贸易组织（WTO）的有关公约，如《海关估价协议》等。海关行政互助协议是两国之间订立的双边协议，我国已与俄罗斯等几十个国家签订了海关行政互助协议。

本章小结

1. 报关管理制度是指海关依法对报关单位的报关资格审定、批准，以及对报关单位的报关行为进行规范和有效管理的业务制度。报关管理制度是实现海关职能的制度保障。

2. 个人携带进出境的行李物品、邮寄进出境的物品，应当以自用、合理数量为限，并接受海关监管。

3. 带有绿色标志的通道称为“无申报通道”（又称“绿色通道”），适用于携运物品在数量和价值上均不超过免税限额，且无国家限制或禁止进出境物品的旅客。

4. 带有红色标志的通道称为“申报通道”（又称“红色通道”），适用于携带应向海关申报物品的旅客。

5. 报关单位是指依法在海关注册登记的进出口货物收发货人和报关企业。

6. 报关企业是指按照相关规定经海关准予注册登记，接受进出口货物收发货人的委托，以进出口货物收发货人的名义或者以个人的名义，向海关办理代理报关业务，从事报关服务的境内企业法人。

7. 报关服务是一项专业性、技术性很强的工作，是进出口贸易中重要的中介服务环节。

8. 我国的国家机关包括享有立法权的立法机关，享有司法权的司法机关和享有行政管理权的行政机关。

9. 海关的权力是指国家为保证海关依法履行职责，通过《中华人民共和国海关法》及其他法律法规赋予海关行使监管职责的权能。

10. 海关规章是海关总署根据海关行使职权、履行职责的需要，依据《中华人民共和国立法法》的规定，单独或会同有关部门制定的，是海关日常工作中引用数量最多、内容最广、操作性最强的法律依据，其效力等级低于法律和行政法规。

复习思考题

1. 报关的范围有哪些？
2. 什么是报关企业？
3. 海关的主要任务是什么？
4. 海关权力具有哪些特点？
5. 海关权力的行使应该遵循哪些原则？
6. 海关的组织机构有哪些？

第二章

与报关有关的海关法律制度

学习目标

- 了解海关稽查制度的基本内容。
- 了解海关稽查的处理规定。
- 了解知识产权海关保护制度的基本内容。
- 掌握海关统计的范围。
- 熟知海关稽查的对象。
- 熟知海关事务担保适用的范围。
- 熟知海关行政处罚的形式。

开篇案例

2014 年 7 月 21 日，昆明某商贸有限公司向深圳海关隶属大鹏海关申报出口一批卫生瓷洁具和烟灰缸。海关查验人员通过检查设备对装载该批货物的集装箱进行扫描，在集装箱中后部发现大量形状规则的砖状物，而砖状物周围堆满了卷筒状物体。从扫描图像上来看，实际出口的货物与申报的货物明显不符。于是，海关查验人员立即进行开箱检查，发现卷筒状物体是一批无纺布，而掩藏在布匹中的砖状物，是一条条标有“Marlboro”商标的香烟，共 45 300 条（约 906 万支）。海关根据经验，断定该批货物可能是假冒产品，立即联系“Marboro”商标权利人美国菲利普·莫里斯公司，经鉴定，该批香烟全部是假冒产品。

2014 年 7 月 31 日和 2014 年 8 月 1 日，深圳海关隶属蛇口海关分别查获了江西省永丰县某贸易有限公司以“锅具”名义申报出口的假冒“Marlboro”香烟约 906 万支和黑龙江省密山市某贸易有限责任公司以“滑板车”名义申报出口的假冒“Marboro”香烟 946 万支。至此，深圳海关在短短 12 天内共查获出口假烟 2 758 万支。2015 年 1 月，深圳海关将罚没假烟进行公开销毁。

问题：上述案例体现了海关的哪些职能？它体现了海关管理的哪些特点？

辩证思考：

（1）海关除了监管、缉私、征税、编制海关统计四大传统职能，还有很多非传统的职能，如知识产权保护等。

（2）此案是海关利用风险分析技术有效地提升知识产权执法效能的典型案例。

（资料来源：刘红，马祯．国际金融[M]．北京：对外经济贸易大学出版社，2016．略有改动）

第一节　海关统计制度

中国海关统计是中国进出口货物贸易统计，是国民经济统计的组成部分，是国家制定对外经济贸易政策、进行宏观经济调控的重要依据，是研究中国对外经济贸易发展和国际经济贸易关系的重要资料。1981 年，国务院决定海关统计作为中国的官方统计，国家公布对外贸易统计数据使用海关统计数字。

一、海关统计概述

《中华人民共和国海关统计条例》（以下简称《统计条例》）第二条规定，海关统计是海关依法对进出口货物贸易的统计，是国民经济统计的组成部分。海关统计包含海关统计工作、海关统计资料和海关统计理论三个要素。

（一）海关统计的概念

海关统计工作是指收集、整理、分析中国对外贸易进出口货物原始资料，并形成海关统计资料的工作过程。海关统计资料是指反映中国对外贸易进出口货物情况的数据和资料，是国家制定贸易政策、进行宏观调控的重要依据，也是研究对外贸易发展和国际经贸关系的重要资料。海关统计理论是指中国海关统计在实践中不断总结，逐步形成并不断完善的一整套较为系统的制度、原则和方法，是统计学原理与海关管理理论和海关具体业务的有机结合。

（二）海关统计的性质

编制海关统计是《海关法》规定的海关四个任务之一。海关总署负责组织管理全国海关统计工作。

（三）海关统计的任务

海关统计的任务是指对进出口货物贸易进行统计调查、统计分析和统计监督。为进出口监测预警、编制、管理和分布海关统计资料提供统计服务，为国家制定对外贸易政策、进行宏观经济调控、实施海关严密高效管理提供依据。

二、海关统计制度的基本内容

（一）海关统计资料的管理

1. 海关统计数据的收集

海关统计数据的原始资料是经海关确认的进出口货物报关单及其他单证。进出口货物报关单海关作业联是海关统计部门收集整理进出口统计数据的原始凭证和唯一资料来源。海关统计数据是由报关单数据库中提取生成的，当天结关的数据当天就转换到统计数据库中。

2. 海关统计数据的审核

海关统计数据的审核是指利用计算机的各种监控条件对已转入统计数据库的数据进行检查，并打印出各种统计数据审核表供统计人员进行复核。海关统计数据的审核模式：电子审核、人工专业化审核、现场接单审核、通关数据综合复核、统计数据最终审核，形成上报数据。各直属海关的统计部门负责对本关区统计库的统计数据进行审核，每月初将上月的审核后的统计数据通过网络传至海关总署。海关总署综合统计司负责对各直属海关上报数据进行最终复核和检查，重点是对错误信息进行监控。

视野拓展

海关总署机构简介

中华人民共和国海关是国家进出境监督管理机关，实行垂直领导的体制。其基本任务是出入境监管、征税、打私、统计，对外承担税收征管、通关监管、保税监管、进出口统计、海关稽查、知识产权海关保护、打击走私、口岸管理等。

中华人民共和国海关总署是中华人民共和国国务院下属的正部级直属机构，统一管理全国海关。海关总署现有21个署内部门、2个事业单位、管理2个社会团体（中国海关学会、中国进出境生物安全研究会），并在欧盟、俄罗斯、美国等派驻海关机构。中央纪委国家监委在海关总署派驻纪检监察组。

全国海关目前共有46个直属海关单位（广东分署，天津、上海特派办，41个直属海关，2所海关院校），600个隶属海关和办事处，通关监管点近4000个。中国海关现有关员（含海关缉私警察）约5万人。

3. 海关统计资料的编制

海关统计资料的编制是指海关对海关统计部门所收集的统计数据，进行科学的汇总与加工整理，使之系统化、条理化，成为能够反映进出口货物贸易特征的综合统计资料。

4. 海关统计资料的发布

海关统计资料的发布是指各级海关统计部门对经汇总加工编制的海关统计资料，通过出版发行统计书刊、电子数据交换、新闻媒介等形式，定期向地方政府通报并向社会各界公开发布。

（二）海关统计的范围

《统计条例》规定，实际进出境并引起境内物质存量增加或减少的货物，列入海关统计；进出境物品超过自用、合理数量的，列入海关统计。因此，列入我国海关统计范围的货物必须同时具备两个条件：一是跨越我国经济领土边界的物质商品流动；二是改变我国的物质资源存量。没有实际进出境或虽然进出境但没有引起我国物质资源存量变化的货物，不列入海关统计。具体规定如下。

1. 列入海关统计的进出口货物

我国境内法人和其他组织以一般贸易、易货贸易、加工贸易、补偿贸易、寄售代销贸易等方式进出口的货物，保税区和保税仓库进出境货物，租赁期 1 年及 1 年以上的租赁进出口货物，边境小额贸易货物，国际援助物资或捐赠品，溢卸货物，无进出口经营权的单位经批准临时进出口的货品等 19 种。

2. 不列入海关统计的货物

货物类：过境、转运、通运货物；暂时进出口货物；租赁期在 1 年以下的租赁进出口货物；无代价抵偿货物；无商业价值的货样或者广告品；海关特殊监管区域之间、保税监管场所之间，以及海关特殊监管区域和保税监管场所之间转移的货物。

物品类：修理物品；我国驻外国和外国驻我国使领馆进出境的公务物品，以及使领馆人员的自用物品；中国人民解放军驻香港和澳门特别行政区军队进出境的公务物品，以及军队人员的自用物品。

3. 单项统计货物

单项统计货物如下：免税品、加工贸易成品油形式出口复进品、进料加工转内销货物、来料加工转内销货物、加工贸易转内销设备、进料深加工结转货物、来料深加工结转货物、加工贸易结转设备、进料加工结转余料、进料加工复出口料件、来料加工复出口料件、加工贸易退运设备、保税区运往非保税区货物、非保税区运入保税区货物、保税区退区货物、保税仓库转内销货物、境内存入出口监管仓库货物、出口监管仓库退仓货物、出口加工区运往区外的货物、区外运入出口加工区的货物、保税物流园区运往区外的货物、从区外运入保税物流园区的货物、从保税物流中心（A 型、B 型）运往中心外的货物、从中心外运入保税物流中心（A 型、B 型）的货物、过境货物、其他需要单项统计的货物。

（三）海关统计的项目

进出口货物的统计项目包括：品名及编码，数量、价格，经营单位，贸易方式，运输方式，进口货物的原产国（地区）、启运国（地区）、境内目的地，出口货物的最终目的国（地区）、运抵国（地区）、境内货源地，进出口日期，关别，海关总署规定的其他统计项目。

（四）海关统计项目申报不实的处罚措施

为了有效地改进报关单填报质量，海关对仅因报关单填报不实，不属于走私、偷逃税等违法违规性质，而仅影响海关统计数据准确的行为，依照《海关行政处罚实施条例》第十五条（一）项的规定，对企业处 1 万元以下的罚款。

填报的价格与实际不符的，处以两者差额 1%以下的罚款，罚款金额一般不超过人民币 1 万元。

填报其他统计项目违反规定的，按照其商品的到（离）岸价格计算，处 1%以下的罚款，罚款金额一般不超过人民币 1 万元。

有下列行为之一的，海关对当事人处人民币 1000 元以下的罚款：

（1）报关单上的统计项目填报不全、字迹模糊不清或乱涂改的。

（2）对收取工缴费的来料加工装配成品出口，未分别填报原料费和加工费的。

（3）对于不同海关统计商品编号或不同产、销国别（地区）的货物，未分别填报的。

（4）实行集中报关的企业，对不同产、销国别（地区）的，未分别汇总填制报关单的。

（5）报关人对海关的查询未按期做出答复，或者申报内容有变动，未及时向海关办理更正手续，从而影响海关实施统计的。

（6）其他填报统计项目不符合海关要求的。

统计项目申报不实，当事人主动纠正或经海关指出后积极采取措施改正的，应从轻或免予处罚；拒绝改正申报差错或经海关多次处罚仍不能如实申报的，除从重处罚外，海关可视情节暂停其报关资格或吊销有关报关员的报关员证书。

视野拓展

报关员

由于进出口货物的报关手续比较复杂，办理人员要熟悉法律、税务、外贸、商品等专业知识，精通有关法律、法规、规章并掌握办理海关手续的技能。为此，我国海关规定进出口货物的报关业务应由经海关批准的专业人员代表进出口货物收发货人或者报关企业向海关办理。这些专业人员就是报关员。

第二节　海关稽查制度

近年来，海关在税收征管方式上做了重大的改革。在货物通关环节，由过去的海关审查确定企业申报税收要素、核定企业应缴税款转变为企业自行申报税收要素、自行计算并缴纳税款、海关受理后放行货物，实施全过程抽查审核。新的监管模式决定了大多数进口货物将不会在货物通关过程中涉及税事项的海关审核。海关会在货物放行后的核查、稽查环节投入更多人力和精力，事后稽查将成为海关对货物税收监管的主要方式。广大的企业，有必要对海关稽查的主要内容、如何开展海关稽查、企业如何应对海关稽查等做一定的了解。

一、海关稽查概述

（一）海关稽查的概念

海关稽查是指海关自进出口货物放行之日起 3 年内或者在保税货物、减免税进口货物的海关监管期限内及其后的 3 年内，对被稽查人的会计账簿、会计凭证、报关单证，以及有关资料和有关进出口货物进行核查，以监督被稽查人进出口活动的真实性和合法性。

（二）海关稽查的性质

《中华人民共和国海关稽查条例》（以下简称《稽查条例》）规定，海关稽查是指海关在规定期限内，对被稽查人的会计账簿、会计凭证、报关单证，以及其他有关资料（以下统称账簿、单证等有关资料）和有关进出口货物进行核查，以监督被稽查人进出口活动的真实性和合法性。

视野拓展

《中华人民共和国海关稽查条例》

《中华人民共和国海关稽查条例》是为了建立、健全海关稽查制度，加强海关监督管理，维护正常的进出口秩序和当事人的合法权益，保障国家税收收入，促进对外贸易的发展而制定的。《中华人民共和国海关稽查条例》是根据《中华人民共和国海关法》制定的。

（三）海关稽查的任务

海关稽查直接作用于被稽查人（海关稽查的企业、单位），海关通过对被稽查人的会计资料、报关单证及其他相关资料和进出口货物的稽核，以监督被稽查人进出口活动的真实性和合法性。其最终目标是通过有计划、分步骤的海关稽查，全面地规范企业的进出口行为，提高进出口企业守法自律意识，防范或减少企业违法行为的发生，维护正常的进出口秩序。

对于一般进出口货物，海关的稽查期限是自货物放行之日起 3 年内；对于保税货物、特定减免税进口货物、暂准进出境货物等，海关的稽查期限是海关监管期限及其后的 3 年内。

视野拓展

保税货物

保税货物是指经海关批准未办理纳税手续进境，在境内储存、加工、装配后复运出境的货物。保税制度在国际贸易中的广泛应用，使保税制度涉及的保税货物成为进出口货物中的一个重要内容。通关程序与一般进出口货物有着明显的区别。

二、海关稽查制度的基本内容

（一）海关稽查的对象

1. 海关稽查的企业、单位

海关对下列与进出口活动直接有关的企业、单位实施稽查：

（1）从事对外贸易的企业、单位。

（2）从事保税加工业务的企业。

（3）经营保税物流及仓储业务的企业。

（4）使用或经营减免税进口货物的企业、单位，包括外商投资企业，使用减免税进口物质的企业、单位。

（5）报关企业。

（6）海关总署规定的从事与进出口活动直接相关的其他企业、单位。

2. 海关稽查所涉及的进出口活动

根据《稽查条例》，海关对被稽查人实施稽查所涉及的进出口活动包括：

（1）进出口申报。

（2）进出口关税和其他税费的缴纳。

（3）进出口许可证件的交验。

（4）与进出口货物有关资料的记载、保管。

（5）保税货物的进口、使用、储存、加工、销售、运输、展示和复出口。

（6）减免税进口货物的使用、管理，转关运输货物的承运、管理。

（7）暂准进出境货物的使用、管理。

（8）其他进出口活动。

视野拓展

暂准进出境货物

暂准进出境货物是暂准进境货物和暂准出境货物的合称。暂准进境货物是指为了特定的目的，经海关批准暂时进境，按规定的期限原状复运出境的货物。暂准出境货物是指为了特定的目的，经海关批准暂时出境，按规定的期限原状复运进境的货物。

（二）海关稽查的处理

第一，经海关稽查，发现关税或者其他进口环节的税收少征或漏征的，由海关依照《海关法》和《海关行政处罚实施条例》的规定向被稽查人补征；因被稽查人违反规定而造成少征或漏征的，由海关依法向被稽查人追征；被稽查人在海关规定的期限内仍未缴纳税款的，海关可以依法采取强制执行措施。

第二，封存的有关进出口货物，经海关稽查排除违法嫌疑的，海关应当立即解除封存；经海关稽查认定违法的，由海关依照《海关法》和《海关行政处罚实施条例》的规定处理。

第三，经海关稽查，海关认定被稽查人有违反海关监管的行为的，由海关依照《海关法》和《海关行政处罚实施条例》的规定处理。

第四，经海关稽查，海关发现被稽查人有走私行为，构成犯罪的，依法追究刑事责任；尚不构成犯罪的，由海关依法处理。

第五，海关通过稽查决定补征或者追征的税款、没收的走私货物和违法所得以及收缴的罚款，全部上缴国库。

第六，被稽查人与海关发生纳税争议的，依照《海关法》的规定处理。

（三）被稽查人的法律责任

第一，被稽查人有下列行为之一的，海关应当制发《限期改正通知书》交被稽查人，责令其限期改正。逾期不改的，海关处 1 万元以上 3 万元以下的罚款；情节严重的，海关取消其报关资格，并对负有直接责任的主管人员和其他直接责任人员处 1000 元以上 5000 元以下罚款。

（1）向海关提供虚假情况或者隐瞒重要事实的。

（2）拒绝、拖延向海关提供账簿、单证等有关资料的。

（3）转移、隐匿篡改、毁弃账簿、单证等有关资料的。

第二，被稽查人未按照规定设置或者编制账簿、单证等有关资料的，海关应当制发《限期改正通知书》，责令被稽查人限期改正。逾期不改的，海关处 1 万元以上 5 万元以下罚款；情节严重的，海关取消其报关资格，并对负有直接责任的主管人员和其他直接责任人员处 1000 元以上 5000 元以下罚款。

第三节　海关事务担保制度

建立海关事务担保制度是解决简化手续、加速通关与严密监管、防范风险海关管理矛盾的有效方法之一，特别是在当前海关担负着既要加大查处走私案件力度、维护国家利益，又要便利守法企业、促进贸易效率的双重任务的情况下，建立和完善海关事务担保制度显得尤为必要。我国的海关事务担保制度是根据担保法律的一些基本原理，并借鉴国外海关的先进经验而创新地建立的海关事务法律制度，在公平合理与有效管理的基础上，将民事法律中的交易保障制度引入行政法律的行政管理和执法保障制度中。它既有利于简化海关手续、促进贸易效率和经济发展，又保障国家财政收入和本法及贸易法等的贯彻实施。

一、海关事务担保制度的概念与目的

（一）海关事务担保的概念

海关事务担保是指与进出境活动有关的自然人、法人或其他组织在向海关申请从事特定的进出境经营业务或者办理特定的海关事务时，以向海关提交现金、保函等方式，保证行为的合法性或者在一定期限内履行其承诺的义务的法律行为。

（二）海关事务担保的目的

从本质上来讲，进出境海关事务的担保制度，是海关支持和促进对外贸易发展和科技文化交流的措施，既有利于保障国家利益不被侵害，又有利于进出境经营业务提高通关效率，保障海关监督管理。另外，担保制度对进出境活动的当事人将产生较强的制约作用，促进企业守法自律，按时履行其承诺的诸如补充单证、补缴税款、按规定复出（进）口等义务。

二、海关事务担保制度的基本内容

（一）海关事务担保的适用范围

海关事务担保广泛地应用在关税征收、通关放行、保税监管等海关业务环节。为了方便当事人获得快速通关、办理特定海关业务，以及免于扣留财产等，《中华人民共和国海关事务担保条例》（以下简称《担保条例》）中主要规定了三种情形下的海关事务担保。一是申请提前放行货物的担保，即在办结商品归类估价和提供有效报关单证等海关手续前，当事人向海关提供与应纳税款相适应的担保，申请获得通关便利，由海关提前放行货物。二是当事人申请办理特定海关业务的担保，即当事人在申请办理中国内地与中国港澳地区来往货物运输，办理货物、物品暂时进出境，将海关监管货物抵押或者暂时存放海关监管区外等特定业务时，根据海关监管需要或者税收风险大小向海关提供的担保。三是海关行政管理过程中的担保，即海关发现纳税义务人在纳税期限内有明显的转移、藏匿财产迹象，要求纳税义务人提供的担保；海关依法扣留、封存有违法嫌疑的货物、物品、运输工具，当事人申请免予或者解除扣留、封存向海关提供的担保；受海关处罚的当事人或者相关人员在未了结行政处罚前出境，依法提供的担保等。另外，还明确规定了不予担保的情形。

1. 一般适用

（1）进出口货物的商品归类、完税价格、原产地尚未确定的。

（2）有效报关单证尚未提供的。

（3）在纳税期限内税款尚未缴纳的。

（4）滞报金尚未缴纳的。

（5）其他海关手续尚未办结的。

2. 特定适用

（1）运输企业承担来往中国内地与中国港澳地区公路货物运输、承担海关监管货物境内公路运输的。

（2）货物、物品暂时进出境的。

（3）货物进境修理和出境加工的。

（4）租赁货物进口的。

（5）货物和运输工具过境的。

（6）将海关监管货物暂时存放在海关监管区外的。

（7）将海关监管货物向金融机构抵押的。

（8）为保税货物办理有关海关业务的

3. 特殊适用

（1）进出口货物的纳税义务人在规定的纳税期限内有明显的转移藏匿其应纳税货物，以及其他财产的迹象的。

（2）申请免予扣留或者放行有侵犯知识产权嫌疑的进出口货物的。

（3）有违法嫌疑，但无法或者不便扣留的。

（4）进口已采取临时反倾销措施、临时反补贴措施的货物应当提供担保的，或者进出口货物收发货人、知识产权权利人申请办理知识产权海关保护相关事务的。

（5）受海关行政处罚的境内没有永久住所的当事人，对海关的处罚决定不服或者在离境前不能缴清罚款、违法所得和依法超缴的货物物品或运输工具的等值价款的。

4. 不予适用

（1）国家对进出境货物、物品有限制性规定，应当提供许可证件而不能提供的。

（2）有违法嫌疑的货物、物品、运输工具属于禁止进出境、必须以原物作为证据或者依法应当予以没收的。

《担保条例》对当事人办理海关事务担保还规定了以下两项便利措施。

一是免除担保。为顺应国际贸易便利化的要求，《担保条例》规定，对连续两年通过海关验证稽查年度进出口报关差错率在3%以下、没有拖欠应纳税款、没有受到海关行政处罚，以及在相关行政管理部门无不良记录、没有被追究刑事责任的当事人，可以向直属海关申请免除担保，并按照海关规定办理有关手续。同时，规定海关对享受免除担保待遇的进出口企业实行动态管理，即当事人不再符合上述条件时，海关应当停止其享受免除担保的待遇。

二是总担保。为了使进出口货物品种、数量相对稳定且业务频繁的企业免于反复办理担保，《担保条例》规定，当事人在一定期限内多次办理同一类海关事务的，可以向海关申请提供总担保；当事人提供总担保后，办理该类海关事务，不再单独提供担保。

在确定担保金额方面，《担保条例》坚持的原则是既要保证国家税收不受损失，又不能增加当事人的经济负担。根据海关总署关于知识产权海关保护总担保的公告，总担保的担保金额应相当于知识产权权利人上一年度向海关申请扣留侵权嫌疑货物后发生的仓储、保管和处置等费用之和。

（二）海关事务担保的方式

海关事务担保是由当事人以财产、权利向海关提供担保。《海关法》第六十八条列明的财产、权利主要包括人民币、可自由兑换的货币、汇票、本票、支票、债券、存单，以及银行或非银行金融机构的保函等。据此，海关事务担保的方式有以下几种。

1. 以人民币、可自由兑换的货币提供担保

人民币是中国的法定货币，支付中国境内的一切公共的和私人的债务，任何单位或个人均不能拒收。可自由兑换货币是指国家外汇管理局公布挂牌的可作为国际支付手段的外币现钞。

2. 以汇票、本票、支票、债券、存单提供担保

汇票是指由出票人签发的委托付款人在见票时，或者在指定日期无条件支付确定的金额给收款人或持票人的票据；本票是指由出票人签发的，承诺在见票时无条件支付确定的金额给收款人或持票人的票据；支票是指由出票人签发的，委托办理支票存款业务的银行或者其他金融机构在见票时无条件付款确定的金额给收款人或持票人的票据；债券是指相关机构依法发行的，约定在一定期限还本付息的有价证券，包括国库券、企业债券、金融债券等；存单是指储蓄机构发给存款人的证明其债权的单据。此外，本项可担保的权利还包括外币支付凭证、外币有价证券等。

视野拓展

国库券

国库券（Treasury Securities）是一种国家财政当局为弥补国库收支不平衡而发行的政府债券。因国库券的债务人是国家，其还款保证是国家财政收入，所以它是金融市场风险最小的信用工具。中国国库券的最短期限为 1 年，而西方国家国库券品种较多，一般可分为 3 个月、6 个月、9 个月、1 年期四种，其面额起点各有不同。国库券采用不记名形式，无须经过背书就可以转让流通。

3. 银行或非银行金融机构的保函

保函，即法律上的保证，属于人的担保范畴，不是以具体的财产提供担保，而是以保证人的信誉和不特定的财产为他人的债务提供担保；保证人必须是第三人；保证人应当具有清偿债务的能力。中国人民银行作为中央银行不能为任何人和单位提供担保，故其不属于担保银行的范畴。

海关应当自收到当事人提交的材料之日起 5 个工作日内对作为担保物的财产权利进行审核，并决定是否接受担保。当事人申请办理总担保的，海关应当在 10 个工作日内审核并决定是否接受担保。

（三）海关事务担保的实施

1. 担保资金的使用

海关依法收取的担保资金，根据担保业务性质的不同分为保证金、风险担保金和抵押金3种类型。

保证金适用以下情形：

（1）海关尚未确定商品归类、完税价格、原产地、进口货物物品数量等征税要件的。

（2）正在海关办理减免税审批手续的。

（3）申请延期缴纳税款的。

（4）暂时进出境的。

（5）进境修理和出境加工的。

（6）因残损、品质不良或者规格不符，纳税义务人在申报进口或者出口无代价抵偿货物时，原进口货物尚未退运出境或者放弃交由海关处理的，或者原出口货物尚未退运进境的。

（7）对缉私、稽查缴获的货物执行风险较大的追补税款情事的。

（8）其他按照有关规定应当收取税款保证金的情形。

风险担保金适用以下情形：

（1）对实施联网监管的相关加工贸易企业收取的风险担保金。

（2）对加工贸易货物物品备案征收的风险担保金。

（3）对同一经营单位申请将剩余料件结转到另一家工厂收取风险担保金。

（4）对从事转关运输的企业收取的风险担保金。

（5）对加工区之间往来的货物物品不能按照转关运输办理的企业收取的风险担保金。

（6）对进口货物收货人在申请减免质保金期间因故需先行提取货物收取的风险担保金。

（7）对租赁进出口货物物品收取的风险担保金。

（8）其他按照有关规定收取的风险担保金。

抵押金适用以下情形：

（1）对无法或者不便扣留的货物、物品或者运输工具收取的等值抵押金。

（2）对受海关处罚，在出境前未缴清罚款、违法所得和依法追缴的货物物品、走私运输工具的等值价款的当事人收取的抵押金。

（3）对涉及知识产权保护收取的抵押金。

（4）其他按照有关规定收取的抵押金。

2. 保证函（担保函）的使用

除上述须用担保资金申请担保的以外担保人均可以保证函方式申请担保。适用 AA 类、A 类管理的企业按规定允许担保的货物，海关凭企业提交的保证函验放，免收保证金。

3. 做出担保

以担保资金方式申请担保的，由担保人向海关缴纳相当于有关货物进口税费等额的保证金。海关担保资金金额一般应按人民币计算收取。对能开设外汇（钞）账户的币种，可按其本位币收取，退还时按原币种退还。海关业务部门向相关人员收取担保资金后，应开具“海关保证金、风险担保金、抵押金收据”，并注明担保资金类别。

以保证函方式申请担保的由担保人按照海关规定的格式填写保证函一式两份，并加盖担保人印章，一份交海关备案，另一份留存。

4. 担保的销案

在一般情况下，担保期限不得超过 20 天，否则，海关将对有关进出口货物按规定处理。在遇有特殊情况时，担保人应在担保期内向海关申请延长担保期限，由海关审核批准展期。暂时进口货物的担保期限按照海关对暂时进口货物监管制度的有关规定执行，一般是在货物进口之日起 6 个月内。

担保人必须在规定的担保期限届满前，凭“保证金收据”或留存的“保证函”办理销案手续。在担保人履行了向海关承诺的义务后，海关将退还担保人已缴纳的担保资金，或者注销已提交的保证函。至此，担保人的担保义务予以解除。

对以担保资金方式提供担保的，其退还须按下列规定办理：

第一，当事人在担保期内履行纳税义务的，海关业务部门应自纳税人履行纳税义务之日起 3 个工作日内书面通知当事人办理退款手续。退款应通过银行转账办理，无法办理银行转账的可以退还现金。

第二，自退还通知书开出之日起超过 60 天当事人未办理退款手续的，海关业务部门负责发布公告。自公告之日起超过 90 天当事人仍未办理退款手续的，海关视同放弃资金上缴国库。

第四节　知识产权海关保护制度

知识产权海关保护又称知识产权的边境保护。目前，我国海关已经建立了一套包括报关单证审核、进出口货物检验、对侵权货物的扣留和调查、对违法进出口人进行处罚，以及对侵权货物进行处置等环节在内的完善的知识产权执法制度。

一、知识产权海关保护概述

（一）知识产权海关保护的概念

知识产权海关保护是指海关为禁止侵犯知识产权的货物进出口，对与进出口货物有关并受中华人民共和国法律、行政法规保护的商标专用权、著作权和与著作权有关的权利、专利权依照国家有关规定实施的保护。

知识产权权利人可以主动请求海关实施知识产权保护，但应事先向海关提出采取保护措施的申请。

进口货物的收货人或者其代理人、出口货物的发货人或者其代理人应当按照国家规定，向海关如实申报与进出口货物有关的知识产权状况，并提交有关证明文件。

海关在实施知识产权保护时，有义务保守有关当事人的商业秘密。

（二）知识产权海关保护的基本内容

世界贸易组织规定的知识产权范围包括版权、著作权、商标权、地理标志权、工业品外观设计权、专利权、集中电路布图设计权、集成电路布图设计权、未披露过的信息专用权。《中华人民共和国知识产权海关保护条例》规定的知识产权范围包括商标权、著作权、专利权。同时，规定侵犯受法律行政法规保护的知识产权的货物禁止进出口。

视野拓展

世界贸易组织

世界贸易组织（World Trade Organization，WTO）的中文简称是世贸组织。1994 年 4 月 15 日，在摩洛哥的马拉喀什市举行的关贸总协定乌拉圭回合部长会议决定成立具有全球性的世界贸易组织，以取代成立于 1947 年的关贸总协定。世界贸易组织是当代重要的国际经济组织之一，成员贸易总额占全球的 98%，有“经济联合国”之称。

（三）知识产权海关保护的作用

通过保护与进出口货物有关的知识产权来履行中国作为世界贸易组织成员方应尽的义务；通过保护与进出口货物有关的知识产权来规范进出口秩序。

二、知识产权海关保护制度的基本内容

（一）知识产权海关保护的备案申请

知识产权海关保护备案的申请人应为知识产权权利人或者知识产权权利人委托的代理人。知识产权权利人向海关总署申请知识产权海关保护备案的，应当向海关总署提交申请书（申请备案的每项知识产权单独提交一份申请书），同时随附以下文件和证据：知识产权权利人个人身份证件的复印件、工商营业执照的复印件或者其他注册登记文件的复印件；商标注册、著作、专利权证明或证书；知识产权权利人许可他人使用注册商标、作品或者实施专利的许可合同；知识产权权利人合法行使知识产权的货物及其包装的照片；已知的侵权货物进出口的证据；海关总署认为需要提交的其他文件或者证据。

上述文件和证据应当齐全、真实和有效。海关总署应当自收到申请人全部申请文件之日起 30 个工作日内做出是否准予备案的决定（备案费为每件 800 元），并书面通知申请人。不予备案的，海关须说明理由。

海关总署对以下几种情况不予备案：申请文件不齐或无效的；申请人不是知识产权权利人的；知识产权不再受法律、行政法规保护的。备案的时效期限是 10 年。期满前 6 个月申请续展，续展备案的有效期为 10 年。

在备案更和撤销的情况下，申请人需要在发生变化之日起 30 个工作日内，向海关总署办理变更或注销手续。

（二）扣留侵权嫌疑货物的申请

知识产权权利人发现侵权嫌疑货物（已备案或尚未备案）即将进出口，或者接到海关在实际监管中发现进出口货物涉嫌侵权而发出的书面通知的，可以向货物进出境地海关提出扣留侵权嫌疑货物的申请，并按规定提供相应的担保。

1. 知识产权权利人发现侵权嫌疑货物的扣留申请

知识产权权利人发现侵权嫌疑货物即将进出口，要求海关予以扣留的，应当向货物出境地海关提交申请书及相关证明文件。知识产权未备案的，应当随附备案申请的文件及证据。

知识产权权利人申请扣留侵权嫌疑货物的证据包括：请求海关扣留的货物即将进出口；在货物上未经许可使用了侵犯其商品专用权的商标标志、作品或者实施了其专利。

知识产权权利人发现侵权嫌疑货物即将进出口，请求海关扣留侵权嫌疑货物，应当在海关规定的期限内向海关提供相当于货物价值的担保。知识产权权利人提出的申请不符合规定或者未按规定提供担保的，海关应驳回其申请并以书面形式通知知识产权权利人。

2. 知识产权权利人接到海关发现侵权嫌疑货物通知的扣留申请

海关在监管过程中，发现进出口货物涉及在海关总署备案的知识产权且进出口商或制造商使用有关知识产权的情况未在海关总署备案的，可以要求收发货人在规定期限内申报货物的知识产权状况和提交相关证明文件。收发货人未按照有关规定申报货物知识产权状况，提交证明文件或者海关有理由认为货物涉嫌侵权的，海关应当中止放行货物并以书面形式通知知识产权权利人。

知识产权权利人在接到海关书面通知送达之日起3个工作日内应予以回复：认为有关货物侵权并要求海关予以扣留的，向海关提出扣留侵权嫌疑货物的书面申请；认为未侵权的或者不要求海关扣留的，予以书面说明理由。

知识产权权利人要求海关扣留侵权嫌疑货物的应当按照以下规定向海关提供担保：

（1）货物价值不足人民币2万元的，提供相当于货物价值的担保。

（2）货物价值为人民币2万元至20万元的，提供相当于货物价值50%的担保，但担保金额不得少于人民币2万元。

（3）货物价值超过人民币20万元的，提供人民币10万元的担保。

知识产权权利人可以向海关总署提供总担保，但不得低于人民币20万元。在海关总署备案的商标专用权的知识产权权利人，经海关总署核准可以向海关总署提交银行或者非银行金融机构出具的保函，为其向海关申请商标专用权海关保护措施提供总担保。总担保只限于知识产权权利人在一定时间内因多次向海关提出扣留涉嫌侵权申请（主动保护）的情事。知识产权权利人不申请或不提供担保的，海关则放行货物。

（三）海关对侵权嫌疑货物的调查处理

知识产权权利人申请扣留侵权嫌疑货物并提供担保的，海关应当扣留侵权嫌疑货物并向相关当事人制发通知和扣留凭单。

海关对扣留的侵权嫌疑货物进行调查，不能认定货物是否侵犯有关知识产权的，应当自扣留侵权嫌疑货物之日起30个工作日内书面通知知识产权权利人和收发货人。海关进行调查时，可以向有关知识产权主管部门咨询，知识产权权利人和收发货人应当予以配合。知识产权权利人和收发货人达成协议，要求海关解除扣留侵权嫌疑货物的，海关可以终止调查。

海关自扣留侵权嫌疑货物之日起20个工作日内，未收到人民法院协助扣押通知或者知识产权权利人要求海关放行有关货物的，海关应当放行货物；海关不能认定货物是否侵权，收发货人可以申请具保放行；海关不能认定货物是否侵权，权利人可以向人民法院申请采取责令停止侵权行为或者财产保全的措施；侵权人具保请求放行的，海关应当放行（海关在调查期间认定侵犯有关专利权的除外）。

海关经调查后认定侵犯知识产权的被扣留的侵权嫌疑货物，予以没收。没收的货物或用于公益事业或被拍卖（清除货物或包装的侵权特征），或销毁（不能完全清除侵权特征的）。

（四）知识产权权利人应承担的责任

1. *被海关依法扣留的货物*

知识产权人应当支付仓储费、保管费、处置费。未支付的，可从其担保金中予以扣除，或者要求担保人履行有关担保责任。嫌疑货物被海关认定为侵犯知识产权的，权利人可以将所有费用计入其为制止侵权行为所支付的合理开支。

2. *海关接受备案申请后的货物*

因知识产权人未提供确切情况而未能发现侵权货物、未能及时采取保护措施或者采取保护措施不力的，由知识产权人自行承担责任。

3. *知识产权人要求扣留的货物*

海关不能认定或人民法院判定不侵权的，知识产权人应当承担相应的赔偿责任。

海关没收侵权货物的，应当在货物处置完毕并结清有关费用后，向知识产权权利人退还担保金或者解除担保人的担保责任。

第五节　海关行政处罚制度

一、海关行政处罚的概念与性质

（一）海关行政处罚的概念

《中华人民共和国海关行政处罚实施条例》规定，海关行政处罚是指海关根据法律授予的行政处罚权利，对公民、法人或其他组织违反海关法律、行政法规依法不追究刑事责任的走私行为和违反海关监管规定的行为，以及法律、行政法规规定由海关实施行政处罚的行为所实施的行政制裁。对应追究刑事法律责任的违反海关法的行为不能以罚代刑，即不能用海关行政处罚代替刑事处罚。

（二）海关行政处罚的性质

海关行政处罚是一种行政制裁行为，是通过对违反海关法的当事人财产、能力或精神声誉予以一定的剥夺或者限制以达到规范进出境秩序、保护国家利益和他人合法权益的目的。

注意：海关行政处罚和行政强制措施不同，海关行政处罚不能代替刑事处罚。

海关行政处罚遵循公正、公开原则，法定原则，处罚与教育相结合的原则，以及救济原则（行为人受到处罚，可以提出行政申诉、行政复议、行政诉讼和行政赔偿）。

二、海关行政处罚制度的基本内容

（一）海关行政处罚的范围

海关行政处罚的范围包括依法不追究刑事责任的走私行为、按走私行为论处的行为，以及违反海关监管规定的行为。

1. 依法不追究刑事责任的走私行为

（1）未经国务院或国务院授权的机关批准，从未设立海关的地点运输、携带国家禁止或者限制进出境的货物、物品，或者依法应当缴纳税款的货物、物品进出境的。

（2）经过设立海关的地点，以藏匿、伪装、瞒报、伪报或其他方式逃避海关监管，运输、携带、邮寄国家禁止或者限制进出境的货物、物品，或者依法应当缴纳税款的货物、物品进出境的。

（3）使用伪造、变造的手册、单证、印章、账册、电子数据，或者以其他方式逃避海关监管，擅自将海关监管货物、物品、进出境的运输工具，在境内销售的（任何方式违规在境内销售的）。

（4）使用伪造、变造的手册、单证、印章、账册、电子数据，或者以伪报加工贸易制成品单位耗料量等方式，致使海关监管货物、物品脱离监管的。

（5）以藏匿、伪装、瞒报、伪报或其他方式逃避海关监管，擅自将保税区、出口加工区等海关特殊监管区域内的海关监管货物、物品运往区外的。

（6）有逃避海关监管，构成走私行为的其他行为。

2. 按走私行为论处的行为

（1）明知是走私进口的货物、物品，直接向走私人非法收购的。

（2）在内海、领海、界河、界湖，船舶及所载人员运输、收购、贩卖国家禁止或者限制进出境的货物物品，或者运输收购、贩卖依法应当缴纳税款的货物，没有合法证明的。

（3）与走私人通谋为走私人提供贷款、资金、账号、发票、证明、海关单证的，与走私人通谋为走私人提供走私货物和物品的提取、发运、运输、保管、邮寄或者其他方式的，以走私的共同当事人论处。

视野拓展

走私罪

走私罪的法律概念是指违反《海关法》和国家其他有关法律、法规，逃避海关监管，非法运输、携带、邮寄国家禁止进出境的物品、国家限制进出境或者依法应当缴纳关税和其他进口环节代征税的货物、物品进出境，数额较大、情节严重的行为。

3. 违反海关监管规定的行为

（1）违反国家进出口管理规定，进出口国家禁止进出口货物的。

（2）违反国家进出口管理规定，进出口国家限制进出口货物，或者属于自动进出口许可管理的货物，进出口货物的收发货人向海关申报时不能提交许可证件的。

（3）进出口货物的品名、税则号列、数量、规格、价格、贸易方式、原产地、启运地、运抵地、最终目的地或者其他应当申报的项目未申报或者申报不实的。

（4）擅自处置监管货物，违规存放监管货物，监管货物短少灭失，未按规定办理保税手续，单耗申报不实的，过境、转运、通运货物违规，暂时进出口货物违规以及其他货物违规的。

（二）海关行政处罚的形式

（1）警告，包括口头和书面警告。

（2）罚款，对其中较大数额的罚款（处 1 万元以上罚款、对法人或者其他组织处 10 万元以上罚款），在做出决定之前要告知当事人有要求听证的权利。

（3）没收走私货物、物品、运输工具及违法所得。

（4）撤销报关企业和海关准予从事海关监管货物的运输、储存、加工、装配、寄售、展示等业务的企业注册登记，取消报关从业资格，暂停从事有关业务或执业。

（5）取缔未经注册登记和未取得报关从业资格从事报关业务的企业和人员的有关活动。

（三）海关行政处罚的程序

海关行政处罚的程序：立案调查、调查取证、做出行政处罚的决定、执行行政处罚的决定。

1. 立案调查

海关发现公民、法人或其他组织有依法应当由海关给予行政处罚的行为的，应当立案调查。

2. 调查取证

调查取证的手段包括查问违法嫌疑人、询问证人，依法检查运输工具和场所，查验货物、物品，或取样化验和鉴定，查询案件涉嫌单位和涉嫌人员在金融机构、邮政企业的存款及汇款，依法扣留货物、物品、运输工具、其他财产及账册、单据等资料。

调查获取的证据包括书证、物证、视听资料、电子数据、证人证言、化验报告、鉴定结论、当事人的陈述、查验与检查记录等。证据应当经查证属实，才能作为认定事实的根据。

调查结束的案件必须经过海关审查才能最终做决定。如果要听证，则费用由海关承担。听证的范围：海关在做出暂停从事有关业务、暂停报关执业、撤销海关注册登记、取消报关从业资格，对公民处 1 万元以上罚款，对法人或者其他组织处 10 万元以上罚款，没收有关货物物品、走私运输工具等行政处罚的决定之前听证。

3. 做出行政处罚的决定

海关关长应当根据行政处罚案件不同的审查结果，依法做出以下决定：

（1）确有违法行为，应当给予行政处罚的，根据其情节和危害后果的轻重，做出行政处罚的决定。

（2）依法不予行政处罚的，做出不予行政处罚的决定。

（3）符合撤销案件规定的，予以撤销。

（4）符合《海关行政处罚实施条例》规定的收缴条件的，予以收缴。

（5）违法行为涉嫌犯罪的，移送刑事侦查部门依法办理。行政处罚决定书应当在宣告后当场交付当事人；当事人不在场的，海关应当在 7 日内将行政处罚决定书送达当事人。

4. 执行行政处罚的决定

（1）执行。当事人应当在海关做出行政处罚决定后的规定期限内履行。当事人申请延期或者分期缴纳罚款的，应当以书面形式提出申请。海关收到申请后，应当在 10 个工作日内做出决定，并通知申请人，海关同意当事人暂缓或分期缴纳的，应当及时通知收缴罚款的机构，执行完毕的期限自处罚决定书规定的履行期限届满之日起不得超过 180 天。

逾期不履行行政处罚决定的，海关可采取下列措施：到期不缴纳罚款的，每日按罚款数额的 3%加处罚款；根据《海关法》规定，将扣留的货物、物品、运输工具变价抵缴，或者以当事人提供的担保抵缴，还可以向人民法院申请强制执行；当事人在出境前未缴清罚款、违法所得和依法追缴的货物、物品、走私运输工具的等值价款的，也未向海关提供相当于上述款项担保的，海关可以制作阻止出境协助函，通知出境管理机关阻止其出境。

（2）中止执行。有下列情形的，应当中止执行：

第一，处罚决定可能存在违法或者不当的情况的（经直属海关关长或其授权的隶属海关关长的批准）；

第二，申请人民法院强制执行，人民法院裁定中止执行的；

第三，行政复议机关、人民法院认为需要中止执行的；

第四，其他依法应当中止的。

（3）恢复执行。终止的情形消失后，应当恢复执行。

（4）终结执行。有下列情形的应当终结执行：

第一，据以执行的法律文书被撤销的；

第二，作为当事人的自然人死亡的；

第三，作为当事人的法人或者其他组织被依法终止，又无权利义务承受人的，也无其他财产可供执行的；

第四，海关行政处罚决定履行期限届满超过 2 年，海关依法采取各种执行措施后仍无法执行完毕的，但是申请人民法院强制执行情形除外。

第五，申请人民法院强制执行的，人民法院裁定中止执行后超过 2 年仍无法执行完毕的；

第六，申请人民法院强制执行的，人民法院裁定终结执行的；

第七，其他依法应当终结执行的。

本章小结

1. 海关统计工作是指收集、整理、分析中国对外贸易进出口货物原始资料，并形成海关统计资料的工作过程。

2. 海关统计的任务是指对进出口货物贸易进行统计调查、统计分析和统计监督，为进出口监测预警、编制、管理和分布海关统计资料提供统计服务。

3. 海关稽查是指海关自进出口货物放行之日起 3 年内或者在保税货物、减免税进口货物的海关监管期限内及其后的 3 年内，对被稽查人的会计账簿、会计凭证、报关单证，以及有关资料和有关进出口货物进行核查，以监督被稽查人进出口活动的真实性和合法性。

4. 海关事务担保是指与进出境活动有关的自然人、法人或其他组织在向海关申请从事特定的进出境经营业务或者办理特定的海关事务时，以向海关提交现金、保函等方式，保证行为的合法性或者在一定期限内履行其承诺的义务的法律行为。

5. 可自由兑换货币是指国家外汇管理局公布挂牌的可作为国际支付手段的外币现钞。

6. 汇票是指由出票人签发的委托付款人在见票时，或者在指定日期无条件支付确定的金额给收款人或持票人的票据。

7. 本票是指由出票人签发的，承诺在见票时无条件支付确定的金额给收款人或持票人的票据。

8. 支票是指由出票人签发的，委托办理支票存款业务的银行或者其他金融机构在见票时无条件付款确定的金额给收款人或持票人的票据。

9. 债券是指相关机构依法发行的，约定在一定期限还本付息的有价证券，包括国库券、企业债券、金融债券等。

10. 存单是指储蓄机构发给存款人的证明其债权的单据。

复习思考题

1. 海关统计资料的管理方法有哪些？
2. 不列入海关统计的货物有哪些？
3. 海关事务担保的方式有哪几种？
4. 什么是海关行政处罚？
5. 违反海关监管规定的行为有哪些？
6. 海关行政处罚的形式有哪几种？

案例分析

2005 年 11 月 3 日，湖南某化纤有限公司在长沙海关办理了一本进料加工登记手册，保税进口 96 吨韩国产聚丙烯胶料，价值为 104 160 美元，应加工出口成品聚丙烯长丝 76.8 吨。2006 年 11 月加工完毕，共加工成聚丙烯长丝 76.45 吨。该公司在未经海关许可并办理有关手续的情况下，分多次将 76.45 吨成品全部销往了长沙、泉州等地，共计得款人民币 877 534 元。

2004 年 2 月该公司以 683 400 港元的价格，从境外免税购进两台五十铃载重货柜车，然后于 2008 年 12 月 24 日，将这两台车擅自倒卖给云南昆明市某运输公司，得款人民币 232 285 元。2004 年 7 月 12 日，该公司在长沙海关又免税进口了一台 8 座面包车，进口价格为 125 000 港元。2007 年 10 月，该公司未经海关许可，以人民币 110 000 元的价格出售给了湖南某地毯厂。

问题：

1. 该公司违反海关监管规定的行为中，涉及的加工贸易聚丙烯长丝、五十铃载重货柜车、8座面包车，属于哪一类海关监管对象？

2. 该公司违反海关监管规定的行为发生在海关监管的哪一个阶段？

辩证思考：

湖南某化纤厂的违法行为有：违法内销加工贸易制成品、非法转让特定减免税货物。加工贸易成品聚丙烯长丝、五十铃载重货柜车、8座面包车均属于海关监管对象中的货物。违法行为发生在海关的后续管理阶段。

（资料来源：刘红，马祯．国际金融[M]．北京：对外经济贸易大学出版社，2016．略有改动）

第三章

报关与进出口国家管制制度

学习目标

- 了解对外贸易管制的目的及主要内容。
- 了解禁止货物和限制货物、技术进出口许可管理制度。
- 了解对外贸易经营者管理制度。
- 掌握进出口货物收付汇管理制度。
- 掌握濒危物种进出口管理。
- 掌握两用物项和技术进出口许可证管理。

开篇案例

某家公司想经营进口荷兰奶粉，如该公司要进口奶粉需要什么资格条件？有没有奶粉经营权的限制？

辩证思考：

根据《中华人民共和国海关进出口税则》，奶粉及乳制品的进口监管条件为“A”，即须取得检验检疫部门出具的“入境货物通关单”，海关凭入境货物通关单办理报关手续。因此，奶粉及乳制品在进口时须向入境地检验检疫部门办理报检手续。

（资料来源：谢国娥．海关报关实务[M]．上海：华东理工大学出版社，2017.07. 略有改动）

第一节　对外贸易管制制度概述

对外贸易管制是国家为了特定的经济和政治目的，通过制定国内立法和缔结国际条约的方式，限制外国商品进口，并在一定程度上限制本国产品出口的行为。通常，其表现为一种国家对外贸易管理机关与进出口商人之间的纵向管理关系。国家对外国商品实施进口限制多出于保护本国生产和本国生产厂家的利益，改善本国的国际收支状况等经济目的，而对本国产品实施出口管制多出于外交政策和国家安全等方面的目的。

一、对外贸易管制的概念与主要内容

（一）对外贸易管制的概念

对外贸易管制是指一国政府为了国家的宏观经济利益、国内外政策需要，以及履行本国所缔结或加入的国际条约的义务，对本国的对外贸易活动实施有效管理的各种对外贸易制度、政策和措施的总称。中华人民共和国商务部在国务院授权下，通过授权各省、自治区、直辖市、计划单列市对外贸易经济合作厅局管理我国及各地区外经贸事务，通过加强组织协调和监督检查，完善中国对外贸易立法，以保证对外贸易的顺利发展。

视野拓展

中华人民共和国商务部

中华人民共和国商务部是中华人民共和国设立的主管国内外贸易和国际经济合作的部门，隶属于中华人民共和国国务院。中华人民共和国商务部是根据第十届全国人民代表大会第一次会议批准的国务院机构改革方案和《国务院关于机构设置的通知》国发〔2003〕8号组建的。

（二）对外贸易管理制度的主要内容

对外贸易管理制度主要内容包括：对外贸易经营者的登记备案制度，出入境检验、检疫制度，进、出口许可证和出口配额管理制度，外贸外汇管理制度等。对外贸易管制政策是一国对外政策的体现，它会因时势变化而变化。外贸管制以实现国家对内对外政策目标为基本出发点。因此，对外贸易管制是国家管制，也是一种强制性行政管理行为。

二、对外贸易管制的法律体系

对外贸易管制是国家管制，是一种强制性的行政管理行为，因此，经营者必须依法进行。中国施行对外贸易管制的法律10部：《中华人民共和国对外贸易法》《中华人民共和国海关法》《中华人民共和国进出口商品检验法》《中华人民共和国进出境动植物检疫法》《中华人民共和国固体废物污染环境防治法》《中华人民共和国国境卫生检疫法》《中华人民共和国野生动物保护法》《中华人民共和国药品管理法》《中华人民共和国文物保护法》《中华人民共和国食品安全法》。所遵循的行政法规10部：《中华人民共和国货物进出口管理条例》《中华人民共和国技术进出口管理条例》《中华人民共和国进出口关税条例》《中华人民共和国知识产权海关保护条例》《中华人民共和国核出口管制条例》《中华人民共和国野生植物保护条例》《中华人民共和国外汇管理条例》《中华人民共和国反倾销条例》《中华人民共和国反补贴条例》《中华人民共和国保障措施条例》。遵循的部门规章 8 部：《货物进口许可证管理办法》《货物出口许可证管理办法》《货物自动进口许可管理办法》《出口收汇核销管理办法》《进口药品管理办法》《中华人民共和国精神药品管理办法》《中华人民共和国放射性药品管理办法》《两用物项和技术进出口许可证管理办法》。另外，还要遵守 9 个国际条约：《关于简化和协调海关业务制度的国际公约》《濒危野生动植物种国际贸易公约》《关于消耗臭氧层物质的蒙特利尔议定书》《关于麻醉品和精神药物的国际公约》《关于化学品国际贸易资料交换的伦敦准则》《关于在国际贸易中对某些危险化学品和农药采用事先知情同意程序的鹿特丹公约》《控制危险废物越境转移及处置的巴塞尔公约》《建立世界知识产权组织公约》。

视野拓展

《中华人民共和国对外贸易法》

《中华人民共和国对外贸易法》已由中华人民共和国第十届全国人民代表大会常务委员会第八次会议于 2004 年 4 月 6 日修订通过，自 2004 年 7 月 1 日起施行。最新修正是 2016 年 11 月 7 日，自公布之日起旅行。

世界知识产权组织

世界知识产权组织（WIPO）赖以组成的文书——《WIPO 公约》，于 1967 年 7 月 14 日在斯德哥尔摩签订，于 1970 年生效，后于 1979 年做出修正。WIPO 是一个政府间组织。1974 年，WIPO 成为联合国组织系统中的专门机构之一。

第二节　我国货物、技术进出口许可管理制度

我国对货物、技术进出口实行许可管理制度。该制度既包括许可证的管理范围，也包括准许进出口的有关证件的审批和管理制度本身的程序。许可证管理范围包括禁止进出口货物和技术、限制进出口货物和技术、自由进出口货物和技术，以及自由进出口中部分实行自动许可管理的货物。进出口许可证制度作为一项非关税措施，是一种中外各国管理进出口的常见手段，广泛地运用在国际贸易中。

一、禁止货物、技术进出口许可管理制度

（一）禁止货物、技术进口的管理制度

为维护国家安全和社会公共利益，保护人民的生命健康，履行中国所缔结的或者中国参加的国际条约和协定，国务院对外经贸主管部门会同国务院有关部门，依照《中华人民共和国对外贸易法》（以下简称《对外贸易法》）和《中华人民共和国技术进出口管理条例》制定、调整并公布禁止进口货物、技术目录。海关依法对禁止进口目录商品实施监督管理。对列入国家公布的禁止进口商品目录的商品及其他法律法规明令禁止或停止进口的商品，任何企业不得经营进口。

1. 禁止进口货物的管理规定

我国明令禁止进口的货物包括：列入由国务院对外经贸主管部门或会同国务院有关部门制定的《禁止进口货物目录》的商品、国家有关法律明令禁止进口的商品及其他因各种原因停止进口的商品。

（1）目前，我国公布的《禁止进口货物目录》包括：《禁止进口货物目录》（第一批），是为了保护我国的自然生态环境和生态资源，从我国国情出发，履行我国所缔结或者参加的与保护世界自然生态环境相关的一系列国际条约和协定而发布的。例如，国家禁止进口属破坏臭氧层物质的四氯化碳，禁止进口属世界濒危物种管理范畴的犀牛角、麝香、虎骨等。

《禁止进口货物目录》（第二批），均为旧机电产品类，是国家对涉及生产安全（压力容器类）、人身安全（电器、医疗设备类）和环境保护（汽车、工程及车船机械类）的旧机电产品所实施的禁止进口管理。2008 年颁布的《禁止进口固体废物目录》，由原第三批、第四批、第五批《禁止进口货物目录》补充合并而成，所涉及的是对环境有污染的固体废物类，包括废动物产品，废动植物油脂，矿产品、矿渣、矿物油、沥青的废料，废药物，杂项化学品废物，废橡胶、皮革，废特种纸，废纺织原料及制品，玻璃废物，金属和含金属废物等。

《禁止进口货物目录》为了保护人的健康和维护环境的安全及淘汰落后产品，履行《关于在国际贸易中对某些危险化学品和农药采用事先知情同意程序的鹿特丹公约》和《关于持久性有机污染物的斯德哥尔摩公约》而颁布，如长纤维青石棉、二噁英等。

（2）依据《中华人民共和国固体废物污染环境防治法》，对未列入《国家限制进口的可用作原料的废物目录》的废物、不符合环保规定的废物，以及受放射性污染的废旧金属禁止进口。

（3）依据《中华人民共和国进出境动植物检疫法》，对来自疫区或不符合我国卫生标准的动物和动物产品禁止进口。

（4）其他禁止货物包括：以 CFC-12 为制冷工质的汽车及汽车空调压缩机和汽车空调器；属于右置方向盘的汽车；旧服装、国产手表复进口、Ⅷ因子制剂等血液制品、黑人牙膏（DARLIE）等；氯酸钾、硝酸铵；货物及其包装上带有违反“一个中国”原则内容的物品。

2. 禁止进口技术的管理规定

根据《对外贸易法》《中华人民共和国技术进出口管理条例》（以下简称《技术进出口管理条例》），以及由原外经贸部、原国家经贸委联合发布的《禁止进口限制进口技术管理办法》的有关规定，会同国务院有关部门，制定、调整并公布《中国禁止进口限制进口技术目录》。凡列入《中国禁止进口限制进口技术目录》中禁止进口的技术，不得进口。

目前，《中国禁止进口限制进口技术目录》所列明的禁止进口的技术涉及林业、医药制造业、非金属矿物制造业、黑色金属冶炼及压延加工业、交通运输设备制造业、电气机械及器材制造业 6 个技术领域的 40 项技术。

（二）禁止出口的管理制度

1. 禁止出口货物的管理规定

过去，我国先后公布了 5 批《禁止出口货物目录》。2021 年，商务部、海关总署、生态环境部联合公布了《禁止进口货物目录（第七批）》和《禁止出口货物目录（第六批）》。

（1）《禁止出口货物目录》（第一批），主要是为了保护我国自然生态环境和生态资源，从我国国情出发，履行我国所缔结或者参加的与保护世界自然生态环境相关的一系列国际条约和协定而发布的。如国家禁止出口属破坏臭氧层物质的四氯化碳，禁止出口属世界濒危物种管理范畴的犀牛角、虎骨、麝香，禁止出口有防风固沙作用的发菜和麻黄草等植物。

（2）《禁止出口货物目录》（第二批），主要是为了保护我国匮乏的森林资源，防止乱砍滥伐而发布的，如禁止出口木炭。

（3）《禁止出口货物目录》（第三批），主要是为了保护人的健康、维护环境的安全和淘汰落后产品，履行《关于在国际贸易中对某些危险化学品和农药采用事先知情同意程序的鹿特丹公约》和《关于持久性有机污染物的斯德哥尔摩公约》而发布的，如长纤维青石棉、二噁英等。

（4）《禁止出口货物目录》（第四批），主要包括硅砂、石英砂及其他天然砂。

（5）《禁止出口货物目录》（第五批），主要包括无论是否经化学处理过的森林凋落物，以及泥炭（草炭）。根据《中华人民共和国濒危野生动植物进出口管理条例》，禁止出口未定名的，或者新发现并有重要价值的野生动植物及其产品，以及国务院野生动植物主管部门禁止出口的濒危野生动植物及其产品；依据《中华人民共和国文物保护法》和其他规定禁止出口的文物。

其他原因禁止出口的商品。我国规定禁止出口劳改产品、原料血浆，以及商业性出口的野生红豆杉及其部分产品，以及列入《我国现阶段不对国外交换的水产种质资源名录》的物种，包括成体、幼苗和卵等。

2. 禁止出口技术的管理规定

2008 年 11 月 1 日施行的《中国禁止出口限制出口技术目录》的 150 项技术中的 33 项技术被列为禁止出口范围。它涵盖了农、林、畜牧、渔业、纺织、化学原料及化学制品制造、医药制造、有色金属、交通运输设备制造、通信设备制造、仪器仪表制造、电信和信息传输服务等 34 个行业。

二、限制货物、技术进出口许可管理制度

国家实行限制进口管理的货物、技术，必须依照国家有关规定取得国务院对外经贸主管部门或者由其会同国务院有关部门许可，方可进口。

国务院商务主管部门会同国务院有关部门，依照《对外贸易法》的规定，制定、调整并公布各类限制进出口货物、技术目录。海关依据国家相关法律、法规对限制进出口目录货物、技术实施监督管理。

（一）限制进口管理

1. 限制进口货物管理

目前，我国限制进口货物管理按照其限制方式划分，可分为许可证件管理和关税配额管理两类。

（1）许可证件管理。

许可证件管理是指在一定时期内根据国内政治、工业、农业、商业、军事、技术、卫生、环保、资源保护等领域的需要，以及为履行中国所加入或缔结的有关国际条约的规定，以经国家各主管部门签发许可证件的方式来实现各类限制进口的措施。

许可证件管理主要包括进口许可证、两用物项和技术进口许可证、濒危物种进口许可证、限制类可利用固体废物进口许可证、药品进口许可证、音像制品进口许可证、有毒化学品进口许可证、黄金及其制品进口许可证等管理。

视野拓展

药品注册证

从其他国家进口的药品，在中国大陆注册销售，发给的是《进口药品注册证》。它是国家药品监督管理局核发的允许国外生产的药品在中国注册，进口和销售使用的批准文件。《进口药品注册证》分为正本和副本，自发证之日起有效期5年。另外，中国港、澳、台地区生产的药品，在中国大陆注册销售，发放的是《医药产品注册证》。该证号的格式为H（Z、S）+8位数字，其中H代表化学药品，Z代表中药，S代表生物制品。

国务院商务主管部门或者国务院有关部门在各自的职责范围内，根据国家有关法律、行政法规的规定签发上述各项管理所涉及的各类许可证件，申请人凭相关许可证件办理海关手续

（2）关税配额管理。

关税配额管理是指一定时期内（一般是1年），国家对部分商品的进口制定关税配额税率并规定该商品进口数量总额，在限额内，经国家批准后允许按照关税配额税率征税进口，如超出限额则按照配额外税率征税进口的措施。在一般情况下，关税配额税率优惠幅度很大，如小麦关税配额税率与最惠国税率相差达65倍。国家通过这种行政管理手段对一些重要商品，以关税这个成本杠杆来实现限制进口的目的，因此关税配额管理是一种相对数量的限制。

2. 限制进口技术管理

限制进口技术实行目录管理。根据《对外贸易法》《技术进出口管理条例》《禁止进口限制进口技术管理办法》的有关规定，国务院商务主管部门会同国务院有关部门，制定、调整并公布限制进口的技术目录。属于目录范围内的限制进口的技术，实行许可证管理，未经国家许可不得进口。

属于目录范围内的限制进口的技术，应当向国务院商务主管部门提出技术进口申请。国务院商务主管部门收到技术进口申请后，应当会同国务院有关部门对技术进口申请进行审查。技术进口申请经批准的，由国务院商务主管部门签发《中华人民共和国技术进口许可意向书》，进口经营者取得《中华人民共和国技术进口许可意向书》后，可以对外签订技术进口合同。进口经营者应当向国务院商务主管部门申请技术进口许可证。经审核符合发证条件的，由国务院商务主管部门颁发“技术进口许可证”，进口经营者持证向海关办理进口通关手续。

目前，列入《中国禁止进口限制进口技术目录》中属于限制进口的技术，包括生物技术、化工技术、石油炼制技术、石油化工技术、生物化工技术和造币技术等。

经营限制进口技术的经营者在向海关办理申报进口手续时，必须主动递交"技术进口许可证"，否则将承担由此造成的一切法律责任。

（二）限制出口管理

1. 限制出口货物管理

对于限制出口货物管理，《中华人民共和国货物进出口管理条例》规定，对国家规定有数量限制的出口货物，实行配额管理；对于其他限制出口货物，实行许可证件管理；实行配额管理的限制出口货物，由国务院商务主管部门和国务院有关经济管理部门按照国务院规定的职责划分进行管理。

目前，我国货物限制出口按照其限制方式划分，可分为出口配额限制和出口非配额限制两类。

（1）出口配额限制。

出口配额限制是指在一定时期内为建立公平竞争机制、增强中国商品在国际市场的竞争力、保障最大限度地收汇及保护中国产品的国际市场利益，国家对部分商品的出口数量直接加以限制的措施。中国出口配额限制分为出口配额许可证管理和出口配额招标管理两种管理形式。

① 出口配额许可证管理。出口配额许可证管理是国家对部分商品的出口，在一定时期内（一般是 1 年）规定数量总额，经国家批准获得配额的允许出口，否则采取不准出口的配额管理措施。出口配额许可证管理是国家通过行政管理手段对一些重要商品以规定绝对数量的方式来实现限制出口的目的。出口配额许可证管理通过直接分配的方式，由国务院商务主管部门或者国务院有关部门在各自的职责范围内根据申请者需求并结合其进出口实绩、能力等条件，按照效益、公正、公开和公平竞争的原则进行分配。国家各配额主管部门对经申请有资格获得配额的申请者发放各类配额证明。申请者取得配额证明后，凭配额证明到国务院商务主管部门及其授权发证机关申领出口许可证。

② 出口配额招标管理。出口配额招标管理是国家对部分商品的出口，在一定时期内（一般是 1 年）规定数量总额，采取招标分配的原则，经招标获得配额的允许出口，否则采取不准出口的配额管理措施。出口配额招标管理是国家通过行政管理手段对一些重要商品以规定绝对数量的方式来实现限制出口的目的。

国家各配额主管部门为中标者发放各类配额证明。中标者取得配额证明后，凭配额证明到国务院商务主管部门及其授权发证机关申领出口许可证。

（2）出口非配额限制。

出口非配额限制是指在一定时期内根据国内政治、军事、技术、卫生、环保、资源保护等领域的需要，以及为履行中国加入的或缔结的有关国际条约，以经国家各主管部门签发许可证件的方式来实现的各类限制出口措施。目前，中国非配额限制管理主要包括出口许可证、濒危物种出口、两用物项出口、黄金及其制品出口等的许可管理。

2. 限制出口技术管理

根据《对外贸易法》《中华人民共和国技术进出口管理条例》《中华人民共和国生物两用品及相关设备和技术出口管制条例》《中华人民共和国核两用品及相关技术出口管制条例》《中华人民共和国导弹及相关物项和技术出口管制条例》《中华人民共和国核出口管制条例》《禁止出口限制出口技术管理办法》等有关规定，对限制出口的技术实行目录管理，国务院商务主管部门会同国务院有关部门制定、调整并公布限制出口的技术目录。属于目录范围内的限制出口的技术，实行许可证管理，未经国家许可，不得出口。

我国目前限制出口的技术目录主要有《两用物项和技术进出口许可证管理目录》和《中国禁止出口限制出口技术目录》等，涉及农、林、牧、渔、农副食品加工制造、饮料制造、纺织、造纸、化学原料制造、医药制造、橡胶制品业、金属冶炼及压延、非金属矿物制品业、金属制品业、通用及专用设备制造、电气机械及器材制造等几十个行业领域的上百项技术。属于限制出口的技术，应当向国务院商务主管部门提出技术出口申请，经国务院商务主管部门审核批准后取得技术出口许可证件，企业持证向海关办理出口通关手续。经营限制出口技术的经营者在向海关办理申报出口手续时必须主动递交相关技术出口许可证件，否则将承担由此造成的一切法律责任。

（三）自由货物、技术进出口管理制度

除禁、限管制的商品、技术外，其他都属于自由进出口管理的商品。但基于国家监督的需要，中国对部分货物实行进出口自动许可管理，对技术进出口则实行合同登记管理。

1. 货物自动进出口许可管理

实行自动进出口许可的货物，收发货人在办理海关报关手续前提出自动进出口许可申请的，国务院对外贸易主管部门或者其委托的机构予以许可，一律核发“自动进口许可证”。进出口收发货人凭此证办理报关手续。对于未办理自动进出口许可手续的，海关不予放行。

视野拓展

自动进口许可证

自动进口许可证（Automatic Import License）是指商务部授权发证机构依法对实行自动进口许可管理的货物颁发的准予进口的许可证件。自动进口许可证（自动进口许可机电产品除外）监管证件代码为“7”。机电产品自动进口许可证监管证件代码为“O”。加工贸易自动进口许可证监管证件代码为“V”，管理商品有原油、成品油。

2. 技术进出口合同登记管理

只要是非禁限的、属于自由进出口的技术，技术进出口当事人可向国务院对外贸易主管部门或者其委托的机构提交技术进出口合同登记申请书、技术进出口合同副本及合同当事人的法律地位的证明文件等材料，办理合同备案登记。外贸部门收到备案申请后的3个工作日内做出登记，并颁发“技术进出口合同登记证”，申请人可持证办理通关手续。

第三节 其他贸易管制制度

一、对外贸易经营者管理制度

根据《对外贸易法》的规定，对外贸易经营者是指依法办理工商登记或者其他执业手续，依照《对外贸易法》和其他有关法律、行政法规的规定从事对外贸易活动的法人、其他组织或个人。中国对对外贸易经营者的管理，实行备案登记制。

（一）备案登记制的含义及管理机构

法人、其他组织或个人在从事对外贸易经营前，必须按照国家的有关规定，依法定程序在商务部备案登记，取得对外贸易经营的资格，在国家允许的范围内从事对外贸易经营活动。对外贸易经营者未按规定办理备案登记的，海关不予办理进出口货物的通关验放手续。对外贸易经营者可以接受他人的委托，在经营范围内代为办理对外贸易业务。

对外贸易经营者备案登记工作实行全国联网和属地化管理，商务部委托符合条件的地方对外贸易主管部门，即备案登记机关负责办理本地区对外贸易经营者备案登记手续。备案登记机关凭商务部的书面委托函和备案登记印章，通过商务部备案登记网络办理备案登记手续。

（二）对外贸易经营者备案登记的程序

对外贸易经营者在所在地区备案登记机关办理备案登记。备案登记流程如下：

（1）领取《对外贸易经营者备案登记表》（以下简称《登记表》）。对外贸易经营者可以通过商务部官方网站（http://www.mofcom.gov.cn/）下载，或到所在地备案登记机关领取《登记表》。

（2）填写《登记表》。对外贸易经营者应按《登记表》要求认真填写相关信息，确保所填写内容的完整性、准确性和真实性。认真阅读《登记表》背面的条款，并由企业法定代表人或者个体工商户负责人签字、盖章。

（3）向备案登记机关提交如下材料：

① 按要求填写的《登记表》；

② 营业执照复印件；

③ 组织机构代码证书复印件；

④ 对外贸易经营者为外商投资企业的，还应提交外商投资企业批准证书复印件；

⑤ 依法办理工商登记的个体工商户（独资经营者），须提交合法公证机构出具的财产公证证明。

依法办理工商登记的外国（地区）企业，须提交经合法公证机构出具的资金信用证明文件。

备案登记机关自收到对外贸易经营者提交的上述材料之日起 5 日内办理备案登记手续，在《登记表》上加盖备案登记章。备案登记机关在完成备案登记手续的同时，应当完整准确地记录和保存备案登记者的备案登记信息，建立备案登记档案。

对外贸易经营者在备案登记后的 30 日内到当地的海关、检验检疫、外汇、税务等部门办理开展对外贸易业务所需的有关手续，逾期未办，《登记表》自动失效。备案登记后，外贸经营者就可以在批准的经营范围内从事经营活动了。

（三）对外贸易经营者备案登记的失效、变更和撤销

对外贸易经营者应在备案登记后的 30 日内到当地的海关、检验检疫、外汇、税务等部门办理开展对外贸易业务所需的相关手续，逾期未办，《登记表》将自动失效。对于《登记表》上的任何登记事项发生变更时，对外贸易经营者应按照有关规定，提供相关材料在 30 日内办理《登记表》的变更手续，逾期未办理变更手续的，其《登记表》自动失效。备案登记机关收到对外贸易经营者提交的书面材料后，应当及时予以办理变更手续。对外贸易经营者已在工商部门办理注销手续或者被吊销营业执照的，自营业执照注销或者被吊销之日起，《登记表》自动失效。

根据《对外贸易法》的相关规定，商务部决定禁止有关对外贸易经营者在 1 年以上至 3 年以下的期限内从事有关货物或者技术的进出口经营活动的，备案登记机关应当撤销其《登记表》；处罚期满后，对外贸易经营者可依据《对外贸易法》重新办理备案登记。备案登记机关应当在对外贸易经营者撤销备案登记后将有关情况及时通报海关、检验检疫、外汇、税务等部门。

二、出入境检验检疫制度

出入境商品检验检疫制度是指由国家进出口商品检验检疫部门依据中国有关法律、行政法规，以及中国政府所缔结的或者参加的国际条约、协定，对出入境的货物、物品及其包装物、交通运输工具、运输设备和人员实施检验检疫和监督管理的法律依据和行政手段

的综合。该制度是中国对外贸易管理制度的重要组成部分，在实现对外贸易健康发展、保证进出口商品的质量、维护对外贸易各方的合法权益方面发挥了巨大的作用。

（一）进出口商品实施检验检疫的范围

检验检疫包括进出口商品检验、动物检疫、植物检疫和卫生检疫四个方面。根据《中华人民共和国进出口商品检验法》及其实施条例、《中华人民共和国进出境动植物检疫法》及其实施条例、《中华人民共和国国境卫生检疫法》及其实施细则、《中华人民共和国食品安全法》等相关法律法规的有关规定，下列情形的商品列入检验检疫的实施范围。

1. 进出口商品检验

凡列入《商检机构实施检验的进出口商品种类表》的进出口商品和其他国家法律法规及有关国际条约规定，须经出入境检验检疫机构检验方可进出境的进出口商品。

进出口商品检验主要包括：

（1）进口商品安全质量许可。国家对涉及安全、卫生和环保要求的重要进口商品实施进口商品安全质量许可制度并公布《实施进口审批安全质量许可制度的进口商品目录》。列入目录的商品须获得国家出入境检验检疫部门签发的进口商品安全质量许可证书并批准在商品上使用安全标志后，方可进入中国市场。

（2）进口废料原料装运前检验。对中国允许作为原料进口的废物实施装船前检验制度，以防止境外有害废物向我国扩散。

（3）出口商品质量许可。中国对重要的出口商品实施质量许可制度，未获得质量许可的商品不允许出口。中国已对机械、电子、轻工、玩具、医疗器械等 76 类商品实行出口质量许可制度。

2. 动植物检疫

国家检验检疫部门依法对进境、出境、过境的动植物及其产品，装载动植物及其产品的容器、包装物、铺垫物等实行检疫，对来自疫区的运输工具、进境拆卸的废旧船舶也要进行检疫。

3. 食品卫生监督检验

检验检疫机构依法对进出口食品及食品添加剂、食品容器、包装材料和食品用工具设备按照国家卫生标准进行监督检验，检验合格后，方可进出口。

4. 出口商品运输包装检验

对列入《商检机构实施检验的进出口商品种类表》和其他法律、法规规定必须经检验检疫机构检验的出口商品的运输包装，必须经指定的检验机构进行性能检验，未经检验或检验不合格的，不得用于盛放进出口商品。出口危险货物的包装容器必须经指定的商检机构进行性能鉴定和使用鉴定后，方可使用。

5. 外商投资财产鉴定

在中外合作、合资等经济活动中，各地检验机构应企业、组织及机构的委托对外商投资的财产进行鉴定。

6. 货物装载和残损鉴定

货物装载和残损鉴定包括：对出口易腐烂变质食品、冷冻品的船舱、集装箱等运输工具的适货检验；对列入《商检机构实施检验的进出口商品种类表》以外的入境货物经收货单位验收发现质量不合格或残损、短缺，需检验检疫部门出证索赔的。

7. 一般原产地证与普惠制产地证签证管理

出入境检验检疫机构是签发一般原产地证的官方机构，也是中国政府授权签发普惠制产地证的唯一机构。

（二）报检单位

根据《中华人民共和国进出口商品检验法》和《中华人民共和国进出口商品检验法实施管理条例》的规定，进出口企业可自行办理报检手续，也可委托报检企业代办。采用快件方式进出口商品的，应委托出入境快件经营企业代办报检手续。

报检单位首次报检前，须持本单位营业执照和政府批文向当地出入境检验检疫部门申请办理登记备案手续，取得报检单位代码后，方能向检验检疫部门报检。

申领原产地证书的，必须预先向出入境检验检疫部门申请注册登记，填好表格，经出入境检验检疫部门注册调查合格并同意注册登记后，才具备申领原产地证的资格。

（三）报检单证

报检人在填写报检单时，要书写规范、字迹清楚并加盖报检单位公章。出入境报检时，报检人提供与检验检疫有关的单证资料如下。

1. 出境报检

在出境报检时，除了应填写出境货物报检单，报检人还要提供对外贸易合同或销售确认书或订单。在信用证结算方式下，报检人需要提供信用证；在非信用证结算方式下，报检人要在报检单上注明结算方式。实施卫生注册及质量许可证管理的货物，报检人应提供出入境检验检疫签发的卫生注册/质量许可证副本，并在报检单上注明卫生注册号或质量许可证号。法定检验检疫的货物，外包装在报检时应提供《出境货物运输包装容器性能检验结果单》正本。另外，报检人还要提供发票、装箱单等必要的单证。出口生产企业代外贸出口单位报检的，须有外贸出口单位委托出口生产企业向检验检疫部门报检的委托书。有特殊情形的，还应按要求提供有关文件。

2. 入境报检

在入境报检时，报检人应填写《入境货物报检单》，并提供合同、发票和提（运）单等有关单证。有特殊情形的，还要提供有关证明，如实施卫生注册及安全质量许可管理的货物，应提供有关的审批文件。

（四）报检的时间和地点

报检人必须在规定的时间和地点向出入境口岸检验检疫部门提出报检申请，如报检人对检验检疫证、单有特殊要求的，则应在报检单上注明并提供相关文件。

1. 出境报检时间和地点的规定

（1）出境货物最迟应于报关或装运前 10 天在货物所在地检验部门办理报检手续。个别检验检疫周期较长的货物，应留有相应的检验检疫时间；在产地检验后，需要在异地报关地检验检疫部门出具通关单的，还应考虑查验换单的时间。

（2）出境的运输工具和人员应在出境前向口岸检验检疫部门报检或申报；须隔离检疫的出境动物在出境前 60 天预报，隔离前 7 天办理报检手续。

视野拓展

异地报关

已在所在地海关办理了报关注册登记的报关企业，为取得在其他所辖关区报关的资格，而在有关海关办理报关备案的审批手续的海关管理规定。异地报关备案一般只适用于自理报关企业，如三资企业。

异地报关备案的程序如下：

（1）向报关注册地海关递交异地报关备案的申请。

只有自理报关企业，才能向海关申请办理异地报关备案。递交的文件资料副本（或复印件）有自理报关备案申请书、营业执照、银行的资信证明、企业印章、报关专用章、自理报关企业注册登记证书。

（2）原报关注册地海关审核。

在《自理报关备案申请书》正本“备案情况”栏内加注意见并加盖印章，与企业递交的有关文件一起制作“关封”。

（3）异地备案地海关审核并颁发证书。

经审核确认文件资料齐全、有效后，向申请企业签发《自理报关单位报关备案证明书》。至此，申请企业即可在异地备案地海关辖区各口岸办理报关业务。

2. 入境报检时间和地点的规定

（1）入境货物，应在入境前或入境时向入境口岸、指定的或到达站的检验检疫部门办理报检手续，入境的运输工具及人员应在入境前或入境时申报。

（2）入境货物须对外索赔出证的，应在索赔有效期前不少于 4 天内向到货口岸或货物到达地的检验检疫部门报检，如预计时间不够，报检单位应向国外发货人要求延长索赔期。

（3）输入微生物、人体组织、生物制品、血液及其制品或者种畜、禽及其精液、胚胎、受精卵的，应当在入境前 30 天报检。

（4）输入其他动物的，应当在入境前 15 天报检；输入植物、种子、种苗及其他繁殖材料的，应当在入境前 7 天报检。

三、进出口货物收付汇管理制度

对外贸经营者进出口货物收付汇的管理是中国实施外汇管理的主要手段。进出口货物收付汇管理制度是中国外汇管理制度的重要组成部分。

（一）出口货物收汇管理

为大力推进贸易便利化，进一步改进货物贸易外汇服务和管理，国家外汇管理局、海关总署、国家税务总局联合发布 2012 年第 1 号公告《关于货物贸易外汇管理制度改革的公告》，自 2012 年 8 月 1 日起在全国实施货物贸易外汇管理制度改革，并相应调整出口报关流程，优化升级出口收汇与出口退税信息共享机制。

自改革之日起，取消出口收汇核销单（以下简称核销单），企业不再办理出口收汇核销手续。企业在办理出口报关时不再提供核销单。国家外汇管理局分支局（以下简称外汇局）对企业的贸易外汇管理方式由现场逐笔核销变为非现场总量核查。外汇局通过货物贸易外汇监测系统，全面采集企业货物进出口和贸易外汇收支逐笔数据，定期比对、评估企业货物流与资金流总体匹配情况，便利合规企业贸易外汇收支；对存在异常的企业进行重点监测，必要时实施现场核查。

外汇局根据企业贸易外汇收支的合规性及其与货物进出口的一致性，将企业分为 A、B、C 三类。对 A 类企业进口付汇单证简化，可凭进口报关单、合同或发票等任何一种能够证明交易真实性的单证在银行直接办理付汇，出口收汇无须联网核查；银行办理收付汇审核手续相应简化。对 B、C 类企业在贸易外汇收支单证审核、业务类型、结算方式等方面实施严格监管，B 类企业贸易外汇收支由银行实施电子数据核查，C 类企业贸易外汇收支须经外汇局逐笔登记后办理。

外汇局根据企业在分类监管期内遵守外汇管理规定的情况，对分类进行动态调整。A 类企业违反外汇管理规定将被降级为 B 类或 C 类；B 类企业在分类监管期内合规性状况未见好转的，将延长分类监管期或被降级为C类；B、C类企业在分类监管期内守法合规经营的，分类监管期满后可升级为A类。

视野拓展

国家外汇管理局

国家外汇管理局为副部级国家局，内设综合司（政策法规司）、国际收支司、经常项目管理司、资本项目管理司、管理检查司、储备管理司、人事司（内审司）、科技司8个职能司和机关党委，设置中央外汇业务中心、外汇业务数据监测中心、机关服务中心、4个事业单位。

（二）进口货物付汇管理

国家外汇管理局从2010年5月1日开始，在全国部分地区开展进口付汇核销制度改革试点。合规企业的正常进口付汇业务无须再办理现场核销手续；取消银行为企业办理进口付汇业务的联网核查手续；外汇局对企业实行名录管理，进口付汇名录信息在全国范围内实现共享，企业异地付汇无须再到外汇局办理事前备案手续；外汇局利用“贸易收付汇核查系统”，以企业为主体进行非现场核查和监测预警，针对异常交易主体进行现场核查，确定企业分类考核等级并实施分类管理。

四、对外贸易救济措施

世界贸易组织允许其成员针对倾销、补贴和进口产品激增等给其国内产业造成损害的情况，使用反倾销、反补贴和保障措施等手段来保护国内产业。

反倾销、反补贴和保障措施属于贸易救济措施。反倾销、反补贴措施针对的是价格歧视这种不公平贸易行为，保障措施针对的是进口产品激增的情形。

为充分利用世界贸易组织的规则，维护国内市场上的国内外商品的自由贸易和公平竞争秩序，中国依据世界贸易组织的《反倾销协议》《补贴与反补贴措施协议》《保障措施协议》及《对外贸易法》的有关规定，制定并颁布了《中华人民共和国反补贴条例》《中华人民共和国反倾销条例》《中华人民共和国保障措施条例》。

（一）反倾销措施

进口产品以倾销方式进入中国市场，并对已经建立的国内产业造成实质损害或者产生实质损害威胁，或者对建立国内产业造成实质阻碍的，依照《中华人民共和国反倾销条例》的规定进行调查，采取反倾销措施。反倾销措施包括临时反倾销措施、价格承诺和征收反倾销税。

1. 临时反倾销措施

《国务院关于修改<中华人民共和国反倾销条例>的决定》如下：

第二十八条　初裁决定确定倾销成立，并由此对国内产业造成损害的，可以采取下列临时反倾销措施：（一）征收临时反倾销税；（二）要求提供保证金、保函或者其他形式的担保。

临时反倾销税税额或者提供的保证金、保函或者其他形式担保的金额，应当不超过初裁决定确定的倾销幅度。

第二十九条　征收临时反倾销税，由商务部提出建议，国务院关税税则委员会根据商务部的建议做出决定，由商务部予以公告。要求提供保证金、保函或者其他形式的担保，由商务部做出决定并予以公告。海关自公告规定实施之日起执行。

第三十条　临时反倾销措施实施的期限，自临时反倾销措施决定公告规定实施之日起，不超过 4 个月；在特殊情形下，可以延长至 9 个月。

自反倾销立案调查决定公告之日起 60 天内，不得采取临时反倾销措施。

视野拓展

保　函

保函又称保证书，是指一种银行、保险公司、担保公司或者个人应申请人的请求，向第三方开立的书面信用担保凭证。

通常，银行出具的保证称为保函；其他保证人出具的书面保证称为保证书。银行出具的保证在申请人未能按双方协议履行其责任或义务时，由担保人代其履行一定金额、一定期限范围内的某种支付责任或经济赔偿责任。保函即保证书，为了方便，一般公司及银行都印有一定格式的保证书，其作用包括凭保函交付货物、凭保函签发清洁提单、凭保函倒签预借提单等。

2. 价格承诺

《国务院关于修改<中华人民共和国反倾销条例>的决定》关于价格承诺的条文如下：

第三十一条　倾销进口产品的出口经营者在反倾销调查期间，可以向商务部做出改变价格或者停止以倾销价格出口的价格承诺。

商务部可以向出口经营者提出价格承诺的建议。

商务部不得强迫出口经营者做出价格承诺。

第三十二条　出口经营者不做出价格承诺或者不接受价格承诺的建议的，不妨碍对反倾销案件的调查和确定。出口经营者继续倾销进口产品的，商务部有权确定损害威胁更有可能出现。

第三十三条　商务部认为出口经营者做出的价格承诺能够接受并符合公共利益的，可以决定中止或者终止反倾销调查，不采取临时反倾销措施或者征收反倾销税。中止或者终止反倾销调查的决定由商务部予以公告。

商务部不接受价格承诺的，应当向有关出口经营者说明理由。

商务部对倾销以及由倾销造成的损害做出肯定的初裁决定前，不得寻求或者接受价格承诺。

第三十四条　依照本条例第三十三条第一款规定中止或者终止反倾销调查后，应出口经营者请求，商务部应当对倾销和损害继续进行调查；或者商务部认为有必要的，可以对倾销和损害继续进行调查。

根据前款调查结果，做出倾销或者损害的否定裁定的，价格承诺自动失效；做出倾销和损害的肯定裁定的，价格承诺继续有效。

第三十五条　商务部可以要求出口经营者定期提供履行其价格承诺的有关情况、资料，并予以核实。

第三十六条　出口经营者违反其价格承诺的，商务部依照本条例的规定，可以立即决定恢复反倾销调查；根据可获得的最佳信息，可以决定采取临时反倾销措施，并可以对实施临时反倾销措施前 90 天内进口的产品追溯征收反倾销税，但违反价格承诺前进口的产品除外。

3. 征收反倾销税

《国务院关于修改<中华人民共和国反倾销条例>的决定》关于反倾销税的条文如下：

第三十七条　终裁决定确定倾销成立，并由此对国内产业造成损害的，可以征收反倾销税。征收反倾销税应当符合公共利益。

第三十八条　征收反倾销税，由商务部提出建议，国务院关税税则委员会根据商务部的建议做出决定，由商务部予以公告。海关自公告规定实施之日起执行。

第三十九条　反倾销税适用于终裁决定公告之日后进口的产品，但属于本条例第三十六条、第四十三条、第四十四条规定的情形除外。

第四十条 反倾销税的纳税人为倾销进口产品的进口经营者。

第四十一条　反倾销税应当根据不同出口经营者的倾销幅度，分别确定。对未包括在审查范围内的出口经营者的倾销进口产品，需要征收反倾销税的，应当按照合理的方式确定对其适用的反倾销税。

第四十二条　反倾销税税额不超过终裁决定确定的倾销幅度。

第四十三条　终裁决定确定存在实质损害，并在此前已经采取临时反倾销措施的，反倾销税可以对已经实施临时反倾销措施的期间追溯征收。

终裁决定确定存在实质损害威胁，在先前不采取临时反倾销措施将会导致后来做出实质损害裁定的情况下已经采取临时反倾销措施的，反倾销税可以对已经实施临时反倾销措施的期间追溯征收。

终裁决定确定的反倾销税，高于已付或者应付的临时反倾销税或者为担保目的而估计的金额的，差额部分不予收取；低于已付或者应付的临时反倾销税或者为担保目的而估计的金额的，差额部分应当根据具体情况予以退还或者重新计算税额。

第四十四条　下列两种情形并存的，可以对实施临时反倾销措施之日前 90 天内进口的产品追溯征收反倾销税，但立案调查前进口的产品除外：

（一）倾销进口产品有对国内产业造成损害的倾销历史，或者该产品的进口经营者知道或者应当知道出口经营者实施倾销并且倾销对国内产业将造成损害的；

（二）倾销进口产品在短期内大量进口，并且可能会严重破坏即将实施的反倾销税的补救效果的。

商务部发起调查后，有充分证据证明前款所列两种情形并存的，可以对有关进口产品采取进口登记等必要措施，以便追溯征收反倾销税。

第四十五条　终裁决定确定不征收反倾销税的，或者终裁决定未确定追溯征收反倾销税的，已征收的临时反倾销税、已收取的保证金应当予以退还，保函或者其他形式的担保应当予以解除。

第四十六条　倾销进口产品的进口经营者有证据证明已经缴纳的反倾销税税额超过倾销幅度的，可以向商务部提出退税申请；商务部经审查、核实并提出建议，国务院关税税则委员会根据商务部的建议可以做出退税决定，由海关执行。

第四十七条　进口产品被征收反倾销税后，在调查期内未向中华人民共和国出口该产品的新出口经营者，能证明其与被征收反倾销税的出口经营者无关联的，可以向商务部申请单独确定其倾销幅度。商务部应当迅速进行审查并做出终裁决定。在审查期间，可以采取本条例第二十八条第一款第（二）项规定的措施，但不得对该产品征收反倾销税。

（二）反补贴措施

进口产品有补贴，并对已经建立的国内产业造成实质损害或者产生实质损害威胁，或者对建立国内产业造成实质阻碍的，可依照《国务院关于修改〈中华人民共和国反补贴条例〉的决定》进行调查，采取反补贴措施。反补贴措施分为临时措施、承诺和征收反补贴税三种类型。

1. 临时措施

《国务院关于修改〈中华人民共和国反补贴条例〉的决定》中关于临时措施的内容如下：

第二十九条　初裁决定确定补贴成立，并由此对国内产业造成损害的，可以采取临时反补贴措施。

临时反补贴措施采取以保证金或者保函作为担保的征收临时反补贴税的形式。

第三十条　采取临时反补贴措施，由商务部提出建议，国务院关税税则委员会根据商务部的建议做出决定，由商务部予以公告。海关自公告规定实施之日起执行。

第三十一条　临时反补贴措施实施的期限，自临时反补贴措施决定公告规定实施之日起，不超过4个月。

自反补贴立案调查决定公告之日起60天内，不得采取临时反补贴措施。

2. 承诺

《国务院关于修改〈中华人民共和国反补贴条例〉的决定》中关于承诺的内容如下：

第三十二条　在反补贴调查期间，出口国（地区）政府提出取消、限制补贴或者其他有关措施的承诺，或者出口经营者提出修改价格的承诺的，商务部应当予以充分考虑。

商务部可以向出口经营者或者出口国（地区）政府提出有关价格承诺的建议。

商务部不得强迫出口经营者做出承诺。

第三十三条　出口经营者、出口国（地区）政府不做出承诺或者不接受有关价格承诺的建议的，不妨碍对反补贴案件的调查和确定。出口经营者继续补贴进口产品的，商务部有权确定损害威胁更有可能出现。

第三十四条　商务部认为承诺能够接受并符合公共利益的，可以决定中止或者终止反补贴调查，不采取临时反补贴措施或者征收反补贴税。中止或者终止反补贴调查的决定由商务部予以公告。

商务部不接受承诺的，应当向有关出口经营者说明理由。

商务部对补贴以及由补贴造成的损害做出肯定的初裁决定前，不得寻求或者接受承诺。在出口经营者做出承诺的情况下，未经其本国（地区）政府同意的，商务部不得寻求或者接受承诺。

第三十五条　依照本条例第三十四条第一款规定中止或者终止调查后，应出口国（地区）政府请求，商务部应当对补贴和损害继续进行调查；或者商务部认为有必要的，可以对补贴和损害继续进行调查。

根据调查结果，做出补贴或者损害的否定裁定的，承诺自动失效；做出补贴和损害的肯定裁定的，承诺继续有效。

第三十六条　商务部可以要求承诺已被接受的出口经营者或者出口国（地区）政府定期提供履行其承诺的有关情况、资料，并予以核实。

第三十七条　对违反承诺的，商务部依照本条例的规定，可以立即决定恢复反补贴调查；根据可获得的最佳信息，可以决定采取临时反补贴措施，并可以对实施临时反补贴措施前90天内进口的产品追溯征收反补贴税，但违反承诺前进口的产品除外。

3. 征收反补贴税

《国务院关于修改〈中华人民共和国反补贴条例〉的决定》中关于反补贴税的内容如下：

第三十八条　在为完成磋商的努力没有取得效果的情况下，终裁决定确定补贴成立，并由此对国内产业造成损害的，可以征收反补贴税。征收反补贴税应当符合公共利益。

第三十九条　征收反补贴税，由商务部提出建议，国务院关税税则委员会根据商务部的建议做出决定，由商务部予以公告。海关自公告规定实施之日起执行。

第四十条　反补贴税适用于终裁决定公告之日后进口的产品，但属于本条例第三十七条、第四十四条、第四十五条规定的情形除外。

第四十一条　反补贴税的纳税人为补贴进口产品的进口经营者。

第四十二条　反补贴税应当根据不同出口经营者的补贴金额，分别确定。对实际上未被调查的出口经营者的补贴进口产品，需要征收反补贴税的，应当迅速审查，按照合理的方式确定对其适用的反补贴税。

第四十三条　反补贴税税额不得超过终裁决定确定的补贴金额。

第四十四条　终裁决定确定存在实质损害，并在此前已经采取临时反补贴措施的，反补贴税可以对已经实施临时反补贴措施的期间追溯征收。

终裁决定确定存在实质损害威胁，在先前不采取临时反补贴措施将会导致后来做出实质损害裁定的情况下已经采取临时反补贴措施的，反补贴税可以对已经实施临时反补贴措施的期间追溯征收。

终裁决定确定的反补贴税，高于保证金或者保函所担保的金额的，差额部分不予收取；低于保证金或者保函所担保的金额的，差额部分应当予以退还。

第四十五条　下列三种情形并存的，必要时可以对实施临时反补贴措施之日前 90 天内进口的产品追溯征收反补贴税：

（一）补贴进口产品在较短的时间内大量增加；

（二）此种增加对国内产业造成难以补救的损害；

（三）此种产品得益于补贴。

第四十六条　终裁决定确定不征收反补贴税的，或者终裁决定未确定追溯征收反补贴税的，对实施临时反补贴措施期间已收取的保证金应当予以退还，保函应当予以解除。

（三）保障措施

在进口国有明确证据表明进口产品数量增加，对国内相关产业造成难以补救的损害的紧急情况下，进口国调查当局可以做出初步裁定，并采取提高关税的临时保障措施。

终裁确定进口产品数量增加，并由此对国内产业造成损害的，可以采取保障措施。保障措施可以采取提高关税、数量限制等形式。保障措施应针对正在进口的产品实施，不区分产品来源国（地区）。采取保障措施应限制在防止、补救严重损害并便利调整国内产业所必要的范围内。终裁决定确定不采取保障措施的，已征收的临时关税应当予以退还。

保障措施的实施期限不超过 4 年。符合法律规定条件的，保障措施的实施期限可以适当延长，但一项保障措施的实施期限及延长期限，最长期限不超过 10 年。保障措施实施期限超过 1 年的，应当在实施期间内按固定时间间隔逐步放宽。

第四节 我国贸易管制主要管理措施及报关规范

一、进出口许可证管理

进出口许可证管理是指由商务部或会同其他部门共同依法制定并调整进出口许可证管理商品目录，并以发放进出口许可证的形式对目录商品进行的行政许可管理。

商务部授权商务部配额许可证事务局（以下简称许可证局）统一管理、指导全国各发证机构的进出口许可证的发放工作。许可证局及商务部驻各地特派员办事处和各省、自治区、直辖市、计划单列市，以及商务部授权的其他省会城市商务厅（局）、外经贸委（厅、局）为进出口许可证的发证机构（以下简称各地方发证机构），在许可证局的统一管理下，负责授权范围内的发证工作。

（一）进口许可证管理

进口许可证是我国进出口许可证管理制度中具有法律效力，并用来证明对外贸易经营者经营列入国家进口许可证管理目录商品进口合法性的证明文件，是海关验放该类货物的重要凭证。

2021 年属于许可证管理的进口货物为消耗臭氧层物质和重点旧机电产品（消耗臭氧层物质共 49 种；旧机电产品包括化工设备、金属冶炼设备、工程机械、起重运输设备、造纸设备、电力电气设备；食品加工及包装设备；农业机械；印刷机械；纺织机械；船舶、硒鼓、X 射线管）。商务部或者受商务部委托的省级地方商务主管部门负责对上述货物的进口实施许可，并向符合条件的申请人签发“中华人民共和国进口许可证”（以下简称进口许可证）。

（1）重点旧机电产品进口单位申领的进口许可证和在京的属于国务院国资委管理企业申领的进口许可证，由商务部配额许可证事务局（以下简称许可证局）签发。

（2）消耗臭氧层物质进口单位申领的进口许可证，由省级地方商务主管部门签发。对消耗臭氧层物质进口实行“一批一证”制管理，即进口许可证在有效期内一次报关使用。

（二）出口许可证管理

出口许可证是我国进出口许可证管理制度中具有法律效力，并用来证明对外贸易经营者经营列入国家出口许可证管理目录商品出口合法性的证明文件，是海关验放该类货物的重要凭证。

1. 2021年出口许可证的适用范围

（1）2021年实行许可证管理的出口货物为43种。对外贸易经营者出口目录内所列货物的，应向商务部或者商务部委托的地方商务主管部门申请取得“中华人民共和国出口许可证”（以下简称出口许可证），凭出口许可证向海关办理通关验放手续。

（2）出口活牛（对中国港澳地区）、活猪（对中国港澳地区）、活鸡（对中国香港）、小麦、玉米、大米、小麦粉、玉米粉、大米粉、药料用麻黄草（人工种植）、煤炭、原油、成品油（不含润滑油、润滑脂、润滑油基础油）、锯材、棉花的，凭配额证明文件申领出口许可证；出口甘草及甘草制品、蔺草及蔺草制品的，凭配额招标中标证明文件申领出口许可证。

（3）以加工贸易方式出口第二款所列货物的，凭配额证明文件、货物出口合同申领出口许可证。其中，出口甘草及甘草制品、蔺草及蔺草制品的，凭配额招标中标证明文件、海关加工贸易进口报关单申领出口许可证。

（4）以边境小额贸易方式出口第二款所列货物的，由省级地方商务主管部门根据商务部下达的边境小额贸易配额和要求签发出口许可证。以边境小额贸易方式出口甘草及甘草制品、蔺草及蔺草制品、消耗臭氧层物质、摩托车（含全地形车）及其发动机和车架、汽车（包括成套散件）及其底盘等货物的，须按规定申领出口许可证。以边境小额贸易方式出口本款上述情形以外的货物的，免于申领出口许可证。

（5）出口活牛（对中国港澳地区以外市场）、活猪（对中国港澳地区以外市场）、活鸡（对中国香港地区以外市场）、牛肉、猪肉、鸡肉、天然砂（含标准砂）、矾土、磷矿石、镁砂、滑石块（粉）、萤石（氟石）、稀土、锡及锡制品、钨及钨制品、钼及钼制品、锑及锑制品、焦炭、成品油（润滑油、润滑脂、润滑油基础油）、石蜡、部分金属及制品、硫酸二钠、碳化硅、消耗臭氧层物质、柠檬酸、白银、铂金（以加工贸易方式出口）、铟及铟制品、摩托车（含全地形车）及其发动机和车架、汽车（包括成套散件）及其底盘的，须按规定申领出口许可证。其中，消耗臭氧层物质货样广告品须凭出口许可证出口；以一般贸易、加工贸易、边境贸易和捐赠贸易方式出口汽车、摩托车产品的，须按规定的条件申领出口许可证；以工程承包方式出口汽车、摩托车产品的，凭对外承包工程项目备案回执或特定项目立项函、中标文件等材料申领出口许可证；以上述贸易方式出口非原产于中国的汽车、摩托车产品的，凭进口海关单据和货物出口合同申领出口许可证。

（6）以加工贸易方式出口第五款所列货物的，除另有规定以外，凭有关批准文件、海关加工贸易进口报关单和货物出口合同申领出口许可证。出口润滑油、润滑脂、润滑油基础油以外的成品油的，免于申领出口许可证。

（7）出口铈及铈合金（颗粒＜500微米）、钨及钨合金（颗粒＜500微米）、锆、铍的可免于申领出口许可证，但须按规定申领《中华人民共和国两用物项和技术出口许可证》。

（8）中国政府对外援助项下提供的货物免于申领出口许可证。

（9）继续暂停对一般贸易项下润滑油（海关商品编号 27101991）、润滑脂（海关商品编号 27101992）、润滑油基础油（海关商品编号 27101993）出口的国营贸易管理。以一般贸易方式出口上述货物的，凭有效的货物出口合同申领出口许可证。以其他贸易方式出口上述货物的，按照商务部、发展改革委、海关总署公告 2008 年第 30 号的规定执行。

2. 出口许可证管理实行“非一批一证”制和“一批一证”制

（1）对下列货物实行“非一批一证”制管理：小麦、玉米、大米、小麦粉、玉米粉、大米粉、活牛、活猪、活鸡、牛肉、猪肉、鸡肉、原油、成品油、煤炭、摩托车（含全地形车）及其发动机和车架、汽车（包括成套散件）及其底盘（限新车）、加工贸易项下出口货物、补偿贸易项下出口货物等。出口上述货物的，可在出口许可证有效期内多次通关使用出口许可证，但通关使用次数不得超过 12 次。

（2）对消耗臭氧层物质、二手车出口实行“一批一证”制管理，出口许可证在有效期内一次报关使用。

视野拓展

蔺　草

蔺草，俗称石草、席草，书名灯芯草（古书上称席草为“蔺”），异名有“开宝本草”“虎须草”“碧玉草”“草丝”“无节草”等。栽培的蔺草是由野生灯心草经人工长期选育而成的。蔺草草茎圆滑细长、粗细均匀、色绿挺直，壁原芯疏，芬芳郁香，且纤维长，有弹性，抗拉性好，是极佳的天然绿色纤维，为草编制品的主要原料，还可作药用，被誉为“绿色的钻石”。

依据《中华人民共和国对外贸易法》《中华人民共和国货物进出口管理条例》《货物自动进口许可管理办法》《机电产品自动进口许可实施办法》等法律、行政法规和规章，商务部和海关总署公告 2020 年第 67 号公布《自动进口许可管理货物目录（2021 年）》（以下简称目录）和有关事项。以加工贸易方式进口化肥（目录序号第 17 和第 31 项）报关时需提交自动进口许可证。目录自 2021 年 1 月 1 日起执行。商务部、海关总署公告 2019 年第 63 号同时废止。

二、自动进口许可证管理

（一）2021 年自动进口许可管理货物目录

2021 年自动进口许可管理货物种类如下：牛肉、猪肉、羊肉、鲜奶、奶粉、木薯、大麦、高粱、大豆、油菜籽、食糖、玉米酒糟、豆粕、烟草、原油、成品油、化肥、二醋酸纤维丝束、烟草机械、移动通信产品、（卫星、广播）电视设备及关键部件、汽车产品、飞机、船舶、肉鸡、植物油、铁矿石、铜精矿、煤、成品油、化肥、钢材、工程机械、印刷机械、纺织机械、金属冶炼及加工设备、金属加工机床等。

（二）自动进口许可证的申领

收货人可以直接向发证机构书面申请自动进口许可证，也可以通过网上申请。收货人如通过网上申请，应当先到发证机构申领用于企业身份认证的电子钥匙。在申请时，收货人登录相关网站，进入相关申领系统，按要求如实在线填写《自动进口许可证申请表》等资料，同时，向发证机构提交本办法规定的有关材料。

收货人如通过书面申请可以到发证机构领取或者从相关网站下载《自动进口许可证申请表》（可复印）等有关材料，按要求如实填写，并采用送递、邮寄或者其他适当方式，与《货物自动进口许可管理办法》规定的其他材料一并递交发证机构。收货人申请自动进口许可证，应当提交以下材料：

（1）收货人从事货物进出口的资格证书、备案登记文件或者外商投资企业批准证书（以上证书、文件仅限公历年度内初次申领者提交）。

（2）自动进口许可证申请表。

（3）货物进口合同。

（4）属于委托代理进口的，应当提交委托代理进口协议（正本）。

（5）对进口货物用途或者最终用户法律法规有特定规定的，应当提交进口货物用途或者最终用户符合国家规定的证明材料。

（6）针对不同商品在《2021年自动进口许可管理货物目录》中列明的应当提交的材料。

（7）商务部规定的其他应当提交的材料。收货人应当对所提交材料的真实性负责，并保证其有关经营活动符合国家法律规定。许可申请内容正确且形式完备的，发证机构收到后应当予以签发自动进口许可证，最多不超过10个工作日。

以下列方式进口自动许可货物的，可以免领自动进口许可证：

（1）加工贸易项下进口并复出口的（原油、成品油除外）。

（2）外商投资企业作为投资进口或者投资额内生产自用的。

（3）货样广告品、实验品进口，每批次价值不超过5000元人民币的。

（4）暂时进口的海关监管货物。

（5）国家法律法规规定其他免领自动进口许可证的。

（三）报关规范

商务部对自动进口许可证项下货物原则上实行“一批一证”管理，对部分货物也可实行“非一批一证”管理。

对于“非一批一证”进口实行自动进口许可管理的大宗散装商品，在每批货物进口时，按其实际进口数量核扣自动进口许可证额度数量；在最后一批货物进口时，其溢装数量按该自动进口许可证实际剩余数量并在规定的允许溢装上限内计算。海关对散装货物溢短装数量在货物总量正负5%以内的予以免证验放。对原油、成品油、化肥、钢材四种大宗货物的散装货物溢短装数量在货物总量正负3%以内予以免证验放。

自动进口许可证在公历年度内有效，有效期为6个月。自动进口许可证需要延期或者变更，一律在原发证机构重新办理，旧证同时撤销，并在新证备注栏中注明原证号。

“非一批一证”自动进口许可证需要延期或者变更，核减原证已报关数量后，按剩余数量发放新证。

三、纺织品临时出口许可管理

对外贸易经营者（以下简称经营者）在出口管理商品目录所列的纺织品前，应当向当地商务主管部门办理临时出口许可审批手续，并申领许可证，凭许可证向海关办理报关验放手续。

（一）适用范围

纺织品的临时出口许可证适用于有关国家或地区对我国实行限制的纺织产品，双边协议规定需要临时进行数量管理的纺织产品。

管理商品目录所列纺织品的临时出口许可数量，通过业绩分配、协议招标等方式配置到各经营者。对管理商品目录所列的纺织品，实行临时出口管理制度。商务部授权许可证事务局统一管理、指导各地商务主管部门的《纺织品临时出口许可证》（以下简称许可证）发证工作。发证机构名单、许可证样式和专用章由商务部、海关总署、质检总局另行公布。

（二）报关规范

纺织品临时出口许可证实行“一批一证”“一关一证”管理，在公历年度内有效，有效期限为6个月，逾期作废。

逾期未出口的，可以到原发证机构办理延期手续，最长延期时间不超过3个月。延期或更改许可证内容的，均应重新换发新证。

获得临时出口许可数量的经营者在临时出口许可数量有效期内未能全部使用的，应于许可年度的9月30日前将剩余数量通过各地商务主管部门向商务部上交。

经营者上交的、未申请和放弃的数量计入当年度纺织品临时出口许可剩余数量。剩余总量由商务部按照有关规定继续分配，并在不迟于许可年度结束前75天下达分配结果。

获得纺织品临时出口许可数量的经营者，在有效期内未使用量超过业绩分配量20%且不大于30%并未按期上交的，商务部将在下一年度分配中按等比例扣减。在有效期内未使用量超过业绩分配量30%并未按期上交的，商务部将在下一年度分配中按双倍扣减。

获得临时出口许可数量的经营者在申领许可证时，应当如实填写《许可证申请表》，并加盖单位印章。网上申请的，应当如实填写相关电子表格并传送至相应的发证机构。

以书面形式或者通过网上申请的，经营者应当同时将相关出口合同复印件寄送至发证机构。

各发证机构应在收到内容正确且形式完备的许可数量有效申请后，按照商务部授权的地方商务主管部门下达的临时出口许可数量批准文件和相关电子数据，在 3 个工作日内签发许可证。

实行临时出口许可管理的商品，经营者在办理好临时出口许可证后，应向国家市场监督管理总局授权的临时发证机构申领纺织品原产地证书。发证机构凭许可证签发纺织品原产地证书。原产地证书与许可证的数量、金额等内容应完全一致。

经营者凭加盖纺织品许可证专用章的许可证办理出口报关手续；在有关进口国（地区）凭商务部电子数据和书面许可证及主管发证机构出具的原产地证验放通关。

海关在办理相关纺织品出口手续时，须验核加盖纺织品许可证专用章的许可证。对属法定检验出口的纺织品，海关还应凭检验检疫机构出具的出境货物通关单办理验放手续。

出口样品的，对每批商品数量不超过 50 件（含 50 件、套、双、公斤或其他商品单位，不包括打、打双、打套、吨数量单位）的，可免领出口许可证；但属于进口国（地区）海关要求凭许可证放行的，经营者应在本企业可申请数量范围内向发证机构申领许可证。

四、进口废物管理

（一）适用范围

废物是指《中华人民共和国固体废物污染环境防治法》管理范围内的废物，即在生产建设、日常生活和其他生活中产生的污染环境的废弃物资。它包括工业固体废物、城市生活垃圾、危险废物、液态废物、置于容器中的气态废物。国家禁止进口不能用作原料的固体废物，限制进口可以用作原料的固体废物。

未列入《限制进口类可用作原料的废物目录》《自动进口许可管理类可用作原料的废物目录》的固体废物，禁止进口。

（二）报关规范

经营者向生态环境部提出废物进口申请获取《废物进口许可证》后才能组织进口。在进口废物运抵口岸后，口岸检验检疫机构凭生态环境部签发的废物进口许可证受理报检，经检验合格后，向报检人出具入境货物通关单。

海关凭《废物进口许可证》《入境货物通关单》办理通关手续废物进口许可证实行“非一批一证”管理。进口废物不能转关，只能在口岸海关办理申报进境手续（废纸除外）。

五、濒危物种进出口管理

濒危物种进出口管理是指中华人民共和国濒危物种进出口管理办公室会同国家其他部门，依法制定或调整《进出口野生动植物种商品目录》并以签发《濒危野生动植物种国际贸易公约允许进出口证明书》（以下简称公约证明）、《中华人民共和国濒危物种进出口管理办公室野生动植物允许进出口证明书》（以下简称非公约证明），或"非《进出口野生动植物种商品目录》物种证明"（以下简称非物种证明）的形式，对该目录列明的依法受保护的珍贵、濒危野生动植物及其产品实施的进出口限制管理。

（一）非公约证明

非公约证明是中国进出口许可管理制度中具有法律效力，用来证明对外贸易经营者经营列入《进出口野生动植物种商品目录》中属于中国自主规定管理的野生动植物及其产品合法进出口的证明文件，是海关验放该类货物的重要依据。

1. 适用范围

列入《进出口野生动植物种商品目录》中属于中国自主规定管理的野生动植物及其产品的进出口通关，以及不论以何种方式进出口列入上述管理范围的野生动植物及其产品，都必须事先申领非公约证明。

2. 报关规范

向海关申报进出口列入《进出口野生动植物种商品目录》中属于中国自主规定管理的野生动植物及其产品，报关单位应主动向海关提交有效的非公约证明及其他有关单据。非公约证明实行"一批一证"制度。

（二）公约证明

公约证明是中国进出口许可管理制度中具有法律效力，并用来证明对外贸易经营者经营列入《进出口野生动植物种商品目录》中属于《濒危野生动植物种国际贸易公约》成员国（地区）应履行保护义务的物种合法进出口的证明文件，是海关验放该类货物的重要依据。

1. 适用范围

列入《进出口野生动植物种商品目录》中属于《濒危野生动植物种国际贸易公约》成员国（地区）应履行保护义务的物种的进出口通关，以及不论以何种方式进出口列入上述管理范围的野生动植物及其产品，都必须事先申领公约证明。

2. 报关规范

对列入《进出口野生动植物种商品目录》中属于《濒危野生动植物种国际贸易公约》

成员国（地区）应履行保护义务的物种进出口，报关单位应主动向海关提交有效的公约证明及其他有关单据。公约证明实行“一批一证”制度。

（三）非物种证明

由于受濒危管理的动植物种很多，认定工作的专业性很强，为使濒危物种进出口监管工作做到既准确又严密，海关总署和濒危物种进出口管理办公室共同商定，对海关无法认定的，由濒危物种进出口管理办公室指定机构进行认定并出具非物种证明，报关单位凭非物种证明办理报关手续。

1. 适用范围

适用于未列入《进出口野生动植物种商品目录》的动植物物种的进出口，以及列入《进出口野生动植物种商品目录》的非《濒危野生动植物种国际贸易公约》附录植物物种的进口。

2. 报关规范

非物种证明按时效分为“当年使用”和“一次性使用”两类。“当年使用”的证明，用于未列入《进出口野生动植物种商品目录》的动植物物种的进出口，以及列入《进出口野生动植物种商品目录》的非《濒危野生动植物种国际贸易公约》附录植物物种的进口。在不涉及《进出口野生动植物种商品目录》调整时，证面注明的使用单位在本关区、本年度内（截至当年 12 月 31 日）进出口相同物种时有效。进出口企业使用“当年使用”的证明报关时，应向海关出具证明正本及复印件。海关接受报关后，将复印件连同报关单据一并存档，正本交还进出口企业后续报关使用，直至证明失效。

“一次性使用”的证明，用于列入《进出口野生动植物种商品目录》的非《濒危野生动植物种国际贸易公约》附录人工培植植物物种的进口。企业持“一次性使用”的证明正本向海关报关。

六、进出口药品管理

国家市场监督管理总局负责对属于国家限制进出口管理范畴的药品，实行分类和目录管理。进出口药品从管理角度分为进出口精神药品、进出口麻醉药品、进出口兴奋剂、进口一般药品等类型。

（一）精神药品进出口管理范围及报关规范

1. 管理范围

国家食品药品监督管理总局（现为国家市场监督管理总局）、公安部、国家卫生和计划生育委员会（现为国家卫生健康委员会）于 2013 年 11 月 11 日发布的《精神药品品种目录（2013 年版）》（食药监药化监〔2013〕230 号）所列药品进出口时，均须取得国家食品药品监督管理总局核发的《精神药品进出口准许证》，凭此向海关办理报关手续。

2. 报关规范

海关申报进出口精神药品管理范围内的药品，报关单位应主动向海关提交有效的精神药品进出口准许证及其他有关单据。精神药品的进出口准许证仅限在该证注明的口岸海关使用，并实行“一批一证”制度。

（二）麻醉药品进出口管理范围及报关规范

1. 管理范围

《麻醉药品品种目录（2013 年版）》，包括阿片类、可卡因类、大麻类、合成麻醉药类，以及其他易成瘾癖的药品、药用原植物及其制剂共 121 种，任何单位以任何贸易方式进出口麻醉药品（包括麻醉药品标准品及对照品），海关验核并由国家市场监督管理总局核发并加盖专用章的麻醉药品进口准许证或麻醉药品出口准许证，并按规定办理报关验放手续。

2. 报关规范

麻醉药品进口准许证、麻醉药品出口准许证实行“一批一证”制度，证面内容不得自行更改。如需更改，应到国家市场监督管理总局办理换证手续。

海关在验放进出口麻醉药品时，应在麻醉药品进口准许证、麻醉药品出口准许证的指定位置签注盖章。

药品必须经由国务院批准的允许药品进口的口岸进口，进口麻醉药品的口岸必须与麻醉药品进出口准许证核准的口岸一致。进口麻醉药品的口岸有北京市、天津市、上海市、大连市、青岛市、成都市、武汉市、重庆市、厦门市、南京市、杭州市、宁波市、福州市、广州市、深圳市、珠海市、海口市、西安市、南宁市等 19 个城市所在地直属海关所辖关区口岸。首次在中国境内销售的麻醉药品，进口口岸限定为北京市、上海市和广州市 3 个城市的口岸。

医疗机构携带少量自用的麻醉药品出境，海关验核加盖专用章的携带麻醉药品、精神药品证明。

麻醉药品进口准许证、麻醉药品出口准许证分别在报关单“随附单据”栏填报监管证件代码“W”，在“编号”栏填报麻醉药品进（出）口准许证编号。

（三）兴奋剂进出口管理范围及报关规范

1. 管理范围

国家体育总局公布的《2016 年兴奋剂目录》的 7 类药品包括：蛋白同化制剂品种、

肽类激素品种、麻醉药品品种、刺激剂（含精神药品）品种、药品类易制毒化学品品种、医疗用毒性药品品种、其他药品。

2. 报关规范

进出口单位应事先向国家市场监督管理总局申领进口准许证或出口准许证，海关凭此证验放。进口许可证有效期为 1 年。出口许可证有效期不超过 3 个月（有效期时限不跨年度）。进出口准许证实行“一证一关”制度。个人因医疗需要携带或邮寄，凭医疗机构处方予以验放。

（四）一般药品进口管理范围及报关规范

1. 管理范围

国家对一般药品进口的管理实行目录管理。国家市场监督管理总局授权的口岸药品检验所以签发进口药品通关单的形式对列入目录管理的商品实行进口限制管理。

2. 报关规范

向海关申报进口列入《进口药品目录》中的药品，应向海关提交进口药品通关单。进口药品通关单仅限在该单注明的口岸海关使用，并实行“一批一证”制度。目前，一般药品出口暂无特殊规定。

七、黄金及其制品进出口管理

（一）管理范围

为了规范黄金及黄金制品进出口行为，加强黄金及黄金制品进出口管理，中国指定中国人民银行作为黄金及黄金制品进出口主管部门，根据国家宏观经济调控需求，可以对黄金及黄金制品进出口的数量进行限制性审批。因此，中国对黄金及黄金制品进出口实行准许证制度。中国人民银行会同海关总署制定、调整并公布《黄金及黄金制品进出口管理目录》。

列入《黄金及黄金制品进出口管理目录》的黄金及黄金制品进口或出口通关，应当向海关提交由中国人民银行及其分支机构签发的《中国人民银行黄金及黄金制品进出口准许证》。

申请黄金进出口的法人企业、组织或个人，应当向中国人民银行提出书面申请并提交相关材料，向中国人民银行上海总部，各分行、营业管理部、省会（首府）城市中心支行，深圳市中心支行直接受理黄金制品进出口申请的，应当自受理之日起 20 个工作日内做出行政许可决定。

需要对申请材料的实质内容进行核实的，中国人民银行及其分支机构可以对申请人进行核查，应当由两名以上工作人员进行核查。被许可人在办理黄金及黄金制品货物进出口时，凭《中国人民银行黄金及黄金制品进出口准许证》向海关办理有关手续。

（二）报关规范

《中国人民银行黄金及黄金制品进出口准许证》实行“一批一证”管理，自签发日起 40 个工作日内使用。被许可人有正当理由需要延期的，可以在凭证有效期届满 5 个工作日前持原证向发证机构申请办理一次延期手续。

中国人民银行及其分支机构有权对被许可人从事行政许可事项的活动进行监督检查，被许可人应当予以配合。

以下方式进出口的黄金及黄金制品免予办理《中国人民银行黄金及黄金制品进出口准许证》，由海关实施监管：

（1）通过加工贸易方式进出的。

（2）海关特殊监管区域、保税监管场所与境外之间进出的。

（3）海关特殊监管区域、保税监管场所之间进出的。

（4）以维修、退运、暂时进出境方式进出境的。

八、两用物项和技术进出口许可证管理

（一）适用范围

两用物项和技术是指《中华人民共和国核出口管制条例》《中华人民共和国核两用品及相关技术出口管制条例》《中华人民共和国导弹及相关物项和技术出口管制条例》《中华人民共和国生物两用品及相关设备和技术出口管制条例》《中华人民共和国监控化学品管理条例》《中华人民共和国易制毒化学品管理条例》《有关化学品及相关设备和技术出口管制办法》所规定的相关物项和技术。

两用物项和技术进出口许可证管理是指为维护国家安全和社会公共利益，履行我国在缔结或者参加的国际条约、协定中所承担的义务，依据《对外贸易法》《海关法》和有关行政法规的规定，国家对两用物项和技术进出口进行限制，实行许可证管理。

为便于对上述物项和技术的进出口管制，商务部和海关总署依据上述法规颁布了《两用物项和技术进出口许可证管理办法》并联合发布了《两用物项和技术进出口许可证管理目录》，规定对列入目录的物项和技术的出口统一实行两用物项和技术进出口许可证管理。商务部统一管理、指导全国各发证机构的两用物项和技术进出口许可证发证工作。商务部配额许可证事务局和受商务部委托的省级商务主管部门是两用物项和技术进出口许可证发证机构。两用物项和技术进出口前，进出口经营者应当向发证机关申领《中华人民共和国两用物项和技术进口许可证》或《中华人民共和国两用物项和技术出口许可证》（以下统称两用物项和技术进出口许可证），凭此向海关办理进出口通关手续。

（二）报关规范

无论以何种方式进口或出口，以及过境、转运、通运管理商品目录中的两用物项和技术，都应申领两用物项和技术进口或出口许可证。

经营两用物项和技术进出口的进出口经营者应当向海关申请《两用物项和技术进出口许可证》，依照《海关法》的有关规定，海关凭两用物项和技术进出口许可证接受申报并办理验放手续。

两用物项和技术进口许可证实行“非一批一证”和“一批一证”两种制度。“一批一证”制的大宗、散装的两用物项在报关时溢装数量不得超过两用物项和技术进口许可证所列出口数量的5%。“非一批一证”制的大宗、散装两用物项，在每批进口时，按其实际进口数量进行核扣，在最后一批进口物项报关时，其溢装数量按该两用物项和技术进口许可证实际剩余数量并在规定的溢装上限5%内计算。

赴境外参加或举办展览会运出境外的展品，参展单位（出口经营者）应凭出境经济贸易展览会审批部门批准办展的文件，按规定申请两用物项和技术出口许可证，并按《两用物项和技术进出口许可证管理办法》办理两用物项和技术出口许可证。

对于非卖展品，应在两用物项和技术出口许可证“备注”栏内注明“非卖展品”字样。参展单位应在展览会结束后6个月内，将非卖展品如数运回境内，由海关凭有关出境时的单证予以核销。在特殊情况下，可向海关申请延期，但延期时间最长不得超过6个月。

运出境外的两用物项和技术的货样或实验用样品，视为正常出口，出口经营者应按规定申请两用物项和技术出口许可证，并按《两用物项和技术进出口许可证管理办法》办理两用物项和技术出口许可证。

进出境人员随身携带药品类易制毒化学品药品制剂和高锰酸钾的，按照《易制毒化学品管理条例》中的规定执行，并接受海关监管。

凡两用物项和技术出口涉及国有贸易管理和出口配额管理商品的，出口经营者须具备相应的资格条件。两用物项和技术进出口许可证仅限于申领许可证的进出口经营者使用。两用物项和技术进出口许可证不得买卖、转让、涂改、伪造和变造。两用物项和技术进出口许可证有效期一般不超过1年。两用物项和技术进出口许可证跨年度使用的有效期内只能到次年3月31日，发证机构将根据原许可证有效期换发许可证。两用物项和技术进出口许可证应在批准的有效期内使用，逾期自动失效，海关不予验放。

本章小结

1. 对外贸易管制是指一国政府为了国家的宏观经济利益、国内外政策需要，以及履行本国所缔结或加入的国际条约的义务，对本国的对外贸易活动实施有效管理的各种对外贸易制度、政策和措施的总称。

2. 对外贸易管制是国家管制，是一种强制性的政府行为，必须依法进行。

3. 关税配额管理是指一定时期内（一般是1年），国家对部分商品的进口制定关税配额税率并规定该商品进口数量总额，在限额内，经国家批准后允许按照关税配额税率征税进口，如超出限额则按照配额外税率征税进口的措施。

4. 出口配额限制是指在一定时期内为建立公平竞争机制、增强中国商品在国际市场的竞争力、保障最大限度地收汇及保护中国产品的国际市场利益，国家对部分商品的出口数量直接加以限制的措施。

5. 配额招标管理是国家对部分商品的出口，在一定时期内（一般是1年）规定数量总额，采取招标分配的原则，经招标获得配额的允许出口，否则采取不准出口的配额管理措施。

6. 只要是非禁限的、属于自由进出口的技术，技术进出口当事人可向国务院对外贸易主管部门或者其委托的机构提交技术进出口合同登记申请书、技术进出口合同副本及合同当事人的法律地位的证明文件等材料，办理合同备案登记。

7. 出入境商品检验检疫制度是指由国家进出口商品检验检疫部门依据中国有关法律、行政法规，以及中国政府所缔结的或者参加的国际条约、协定，对出入境的货物、物品及其包装物、交通运输工具、运输设备和人员实施检验检疫和监督管理的法律依据和行政手段的综合。

8. 进出口许可证管理是指由商务部或会同其他部门共同依法制定并调整进出口许可证管理商品目录，并以发放进出口许可证的形式对目录商品进行的行政许可管理。

9. 纺织品的临时出口许可证适用于有关国家或地区对我国实行限制的纺织产品，双边协议规定需要临时进行数量管理的纺织产品。

10. 中国指定中国人民银行作为黄金及黄金制品进出口主管部门，根据国家宏观经济调控需求，可以对黄金及黄金制品进出口的数量进行限制性审批。

复习思考题

1. 对外贸易管制的主要内容有哪些？
2. 对于禁止进口货物，我们主要采取何种管理规定？
3. 对于禁止进口技术，我们主要采取何种管理规定？
4. 简述出入境商品的报检时间和地点。
5. 反倾销可以采取哪些措施？
6. 黄金的报关规范是什么？

第四章

进出口报关单填制规范

学习目标

- 理解进出口货物报关单的法律效力。
- 掌握进出口报关单填制规范。
- 了解报关单的审核。

开篇案例

我们根据海关反映企业报关常见的问题，总结报关人员在进出口货物申报时，经常出现申报不实的问题。这些申报不实的问题仅对海关统计的准确性有影响，并未对海关作业造成困扰，也未影响到企业进出口货物的正常通关，因此对这些申报不实的行为，海关大多数对报关单位及报关人员处以罚款处分，对当事人处以1000元人民币的罚款。

辩证思考：

1. 报关单上的统计项目填报不齐全，但该项目不影响报关作业。例如，运抵地是途经中国香港运至美国，该货物的最终目的地应填写“美国”不应填写“中国香港”。

2. 对以收取工缴费的来料加工装配企业，在报关单上未分别填报原料费和加工费。

3. 对于不同海关统计商品编号或不同产、销国别（地区）的货物，未分别填报。

4. 报关单的产、销国别（地区）填报错误。

5. 报关单中的产、销国别（地区）与随附单证不符。

6. 实行集中报关的企业，对不同产、销国别（地区）的货物，未分别汇总填制报关单。

7. 报关单所填项目与实际货物不符，或与随附单证不符。

8. 收发货单位所在地填报错误。

9. 监管方式填报错误。

10. 填报数（重）量与实际进出口数（重）量不符。

11. 商品编号填报错误，差错4位数以上。

12. 报关单位对海关的查询未按期做出答复。

13. 报关申请内容有变动，未及时向海关办理更正手续，从而影响到海关的统计。

14. 其他填报统计项目不符合海关统计要求的。

针对报关作业时，发生进出口货物申报不实的问题，主要原因在于报关人员训练不足，以及做事粗心大意。为了减少上述问题一再发生，报关员唯有接受报关训练来熟悉报关作业流程和掌握报关技巧，并在每次报关作业时，由报关管理人员负责审核相关报关单据。因此，一方面可对报关人员产生自我警惕作用及造成压力；另一方面可以达到监督的效果。若能制订报关人员奖惩制度，相信将有助于减少报关填报不实的问题一再发生。

（资料来源：谢国娥．海关报关实务[M]．上海：华东理工大学出版社，2017.7. 略有修改）

第一节　进出口货物报关单概述

报关单在对外经济贸易活动中具有十分重要的法律地位。它既是海关监管、征税、统计及开展稽查和调查的重要依据，又是加工贸易进出口货物核销，以及出口退税和外汇管理的重要凭证，更是海关处理走私、违规案件，及税务、外汇管理部门查处骗税和套汇犯罪活动的重要证书。

一、报关单及其法律效力

（一）进出口货物报关单的含义和类别

1. 进出口货物报关单的含义

进出口货物报关单是指进出口货物的收发货人或其代理人，按照海关规定的格式对进出口货物的实际情况做出的书面申明，以此要求海关对其货物按适用的海关制度办理报关手续的法律文书。

视野拓展

法律文书

法律文书是司法行政机关及当事人、律师等在解决诉讼和非讼案件时使用的文书，它包括司法机关的非规范性文件，分为规范性和非规范性两种。一般的法律文书是指我国公安机关（含国家安全机关）、检察院、法院、监狱或劳改机关，以及公证机关、仲裁机关依法制作的处理各类诉讼案件和非诉讼案件的法律文书和案件当事人、律师及律师事务所自书或代书的具有法律效力或法律意义的文书的总称。它也是规范性法律文书（国家立法机关颁布的各种法律）以外，所有非规范性的法律文书的总称。

2. 进出口货物报关单的类别

按货物的进出口状态、表现形式、贸易性质和海关监管方式的不同，进出口货物报关单可分为以下 3 种类型。

（1）按进出口流向分类，可分为进口货物报关单和出口货物报关单两种类型。

（2）按介质分类，可分为纸质报关单和电子数据报关单两种类型。

（3）按海关监管方式分类，可分为进料加工进（出）口货物报关单、来料加工及补偿贸易进（出）口货物报关单和一般贸易及其他贸易进（出）口货物报关单三种类型。

（二）进出口货物报关单各联的用途

纸质进口货物报关单一式四联，分别为海关作业联、企业留存联、海关核销联、进口付汇证明联。纸质出口货物报关单一式五联，分别为海关作业联、企业留存联、海关核销联、出口收汇证明联、出口退税证明联。

1. 进出口货物报关单海关作业联

进出口货物报关单海关作业联是报关人员配合海关查验、缴纳税费、提取或装运货物的重要单据，也是海关查验货物、征收税费，编制海关统计，以及处理其他海关事务的重要凭证。

2. 进口货物报关单付汇证明联、出口货物报关单收汇证明联

进口货物报关单付汇证明联和出口货物报关单收汇证明联是海关对已实际进出境的货物所签发的证明文件，是银行和国家外汇管理部门办理售汇、付汇和收汇及核销手续的重要依据之一。

对须办理进口付汇核销或出口收汇核销的货物，进出口货物的收发货人或其代理人应当在海关放行货物或结关以后，向海关申领进口货物报关单进口付汇证明联或出口货物报关单出口收汇证明联，凭此向银行或国家外汇管理部门办理付汇、收汇核销手续。

3. 进出口货物报关单加工贸易核销联

进出口货物报关单海关核销联是指接受申报的海关对已实际申报进口或出口的货物所签发的证明文件，是海关办理加工贸易合同核销、结案手续的重要凭证。对加工贸易的货物进出口，申报人应向海关领取进出口货物报关单海关核销联，并凭此向主管海关办理加工贸易合同核销手续。在报关时该联与海关作业联一并提供。

4. 出口货物报关单出口退税证明联

出口货物报关单出口退税证明联是海关对已实际申报出口并已装运离境的货物所签发的证明文件，是国家税务部办理出口货物退税手续的重要凭证之一。

视野拓展

出口退税证明

出口企业已报关出口的货物发生退关退运并已补税需要转内销的，同一份增值税专用发票中的购进货物部分出口部分内销的，审核不予退税的，以及出口货物视同内销补税且原对应的增值税专用发票超过期限无法进行进项抵扣的，可持相关资料到主管税务机关退税部门申请办理《出口货物转内销证明》(根据出口退税管理系统生成)，主管税务机关征税部门凭该批货物的《出口货物转内销证明》予以办理进项税额抵扣，冲减当期应纳税额。

对于可办理出口退税的货物，出口货物发货人或其代理人应当在载运货物的运输工具实际离境，并办理结关手续后，向海关申领出口货物报关单出口退税证明联，有关出口货物发货人凭此向国家税务管理部门申请办理出口货物退税手续。对于不属于退税范围的货物，海关均不予签发该联。

出口退税报关单证明联因遗失、损毁申请补签，出口货物的发货人、受委托的报关企业应当自原出口退税报关单签发日起 1 年内向海关书面申请，随附主管其出口退税的地（市）国家税务总局签发的“关于申请出具（补办报关单）证明”及有关证明材料，经海关审核同意后，予以补签，并在出口退税专用报关单上注明“补签”字样。

出口货物退运进境，报关单位应向海关出具主管其出口退税的地（市）国家税务总局签发的“出口商品退运已补税证明”，证明其货物未办理出口退税或所退税款已退回税务机关，海关方可予以办理该批货物的退运手续。

二、进出口货物报关单的法律效力

《海关法》规定：“进口货物的收货人、出口货物的发货人应当向海关如实申报，交验进出口许可证件和有关单证。”

进出口货物报关单及其他进出境报关单（证）在对外经济贸易活动中具有十分重要的法律效力，是货物的收发货人向海关报告其进出口货物实际情况及适用海关业务制度、申请海关审查并放行货物的必备法律文书。它既是海关对进出口货物进行监管、征税、统计及开展稽查、调查的重要依据，又是出口退税和外汇管理的重要凭证，还是海关处理进出口货物走私、违规案件及税务、外汇管理部门查处骗税、套汇犯罪活动的重要书证。因此，申报人对所填报的进出口货物报关单的真实性和准确性应承担法律责任。

第二节　进出口货物报关单填制规范及审核

一、进出口货物报关单填制规范

（一）海关对进（出）口报关单填制的一般要求

1. 分单填报

以下情况不允许填报在同一张报关单上：

（1）不同批文。

（2）不同许可证件。

（3）不同合同。

（4）不同贸易方式。

（5）不同备案号。

（6）不同提运单。

（7）不同征免性质。

（8）不同运输方式。

（9）不同航次。

（10）不同运输工具名称。

（11）一份原产地证书只能对应一份报关单。

（12）同一份报关单上的商品不能同时享受协定税率和减免税。

（13）在一批货物中，对于实行原产地证书联网管理的，如涉及多份原产地证书或含非原产地证书的商品，分单填报。

视野拓展

备案号

备案号是网站是否合法注册经营的标志，可随时到工业和信息化部网站备案系统上查询该 ICP 备案的相关详细信息。工业和信息化部负责网站备案管理系统颁发的网络信息许可证号码。根据国家相关规定，经营性网站必须办理 ICP 证，否则其属于非法经营。未取得经营许可或未履行备案手续，擅自从事互联网信息服务的，由相关主管部门依法责令限期改正，给予罚款、责令关闭网站等行政处罚；构成犯罪的，依法追究刑事责任。

2. 分项填报

同一张报关单上可以允许填写不超过 5 项海关统计商品编码的货物，但必须逐项填报，称为“分项填报”。

3. 分栏填报

以下情况必须分栏填报：

（1）商品编码不同。

（2）商品名称不同。

（3）商品编号相同，但规格型号和单价不同。

（4）原产国或地区不同。

（5）最终目的国（地区）不同。

4. 分色填报

不同贸易方式的货物，须用不同颜色的报关单填报。如出口货物报关单最多有 5 种颜色：

（1）白色（黑字，下同），用于一般贸易。

（2）粉红色，进料加工专用。

（3）浅黄色，出口退税专用。

（4）浅蓝色，外商投资企业专用。

（5）浅绿色，来料加工、补偿贸易专用。

（二）进出口货物报关单填制规范的修订

为规范进出口货物收发货人的申报行为，统一进出口货物报关单填制要求，海关总署对原《中华人民共和国海关进出口货物报关单填制规范》（海关总署 2008 年第 52 号公告）再次进行修订。本次修订后的规范文本及有关内容如下：

（1）本次修订补充了 2008 年以来散落在相关文件中的关于报关单填制的内容。主要根据海关总署 2010 年第 22 号公告、海关总署 2014 年第 15 号公告、海关总署 2014 年第 33 号公告，海关总署、国家发展改革委员会、财政部、商务部联合令第 125 号，海关总署、国家发展改革委员会、财政部、商务部联合令第 185 号，海关总署令第 213 号，海关总署令第 218 号，海关总署令第 219 号等对《中华人民共和国海关进口货物报关单》《中华人民共和国海关出口货物报关单》中的“合同协议号”“申报单位”“运输方式”“提运单号”“监管方式”“备案号”“许可证号”“运费”“保费”“随附单证”“标记唛码及备注”“项号”“商品编号”“数量及单位”“版本号”“货号”和“海关批注及签章”等相关栏目的填制要求做了相应调整。

（2）进口货物报关单和出口货物报关单修改内容包括：删除原报关单上“征税比例/结汇方式”“批准文号”“用途/生产厂家”“税费征收情况”“单位地址”“邮编”“电话”“填制日期”；原“经营单位”修改为“收发货人”，原“收/发货单位”修改为“消费使用单位/生产销售单位”，原“贸易方式”修改为“监管方式”，原“海关审单批注及放行日期（签章）”修改为“海关批注及签章”，原“兹申明以上申报无讹并承担法律责任”修改为“兹申明对以上内容承担如实申报、依法纳税之法律责任”；增加“贸易国（地区）”“特殊关系确认”“价格影响确认”和“支付特许权使用费确认”，其中后三项将在表体商品项下方打印；单页报关单最多打印 8 个商品项；报关单条形码位置固定为报关单右上角。

（3）为解决部分因商品项数限制导致的物流凭证拆分问题，报关单商品项指标组上限由 20 调整为 50。

（4）海关特殊监管区域（以下简称特殊区域）企业向海关申报货物进出境、进出区，以及在同一特殊区域内或者不同特殊区域之间流转货物的双方企业，应填制《中华人民共和国海关进（出）境货物备案清单》，特殊区域与境内（区外）之间进出口的货物，区外企业应同时填制《中华人民共和国海关出口货物报关单》或《中华人民共和国海关进口货物报关单》，向特殊区域主管海关办理进出口报关手续。货物流转应按照“先报进，后报出”的原则，在同一特殊区域企业之间、不同特殊区域企业之间流转的，先办理进境备案手续，后办理出境备案手续，在特殊区域与区外之间流转的，由区内企业、区外企业分别办理备案和报关手续。《中华人民共和国海关进（出）境货物备案清单》原则上按《中华人民共和国海关进出口货物报关单填制规范》的要求填制。

修订后的《中华人民共和国海关进出口货物报关单填制规范》自2016年3月30日起施行，海关总署2008年第52号公告、2013年第30号公告同时废止。

二、中华人民共和国海关进出口货物报关单填制规范

1. 预录入编号

本栏目填报预录入报关单的编号，预录入编号规则由接受申报的海关决定。

2. 海关编号

本栏目填报海关接受申报时给予报关单的编号，一份报关单对应一个海关编号。报关单海关编号为18位，其中第1位至第4位为接受申报海关的编号（海关规定的《关区代码表》中相应海关代码），第5位至第8位为海关接受申报的公历年份，第9位为进出口标志（“1”为进口，“0”为出口；集中申报清单“I”为进口，“E”为出口），后9位为顺序编号。

3. 收发货人

本栏目填报在海关注册的对外签订并执行进出口贸易合同的中国境内法人、其他组织或个人的名称及编码。编码可选填18位法人和其他组织统一社会信用代码或者10位海关注册编码任一项。

特殊情况填报要求如下：

（1）进出口货物合同的签订者和执行者非同一企业的，填报执行合同的企业。

（2）外商投资企业委托进出口企业进口投资设备、物品的，填报外商投资企业，并在标记唛码及备注栏注明“委托××进出口企业进口”，同时注明被委托企业的法人和其他组织统一社会信用代码。

（3）有代理报关资格的报关企业在代理其他进出口企业在办理进出口报关手续时，填报委托的进出口企业的。

（4）使用海关核发的《中华人民共和国海关加工贸易手册》、电子账册及其分册（以下统称《加工贸易手册》）管理的货物，收发货人应与《加工贸易手册》的“经营企业”一致。

4. 进口口岸、出口口岸

本栏目应根据货物实际进出境的口岸海关，填报海关规定的《关区代码表》中相应口岸海关名称及代码。

特殊情况填报要求如下：

（1）进口转关运输货物应填报货物进境地海关名称及代码，出口转关运输货物应填报货物出境地海关名称及代码。按转关运输方式监管的跨关区深加工结转货物，出口货物报关单填报转出地海关名称及代码，进口货物报关单填报转入地海关名称及代码。

视野拓展

加工贸易货物深加工结转

加工贸易货物深加工结转是指来料加工、进料加工经营企业将保税进口料件加工的产品不直接出口，在境内结转给另一个加工贸易企业再加工后复出口的经营活动。

（2）在不同海关特殊监管区域或保税监管场所之间调拨、转让的货物，填报对方特殊监管区域或保税监管场所所在的海关名称及代码。

（3）其他无实际进出境的货物，填报接受申报的海关名称及代码。

5. 进口日期、出口日期

进口日期是指运载进口货物的运输工具申报进境的日期。出口日期是指运载出口货物的运输工具办结出境手续的日期，本栏目供海关签发打印报关单证明联用，在申报时免予填报。无实际进出境的报关单填报海关接受申报的日期。本栏目为 8 位数字，顺序为年（4 位）、月（2 位）、日（2 位）。

6. 申报日期

申报日期是指海关接受进出口货物收发货人、受委托的报关企业申报数据的日期。以电子数据报关单方式申报的，申报日期为海关计算机系统接收申报数据时记录的日期。以纸质报关单方式申报的，申报日期为海关接受纸质报关单并对报关单进行登记处理的日期。

申报日期为 8 位数字，顺序为年（4 位）、月（2 位）、日（2 位）。本栏目在申报时免予填报。

7. 消费使用单位、生产销售单位

（1）消费使用单位填报已知的进口货物在境内的最终消费、使用单位的名称，包括自行从境外进口货物的单位，以及委托进出口企业进口货物的单位。

（2）生产销售单位填报出口货物在境内的生产或销售单位的名称，包括自行出口货物的单位以及委托进出口企业出口货物的单位。本栏目可选填 18 位法人和其他组织统一社会信用代码，或10位海关注册编码，或9位组织机构代码任一项。没有代码的应填报“NO”。

（3）有10位海关注册编码或18位法人和其他组织统一社会信用代码或加工企业编码的消费使用单位、生产销售单位，本栏目应填报其中文名称及编码；没有编码的应填报其中文名称。

使用《加工贸易手册》管理的货物，消费使用单位、生产销售单位应与《加工贸易手册》的“加工企业”一致；减免税货物报关单的消费使用单位、生产销售单位应与《中华人民共和国海关进出口货物征免税证明》（以下简称《征免税证明》）的“减免税申请人”。

8. 运输方式

运输方式包括实际运输方式和海关规定的特殊运输方式。前者是指货物实际进出境的运输方式，按进出境所使用的运输工具分类；后者是指货物无实际进出境的运输方式，按货物在境内的流向分类。

本栏目应根据货物实际进出境的运输方式或货物在境内流向的类别，按照海关规定的《运输方式代码表》，选择填报相应的运输方式。

（1）特殊情况填报要求如下：

① 非邮件方式进出境的快递货物，按实际运输方式填报。

② 进出境旅客随身携带的货物，按旅客所乘运输工具填报。

③ 进口转关运输货物，按载运货物抵达进境地的运输工具填报；出口转关运输货物，按载运货物驶离出境地的运输工具填报。

④ 不复运出（入）境而留在境内（外）销售的进出境展览品、留赠转卖物品等，填报“其他运输”（代码9）。

（2）无实际进出境货物在境内流转时填报要求如下：

① 境内非保税区进入保税区货物和保税区退区货物，填报“非保税区”（代码0）；

② 保税区运往境内非保税区货物，填报“保税区”（代码7）。

③ 境内存入出口监管仓库和出口监管仓库退仓货物，填报“监管仓库”（代码1）。

④ 保税仓库转内销货物，填报“保税仓库”（代码8）。

⑤ 从境内保税物流中心外运入中心或从中心运往境内中心外的货物，填报“物流中心”（代码W）。

⑥ 从境内保税物流园区外运入园区或从园区内运往境内保税物流园区外的货物，填报“物流园区”（代码X）。

⑦ 保税港区、综合保税区、出口加工区、珠澳跨境工业区（珠海园区）、中哈霍尔果斯边境合作区（中方配套区）等特殊区域与境内（区外）（非特殊区域、保税监管场所）之间进出的货物，区内、区外企业应根据实际运输方式分别填报，“保税港区/综合保税区”（代码Y），“出口加工区”（代码Z）。

视野拓展

保税港区

保税港区是指经国务院批准，设立在国家对外开放的口岸港区和与其相连的特定区域内，具有口岸、物流、加工等功能的海关特殊监管区域。

⑧ 境内运人深港西部通道港方口岸区的货物，填报“边境特殊海关作业区”（代码 H）。

⑨ 经横琴新区和平潭综合实验区（以下简称综合试验区）二线指定申报通道运往境内区外或从境内经二线制定申报通道进入综合试验区的货物，以及综合试验区内按选择性征收关税申报的货物，填报“综合试验区”（代码 T）。

⑩ 其他境内流转货物，填报“其他运输”（代码 9），包括特殊监管区域内货物之间的流转、调拨货物，特殊监管区域、保税监管场所之间相互流转货物，特殊监管区城外的加工贸易余料结转、深加工结转、内销等货物。

9. 运输工具名称

本栏目填报载运货物进出境的运输工具名称或编号。填报内容应与运输部门向海关申报的舱单（载货清单）所列相应内容一致。

（1）直接在进出境地或采用区域通关一体化通关模式办理报关手续的报关单填报要求如下。

① 水路运输：填报船舶编号（来往中国港澳地区小型船舶为监管簿编号）或者船舶英文名称。

② 公路运输：启用公路舱单前，填报该跨境运输车辆的国内行驶车牌号，深圳提前报关。模式的报关单填报国内行驶车牌号+ “/” + “提前报关”。启用公路舱单后，免予填报。

③ 铁路运输：填报车厢编号或交接单号。

④ 航空运输：填报航班号。

⑤ 邮件运输：填报邮政包裹单号。

⑥ 其他运输：填报具体运输方式名称，如管道、驮畜等。

（2）转关运输货物的报关单填报要求如下。

① 进口。

- 水路运输：直转、提前报关填报“@” +16 位转关申报单预录入号（或 13 位载货清单号）；中转填报进境英文船名。

- 铁路运输：直转、提前报关填报“@”+16 位转关申报单预录入号；中转填报车厢编号。
- 航空运输：直转、提前报关填报“@”+16 位转关申报单预录入号（或 13 位载货清单号）；中转填报“@”。
- 公路及其他运输：填报“@”+16 位转关申报单预录入号（或 13 位载货清单号）。

② 出口。

- 水路运输：非中转填报“@”+16 位转关申报单预录入号（或 13 位载货清单号）。如多张报关单需要通过一张转关单转关的，运输工具名称字段填报“@”；中转货物，境内水路运输填报驳船船名；境内铁路运输填报车名（主管海关 4 位关区代码 +“TRAIN”）；境内公路运输填报车名（主管海关 4 位关区代码+“TRUCK”）。
- 铁路运输：填报“@”+16 位转关申报单预录入号（或 13 位载货清单号），如多张报关单需要通过一张转关单转关的，填报“@”。
- 航空运输：填报“@”+16 位转关申报单预录入号（或 13 位载货清单号），如多张报关单需要通过一张转关单转关的，填报“@”。
- 其他运输方式：填报“@”+16 位转关申报单预录入号（或 13 位载货清单号）。

③ 采用“集中申报”通关方式办理报关手续的，报关单本栏目填报“集中申报”。

④ 无实际进出境的报关单，本栏目免予填报。

10. 航次号

本栏目填报载运货物进出境的运输工具的航次编号。具体填报要求如下：

（1）直接在进出境地或采用区域通关一体化通关模式办理报关手续的报关单填报要求如下。

① 水路运输：填报船舶的航次号。

② 公路运输：启用公路舱单前，填报运输车辆的 8 位进出境日期［顺序为年（4 位）、月（2 位）、日（2 位），下同］。启用公路舱单后，填报货物运输批次号。

③ 铁路运输：填报列车的进出境日期。

④ 航空运输：免予填报。

⑤ 邮件运输：填报运输工具的进出境日期；

⑥ 其他运输方式：免予填报。

（2）转关运输货物的报关单。转关运输货物的报关单具体分进口、出口两种情形。

① 进口。

- 水路运输：中转转关方式填报“@”+进境干线船舶航次号；直转、提前报关免予填报。

- 公路运输：免予填报。
- 铁路运输："@" +8 位进境日期。
- 航空运输：免予填报。
- 其他运输方式：免予填报。

② 出口。

- 水路运输：非中转货物免予填报。中转货物境内水路运输填报驳船航次号；境内铁路、公路运输填报 6 位启运日期［顺序为年（2 位）、月（2 位）、日（2 位）］。
- 铁路拼车、拼箱捆绑出口：免予填报。
- 航空运输：免予填报。
- 其他运输方式：免予填报。

11. 提运单号

本栏目填报进出口货物提单或运单的编号。一份报关单只允许填报一个提单或运单号，一票货物对应多个提单或运单时，应分单填报。

（1）直接在进出境地或采用区域通关一体化通关模式办理报关手续的报关填报要求如下：

① 水路运输：填报进出口提单号。如有分提单的，填报进出口提单号+ "*" +分提单号。

② 公路运输：启用公路舱单前，免予填报；启用公路舱单后，填报进出口总运单号。

③ 铁路运输：填报运单号。

④ 航空运输：填报总运单号+ "-" +分运单号，无分运单的填报总运单号。

⑤ 邮件运输：填报邮运包裹单号。

（2）转关运输货物的报关单该栏目具体填报要求如下：

① 进口。

- 水路运输：直转、中转填报提单号。提前报关免予填报。
- 铁路运输：直转、中转填报铁路运单号。提前报关免予填报。
- 航空运输：直转、中转货物填报总运单号+ "-" +分运单号。提前报关免予填报。
- 其他运输方式：免予填报。

② 出口。

- 水路运输：中转货物填报提单号；非中转货物免予填报。
- 其他运输方式：免予填报。

采用"集中申报"通关方式办理报关手续的，报关单填报归并集中申报清单的进出口起止日期［按年（4 位）、月（2 位）、日（2 位）填写］。

无实际进出境的报关单，本栏目免予填报。

12. 申报单位

自理报关的，本栏目填报进出口企业的名称及编码；委托代理报关的，本栏目填报报关企业的名称及编码。

本栏目可选填18位法人和其他组织统一社会信用代码或10位海关注册编码任一项。另外，本栏目还包括报关单左下方用于填报申报单位有关情况的相关栏目，包括报关人员、申报单位签章。

13. 监管方式

监管方式是以国际贸易中进出口货物的交易方式为基础，结合海关对进出口货物的征税、统计及监管条件综合设定的海关对进出口货物的管理方式。监管方式代码由4位数字构成，前两位是按照海关监管要求和计算机管理需要划分的分类代码，后两位是参照国际标准编制的贸易方式代码。

本栏目应根据实际对外贸易情况按海关规定的《监管方式代码表》选择填报相应的监管方式简称及代码。一份报关单只允许填报一种监管方式。

在特殊情况下，加工贸易货物监管方式填报要求如下：

（1）进口少量低值辅料（即5000美元以下，78种以内的低值辅料）按规定不使用《加工贸易手册》的，填报“低值辅料”；使用《加工贸易手册》的，按《加工贸易手册》上的监管方式填报。

（2）外商投资企业为加工内销产品而进口的料件，属非保税加工的，填报“一般贸易”。外商投资企业全部使用国内料件加工的出口成品，填报“一般贸易”。

（3）加工贸易料件结转或深加工结转货物，按批准的监管方式填报。

（4）加工贸易料件转内销货物以及按料件办理进口手续的转内销制成品、残次品、未完成品，应填制进口报关单，填报“来料料件内销”或“进料料件内销”；加工贸易成品凭《征免税证明》转为减免税进口货物的，应分别填制进口、出口报关单。出口报关单本栏目填报“来料成品减免”或“进料成品减免”，进口报关单本栏目按照实际监管方式填报。

（5）加工贸易出口成品因故退运进口及复运出口的，填报“来料成品退换”或“进料成品退换”；加工贸易进口料件因换料退运出口及复运进口的，填报“来料料件退换”或“进料料件退换”；加工贸易过程中产生的剩余料件、边角料退运出口，以及进口料件因品质、规格等原因退运出口且不再更换同类货物进口的，分别填报“来料料件复出”“来料边角料复出”“进料料件复出”“进料边角料复出”。

（6）备料《加工贸易手册》中的料件结转转入加工出口《加工贸易手册》的，填报“来料加工”或“进料加工”。

（7）保税工厂的加工贸易进出口货物，根据《加工贸易手册》填报“来料加工”或“进料加工”。

（8）加工贸易边角料内销和副产品内销，应填制进口报关单，填报“来料边角料内销”或“进料边角料内销”。

（9）企业销毁处置加工贸易货物未获得收入，销毁处置货物为料件、残次品的，填报“料件销毁”；销毁处置货物为边角料、副产品的，填报“边角料销毁”。企业销毁处置加工贸易货物获得收入的，填报为“进料边角料内销”或“来料边角料内销”。

14. 征免性质

本栏目应根据实际情况按海关规定的《征免性质代码表》选择填报相应的征免性质简称及代码。持有海关核发的《征免税证明》的，应按照《征免税证明》中批注的征免性质填报。

一份报关单只允许填报一种征免性质。加工贸易货物报关单应按照海关核发的《加工贸易手册》中批注的征免性质简称及代码填报。特殊情况填报要求如下：

（1）保税工厂经营的加工贸易，按《加工贸易手册》填报“进料加工”或“来料加工”。

（2）外商投资企业为加工内销产品而进口的料件，属非保税加工的，填报“一般征税”或其他相应征免性质。

（3）加工贸易转内销货物，按实际情况填报（如一般征税、科教用品、其他法定等）。

（4）料件退运出口、成品退运进口货物填报“其他法定”（代码 0299）。

（5）加工贸易结转货物，本栏目免予填报。

15. 备案号

本栏目填报进出口货物收发货人、消费使用单位、生产销售单位在海关办理加工贸易合同备案或征、减、免税备案审批等手续时，海关核发的《加工贸易手册》《征免税证明》或其他备案审批文件的编号。

一份报关单只允许填报一个备案号。具体填报要求如下：

（1）加工贸易项下货物，除少量低值辅料按规定不使用《加工贸易手册》及以后续补税监管方式办理内销征税的外，填报《加工贸易手册》编号。

使用异地直接报关分册和异地深加工结转出口分册在异地口岸报关的，本栏目应填报分册号；本地直接报关分册和本地深加工结转分册限制在本地报关，本栏目应填报总册号。

加工贸易成品凭《征免税证明》转为减免税进口货物的，进口报关单填报《征免税证明》编号，出口报关单填报《加工贸易手册》编号。

对于加工贸易设备之间的结转，转入和转出企业分别填制进口报关单、出口报关单，在报关单“备案号”栏目填报《加工贸易手册》编号。

（2）涉及征、减、免税备案审批的报关单，填报《征免税证明》编号。

（3）涉及优惠贸易协定项下实行原产地证书联网管理（如中国香港CEPA、中国澳门CEPA）的报关单，填报原产地证书代码“Y”和原产地证书编号。

（4）减免税货物退运出口，填报《中华人民共和国海关进口减免税货物准予退运证明》的编号；减免税货物补税进口，填报《减免税货物补税通知书》的编号；减免税货物进口或结转进口（转入），填报《征免税证明》的编号；相应的结转出口（转出），填报《中华人民共和国海关进口减免税货物结转联系函》的编号。

16. 贸易国（地区）

本栏目填报对外贸易中与境内企业签订贸易合同的外方所属的国家（地区）。进口填报购自国，出口填报售予国。未发生商业性交易的填报货物所有权拥有者所属的国家（地区）。

本栏目应按海关规定的《国别（地区）代码表》选择填报相应的贸易国（地区）或贸易国（地区）中文名称及代码。无实际进出境的，填报“中国”（代码142）。

17. 启运国（地区）、运抵国（地区）

启运国（地区）填报进口货物起始发出直接运抵中国或者在运输中转国（地）未发生任何商业性交易的情况下运抵中国的国家（地区）。

运抵国（地区）填报出口货物离开我国关境直接运抵或者在运输中转国（地区）未发生任何商业性交易的情况下最后运抵的国家（地区）。

不经过第三国（地区）转运的直接运输进出口货物，以进口货物的装货港所在国（地区）为启运国（地区），以出口货物的指运港所在国（地区）为运抵国（地区）。

经过第三国（地区）转运的进出口货物，如在中转国（地区）发生商业性交易，则以中转国（地区）作为启运国（地区）、运抵国（地区）。

本栏目应按海关规定的《国别（地区）代码表》选择填报相应的启运国（地区）或运抵国（地区）中文名称及代码。

无实际进出境的报关单，填报“中国境内”（代码142）。

18. 装货港、指运港

装货港填报进口货物在运抵我国关境前的最后一个境外装运港。指运港填报出口货物运往境外的最终目的港；最终目的港不可预知的，按尽可能预知的目的港填报。

本栏目应根据实际情况按海关规定的《港口代码表》选择填报相应的港口中文名称及代码。装货港、指运港在《港口代码表》中无港口中文名称及代码的，可选择填报相应的国家中文名称或代码。无实际进出境的报关单，本栏目填报“中国境内”（代码142）。

19. 境内目的地、境内货源地

境内目的地填报已知的进口货物在国内的消费、使用地或最终运抵地，其中最终运抵地为最终使用单位所在的地区。最终使用单位难以确定的，填报货物进口时预知的最终收货单位所在地。

境内货源地填报出口货物在国内的产地或原始发货地。出口货物产地难以确定的，填报最早发运该出口货物的单位所在地。本栏目按海关规定的《国内地区代码表》选择填报相应的国内地区名称及代码。

20. 许可证号

进（出）口许可证、两用物项和技术进（出）口许可证、两用物项和技术出口许可证（定向）、纺织品临时出口许可证。一份报关单只允许填报一个许可证号。

21. 成交方式

本栏目应根据进出口货物实际成交价格条款，按海关规定的《成交方式代码表》选择填报相应的成交方式代码。无实际进出境的报关单，进口填报 CIF，出口填报 FOB。

22. 运费

本栏目填报进口货物运抵中国境内输入地点起卸前的运输费用，出口货物运至中国境内输出地点装载后的运输费用。

运费可按运费单价、总价或运费率三种方式之一填报，注明运费标记（运费标记“1”表示运费率；“2”表示每吨货物的运费单价；“3”表示运费总价），并按海关规定的《货币代码表》选择填报相应的币种代码。

23. 保费

本栏目填报进口货物运抵中国境内输入地点起卸前的保险费用，出口货物运至中国境内输出地点装载后的保险费用。

保费可按保险费总价或保险费率两种方式之一填报：注明保险费标记（保险费标记“1”表示保险费率；“3”表示保险费总价），并按海关规定的《货币代码表》选择填报相应的币种代码。

24. 杂费

本栏目填报成交价格以外的按照《中华人民共和国进出口关税条例》相关规定应计入完税价格或应从完税价格中扣除的费用。可按杂费总价或杂费率两种方式之一填报，注明杂费标记（杂费标记“1”表示杂费率；“3”表示杂费总价），并按海关规定的《货币代码表》选择填报相应的币种代码。

应计入完税价格的杂费填报为正值或正率，应从完税价格中扣除的杂费填报为负值或负率。

25. 合同协议号

本栏目填报进出口货物合同（包括协议或订单）编号。未发生商业性交易的免予填报。

26. 件数

本栏目填报有外包装的进出口货物的实际件数。特殊情况填报要求如下：

（1）舱单件数为集装箱的，填报集装箱个数。

（2）舱单件数为托盘的，填报托盘数。本栏目不得填报为零，裸装货物填报为“1”。

27. 包装种类

本栏目应根据进出口货物的实际外包装种类，按海关规定的《包装种类代码表》选择填报相应的包装种类代码。

28. 毛重（千克）

本栏目填报进出口货物及其包装材料的重量之和，计量单位为千克，不足1千克的填报为“1”。

29. 净重（千克）

本栏目填报进出口货物的毛重减去外包装材料后的重量，即货物本身的实际重量，计量单位为千克，不足1千克的填报为“1”。

30. 集装箱号

本栏目填报装载进出口货物（包括拼箱货物）集装箱的箱体信息。一个集装箱填一条记录，分别填报集装箱号（在集装箱箱体上标示的全球唯一编号）、集装箱的规格和集装箱的自重。非集装箱货物填报为“0”。

31. 随附单证

本栏目根据海关规定的《监管证件代码表》选择填报除规定的许可证件以外的其他进出口许可证件或监管证件代码及编号。

本栏目分为随附单证代码和随附单证编号两栏：代码栏应按海关规定的《监管证件代码表》选择填报相应证件代码；编号栏应填报证件编号。

加工贸易内销征税报关单，随附单证代码栏填写“c”，随附单证编号栏填写海关审核通过的内销征税联系单号。

32. 标记唛码及备注

本栏目填报要求如下：

（1）标记唛码中除图形以外的文字、数字。

（2）受外商投资企业委托代理其进口投资设备、物品的进出口企业名称。

（3）与本报关单有关联关系的，同时在业务管理规范方面要求填报的备案号，填报在电子数据报关单中“关联备案”栏。

加工贸易结转货物及凭《征免税证明》转内销货物，其对应的备案号应填报在“关联备案”栏。

减免税货物结转进口（转入），报关单“关联备案”栏应填写本次减免税货物结转所申请的《中华人民共和国海关进口减免税货物结转联系函》的编号。减免税货物结转出口（转出），报关单“关联备案”栏应填写与其相对应的进口（转入）报关单“备案号”栏中《征免税证明》的编号。

（4）与本报关单有关联关系的，同时在业务管理规范方面要求填报的报关单号，填报在电子数据报关单中“关联报关单”栏。

加工贸易结转类的报关单，应先办理进口报关，并将进口报关单号填入出口报关单的“关联报关单”栏。

办理进口货物直接退运手续的，除另有规定外，应当先填写出口报关单，再填写进口报关单，并将出口报关单号填入进口报关单的“关联报关单”栏。

减免税货物结转出口（转出），应先办理进口报关，并将进口（转入）报关单号填入出口（转出）报关单的“关联报关单”栏。

（5）办理进口货物直接退运手续的，本栏目填报《进口货物直接退运表》或者《海关责令进口货物直接退运通知书》编号。

（6）保税监管场所进出货物，在“保税/监管场所”栏填写本保税监管场所编码，其中涉及货物在保税监管场所间流转的，在本栏填写对方的保税监管场所代码。

（7）涉及加工贸易货物销毁处置的，填写海关加工贸易货物销毁处置申报表编号。

（8）当监管方式为“暂时进出货物”（2600）和“展览品”（2700）时，如果为复运进出境货物，则在进出口货物报关单的本栏内分别填报“复运进境”或“复运出境”。

（9）跨境电子商务进出口货物，在本栏目内填报“跨境电子商务”。

（10）加工贸易副产品内销，在本栏内填报“加工贸易副产品内销”。

（11）公式定价进口货物应在报关单备注栏内填写公式定价备案号，格式：“公式定价”+备案编号+“@”。对于同一报关单下有多项商品的，如需要指明某项或某几项商品为公式定价备案的，则备注栏内填写格式：“公式定价”+备案编号+“#”+商品序号+“@”。

（12）获得《预审价决定书》的进出口货物，应在报关单备注栏内填报《预审价决定书》编号，格式：预审价（P+2 位商品项号+决定书编号）。若报关单中有多项商品为预审价，则需要依次写入括号中，如预审价（P01 VD511500018P02VD511500019）。

（13）含预归类商品报关单，应在报关单备注栏内填写预归类 R-3-关区代码-年份-顺序编号，其中关区代码、年份、顺序编号均为 4 位数字，如 R-3-0100-2016-0001。

（14）含归类裁定报关单，应在报关单备注栏内填写归类裁定编号，格式为“c”+四位数字编号，如 c0001。

（15）申报时，其他必须说明的事项填报在本栏目。

33. 项号

本栏目分两行填报及打印。第一行填报报关单中的商品顺序编号；第二行填报专用于加工贸易、减免税等已备案、审批的货物在《加工贸易手册》或《征免税证明》等备案、审批单证中的顺序编号。

加工贸易项下进出口货物的报关单，第一行填报报关单中的商品顺序编号；第二行填报该项商品在《加工贸易手册》中的商品项号，用于核销对应项号下的料件或成品数量。其中，第二行特殊情况填报要求如下：

（1）深加工结转货物，分别按照《加工贸易手册》中的进口料件项号和出口成品项号填报。

（2）料件结转货物（包括料件、制成品和未完成品折料），出口报关单按照转出《加工贸易手册》中进口料件的项号填报；进口报关单按照转进《加工贸易手册》中进口料件的项号填报。

（3）料件复出货物（包括料件、边角料），出口报关单按照《加工贸易手册》中进口料件的项号填报；如边角料对应一个以上料件项号的，填报主要料件项号。料件退换货物（包括料件、不包括未完成品），进出口报关单按照《加工贸易手册》中进口料件的项号填报。

（4）成品退换货物，退运进境报关单和复运出境报关单按照《加工贸易手册》中原出口成品的项号填报。

（5）加工贸易料件转内销货物（按料件办理进口手续的转内销制成品、残次品、未完成品）应填制进口报关单，填报《加工贸易手册》中对应的进口料件项号；加工贸易边角料、副产品内销，填报《加工贸易手册》中对应的进口料件项号。如边角料或副产品对应一个以上料件项号时，填报主要料件项号。

（6）加工贸易成品凭《征免税证明》转为减免税货物进口的，应先办理进口报关手续。进口报关单填报《征免税证明》中的项号，出口报关单填报《加工贸易手册》原出口成品项号，进出口报关单货物数量应一致。

（7）加工贸易货物销毁，本栏目应填报《加工贸易手册》中相应的进口料件项号。

（8）加工贸易副产品退运出口、结转出口，本栏目应填报《加工贸易手册》中新增的变更副产品的出口项号。

（9）经海关批准实行加工贸易联网监管的企业，按海关联网监管要求，企业需要申报报关清单的，应在向海关申报进出口（包括形式进出口）报关单前，向海关申报“清单”。一份报关清单对应一份报关单，报关单上的商品由报关清单归并而得。加工贸易电子账册报关单中项号、品名、规格等栏目的填制规范参照《加工贸易手册》。

34. 商品编号

本栏目填报的商品编号由10位数字组成。前8位为《中华人民共和国进出口税则》确定的进出口货物的税则号列，也是《中华人民共和国海关统计商品目录》确定的商品编码，后两位为符合海关监管要求的附加编号。

35. 商品名称、规格型号

本栏目分两行填报及打印。第一行填报进出口货物规范的中文商品名称；第二行填报其规格型号。具体填报要求如下。

（1）商品名称及规格型号应据实填报，并与进出口货物收发货人或受委托的报关企业所提交的合同、发票等相关单证相符。

（2）商品名称应当规范，规格型号应当足够详细，以能满足海关归类、审价及许可证件管理要求为准，可参照《中华人民共和国海关进出口商品规范申报目录》中对商品名称、规格型号的要求进行填报。

（3）加工贸易等已备案的货物，填报的内容必须与备案登记中同项号下货物的商品名称一致。

（4）对需要海关签发《货物进口证明书》的车辆，商品名称栏应填报“车辆品牌+排气量（注明CC）+车型（如越野车、小轿车等）”。“进口汽车底盘”不填报排气量。车辆品牌应按照《进口机动车辆制造厂名称和车辆品牌中英文对照表》中“签注名称”一栏的要求填报。“规格型号”栏可填报“汽油型”等。

（5）由同一运输工具同时运抵同一口岸且属于同一收货人、使用同一提单的多种进口货物，按照商品归类规则应当归入同一商品编号的，并将有关商品一并归入该商品编号。“商品名称”栏填报一并归类后的商品名称；“规格型号”栏填报一并归类后商品的规格型号。

（6）加工贸易边角料和副产品内销，边角料复出口，本栏目填报其报验状态的名称和规格型号。

（7）进口货物收货人以一般贸易方式申报进口属于《需要详细列明申报的汽车零部件清单》（海关总署2006年第64号公告）范围内的汽车生产件的，应按以下要求填报。

① 品名称填报进口汽车零部件的详细中文商品名称和品牌，中文商品名称与品牌之间用“/”相隔，必要时加注英文商业名称；进口的成套散件或者毛坯件应在品牌后加注

“成套散件”“毛坯”等字样，并与品牌之间用“/”相隔。

② 规格型号：填报汽车零部件的完整编号。在零部件编号前应当加注“S”字样，并与零部件编号之间用“/”相隔，零部件编号之后应当依次加注该零部件适用的汽车品牌和车型。

汽车零部件属于可以适用于多种汽车车型的通用零部件的，在零部件编号后面应当加注“TY”字样，并用“/”与零部件编号相隔。

与进口汽车零部件规格型号相关的其他需要申报的要素或者海关规定的其他需要申报的要素，如“功率”“排气量”等，应当填报在车型或“TY”字样之后，并用“/”与之相隔。

汽车零部件报验状态是成套散件的，应当在“标记唛码及备注”栏内填报该成套散件装配后的最终完整品的零部件编号。

（8）进口货物收货人以一般贸易方式申报进口属于《需要详细列明申报的汽车零部件清单》（海关总署 2006 年第 64 号公告）范围内的汽车维修件的，填报规格型号时，应当在零部件编号前加注“W”字样，并与零部件编号之间用“/”相隔；进口维修件的品牌与该零部件适用的整车厂牌不一致的，应当在零部件编号前加注“WF”字样，并与零部件编号之间用“/”相隔。其余申报要求同上条执行。

36. 数量及单位

本栏目分三行填报及打印。

（1）第一行填报应按进出口货物的法定第一计量单位填报数量及单位，法定计量单位以《中华人民共和国海关统计商品目录》中的计量单位为准。

（2）凡列明有法定第二计量单位的，应在第二行按照法定第二计量单位填报数量及单位。无法定第二计量单位的，本栏目第二行为空。

（3）成交计量单位及数量应填报并打印在第三行。

（4）法定计量单位为“千克”的数量填报，特殊情况填报要求如下。

① 装入可重复使用的包装容器的货物，应按货物扣除包装容器后的质量填报，如罐装同位素、罐装氧气及类似品等。

② 使用不可分割包装材料和包装容器的货物，按货物的净重填报（即包括内层直接包装的净重），如采用供零售包装的罐头、化妆品、药品及类似品等。

③ 按照商业惯例以公量重计价的商品，应按公量重填报，如未脱脂羊毛、羊毛条等。

④ 采用以毛重作为净重计价的货物，可按毛重填报，如粮食、饲料等大宗散装货物。

⑤ 采用零售包装的酒类、饮料，按照液体部分的质量填报。

（5）成套设备、减免税货物如需分批进口或货物实际进口，应按照实际报验状态确定数量。

（6）具有完整品或制成品基本特征的不完整品、未制成品，根据《商品名称及编码协调制度》归类规则应按完整品归类的，按照构成完整品的实际数量填报。

（7）加工贸易等已备案的货物，成交计量单位必须与《加工贸易手册》中同项号下货物的计量单位一致，加工贸易边角料和副产品内销、边角料复出口，本栏目填报其报验状态的计量单位。

（8）优惠贸易协定项下进出口商品的成交计量单位必须与原产地证书上对应商品的计量单位一致。

（9）法定计量单位为立方米的气体货物，应折算成标准状况（即0℃及1个标准大气压）下的体积进行填报。

37. 原产国（地区）

原产国（地区）应依据《中华人民共和国进出口货物原产地条例》《中华人民共和国海关关于执行〈非优惠原产地规则中实质性改变标准〉的规定》，以及海关总署关于各项优惠贸易协定原产地管理规章规定的原产地确定标准填报。同一批进出口货物的原产地不同的，应分别填报原产国（地区）。进出口货物原产国（地区）无法确定的，填报“国别不详”（代码701）。

本栏目应按海关规定的《国别（地区）代码表》选择填报相应的国家（地区）名称及代码。

38. 最终目的国（地区）

最终目的国（地区）是指已知的进出口货物的最终实际消费、使用或进一步加工制造国家（地区）。不经过第三国（地区）转运的直接运输货物，以运抵国（地区）为最终目的国（地区）；经过第三国（地区）转运的货物，以最后运往国（地区）为最终目的国（地区）。同一批进出口货物的最终目的国（地区）不同的，应分别填报最终目的国（地区）。进出口货物不能确定最终目的国（地区）时，以尽可能预知的最后运往国（地区）为最终目的国（地区）。

本栏目应按海关规定的《国别（地区）代码表》选择填报相应的国家（地区）名称及代码。

39. 单价

本栏目填报同一项号下进出口货物实际成交的商品单位价格。无实际成交价格的，本栏目填报单位货值。

40. 总价

本栏目填报同一项号下进出口货物实际成交的商品总价格。无实际成交价格的报关单，本栏目填报货值。

41. 币制

本栏目应按海关规定的《货币代码表》选择相应的货币名称及代码填报，如《货币代码表》中无实际成交币种，须将实际成交货币按申报日外汇折算率折算成《货币代码表》列明的货币填报。

42. 征免

本栏目应按照海关核发的《征免税证明》或有关政策规定，对报关单所列每项商品选择海关规定的《征减免税方式代码表》中相应的征减免税方式填报。加工贸易货物报关单应根据《加工贸易手册》中备案的征免规定填报；《加工贸易手册》中备案的征免规定为“保金”或“保函”的，应填报“全免”。

43. 特殊关系确认

本栏目根据《中华人民共和国海关审定进出口货物完税价格办法》（以下简称《审价办法》）第十六条，填报确认进出口行为中买卖双方是否存在特殊关系，有下列情形之一的，应当认为买卖双方存在特殊关系，在本栏目应填报“是”；反之，则填报“否”。

（1）买卖双方为同一家族成员的。

（2）买卖双方互为商业上的高级职员或者董事的。

（3）一方直接或者间接地受另一方控制的。

（4）买卖双方都直接或者间接地受第三方控制的。

（5）买卖双方共同直接或者间接地控制第三方的。

（6）一方直接或者间接地拥有、控制或者持有对方 5%以上（含 5%）公开发行的有表决权的股票或者股份的。

（7）一方是另一方的雇员、高级职员或者董事的。

（8）买卖双方是同一合伙的成员的。买卖双方在经营上相互有联系，一方是另一方的独家代理、独家经销或者独家受让人，如果符合前款的规定，则应当视为存在特殊关系。

44. 价格影响确认

本栏目根据《中华人民共和国海关审定进出口货物完税价格办法》第十七条，买卖双方之间存在特殊关系，但是纳税义务人能证明其成交价格与同时或者大约同时发生的下列任何一款价格相近的，应当视为特殊关系未对进口货物的成交价格产生影响。

（1）向境内无特殊关系的买方出售的相同或者类似进口货物的成交价格。

（2）按照《审价办法》第二十三条的规定所确定的相同或者类似进口货物的完税价格。

（3）按照《审价办法》第二十五条的规定所确定的相同或者类似进口货物的完税价格。

海关在使用上述价格进行比较时，应当考虑商业水平和进口数量的不同，以及买卖双方有无特殊关系造成的费用差异。

45. 支付特许权使用费确认

本栏目根据《海关审定进出口货物完税价格办法》填报确认进出口行为中买方是否存在向卖方或者有关方直接或者间接支付特许权使用费。特许权使用费是指进出口货物的买方为取得知识产权权利人及权利人有效授权人关于专利权、商标权、专有技术、著作权、分销权或者销售权的许可或者转让而支付的费用。如果进出口行为中买方存在向卖方或者有关方直接或者间接支付特许权使用费的，则在本栏目应填报“是”，反之，则填报“否”。

46. 版本号

本栏目适用加工贸易货物出口报关单。本栏目应与《加工贸易手册》中备案的成品单耗版本一致，通过《加工贸易手册》备案数据或企业出口报关清单提取。

47. 货号

本栏目适用加工贸易货物进出口报关单。本栏目应与《加工贸易手册》中备案的料件、成品货号一致，通过《加工贸易手册》备案数据或企业出口报关清单提取。

48. 录入员

本栏目用于记录预录入操作人员的姓名。

49. 录入单位

本栏目用于记录预录入单位名称。

50. 海关批注及签章

本栏目供海关作业时签注。

本规范所述尖括号（<>）、逗号（,）、连接符（-）、冒号（:）等标点符号及数字，填报时都必须使用非中文状态下的半角字符。

报关单录入凭单是指申报单位按报关单的格式填写的凭单，用作报关单预录入的依据。该凭单的编号规则由申报单位自行决定。

预录入报关单是指预录入单位按照申报单位填写的报关单凭单录入、打印由申报单位向海关申报，海关尚未接受申报的报关单。

报关单证明联是指海关在核实货物实际进出境后按报关单格式提供的，用作进出口货物收发货人向国税、外汇管理部门办理退税和外汇核销手续的证明文件。

三、报关单据的审核

报关单的审核原则如下。

第一，单据的内容必须齐全。商业发票中需要显示的项目有：发票号、合同号、日期、买方公司名称、起运港、目的港、唛头、品名、数量、单价、总价等内容，各个项目的内容必须相互符合。在装箱单中，除单价、总价不必显示外，其余各项与发票相同。另外，还有包装件数、毛重、净重、尺码（即体积），正本单据不允许涂改。

第二，各种单据的内容必须相互符合，做到单单相符、单证相符。单据应尽早寄至代理报关单位，以便整理审核，最晚不迟于集港前两天寄到，若单据不能按时寄到或正本单据出现问题，又急于通关，在一般情况下，先用传真件副本代替，由报关员“打保”报关，随后补上正本单据。

本章小结

1. 进出口货物报关单是指进出口货物的收发货人或其代理人，按照海关规定的格式对进出口货物的实际情况做出的书面申明，以此要求海关对其货物按适用的海关制度办理报关手续的法律文书。

2. 进出口货物报关单海关作业联是报关人员配合海关查验、缴纳税费、提取或装运货物的重要单据，也是海关查验货物、征收税费，编制海关统计，以及处理其他海关事务的重要凭证。

3. 进出口货物报关单海关核销联是指接受申报的海关对已实际申报进口或出口的货物所签发的证明文件，是海关办理加工贸易合同核销、结案手续的重要凭证。

4. 出口货物报关单出口退税证明联是海关对已实际申报出口并已装运离境的货物所签发的证明文件，是国家税务部办理出口货物退税手续的重要凭证之一。

5. 纸质进口货物报关单一式四联，分别为海关作业联、企业留存联、海关核销联、进口付汇证明联。

6. 进口日期是指运载进口货物的运输工具申报进境的日期。

7. 运输方式包括实际运输方式和海关规定的特殊运输方式，前者是指货物实际进出境的运输方式，按进出境所使用的运输工具分类；后者是指货物无实际进出境的运输方式，按货物在境内的流向分类。

8. 监管方式是以国际贸易中进出口货物的交易方式为基础，结合海关对进出口货物的征税、统计及监管条件综合设定的海关对进出口货物的管理方式。

9. 最终目的国（地区）是指已知的进出口货物的最终实际消费、使用或进一步加工制造国家（地区）。

10. 预录入报关单是指预录入单位按照申报单位填写的报关单凭单录入、打印由申报单位向海关申报，海关尚未接受申报的报关单。

复习思考题

1. 按货物的进出口状态、表现形式、贸易性质和海关监管方式的不同，进出口货物报关单分为哪几种类型?

2. 简述收发货人在特殊情况下的填报要求。

3. 简述进口口岸、出口口岸特殊情况的填报要求。

4. 简述无实际进出境货物在境内流转时填报要求。

5. 一份报关单只允许填报一种监管方式，在特殊情况下加工贸易货物监管方式填报有哪些要求?

6. 简述报关单的审核原则。

第五章

进出口商品归类

学习目标

- 了解《商品名称及编码协调制度》的基础知识。
- 认识 HS 编码和海关商品编码的联系与区别。
- 理解《商品名称及编码协调制度》归类总则。
- 了解我国海关进出口商品分类目录的基本结构。
- 了解进出口商品归类的申报要求。
- 掌握其他管理要求。

开篇案例

2012 年 3 月，山东华通国际贸易公司要进口一批氨纶纱线和全棉男士衬衫，山东华通国际贸易公司委托中恒报关行办理该商品的进口报关手续。张某为中恒报关行新入职的报关员，经理让张某先查一下这两种商品编码，为填制报关单和计算税费做准备，并确定这两种商品的海关监管条件。张某应该如何做?

辩证思考：

准确查询商品编码是对货物正确报关的基础。确定了商品编码就能够查出海关对该商品的监管条件，也能查出海关对该商品征收哪些税费以及税率是多少。

（资料来源：闫玉华．报关业务操作[M]．北京：对外经济贸易大学出版社，2014，06．略有改动）

第一节　《商品名称及编码协调制度》

海关进出口商品归类是指在《商品名称及编码协调制度》［简称《协调制度》（The

Harmonized Commodity Description and Coding System，HS）］商品分类目录体系下，以《中华人民共和国进出口税则》为基础，按照《进出口税则商品及品目注释》《中华人民共和国进出口税则本国子目注释》以及海关总署《关于商品归类的行政裁定、商品归类决定》的要求，确定进出口货物商品编码的活动。海关进出口商品归类是海关监管、海关征税及海关统计的基础，归类的正确与否与报关人的切身利益密切相关。因此，报关员必须掌握《商品名称及编码协调制度》的相关知识。

一、基础知识

（一）《协调制度》的产生

在国际贸易领域中曾采用过两套国际通用的商品分类编码标准：一套是联合国统计委员会制定的《国际贸易标准分类目录》（SITC）；另一套是欧洲海关同盟研究小组制定的《海关合作理事会商品分类目录》（CCCN）。它们对简化国际贸易程序，提高工作效率起到了积极的推动作用。即使两套编码都存在，也不能避免商品在国际贸易往来中因分类方法不同而重新对应分类、命名和编码的情况。这些都阻碍了信息的传递，妨碍了贸易来往，增加了贸易成本，不同体系的贸易统计资料难以进行比较分析，也给利用计算机等现代化手段来处理外贸单证及信息带来很大的困难。因此，从 1973 年 5 月开始，海关合作理事会成立了协调制度临时委员会，以 SITC 和 CCCN 为基础，以满足海关进出口管理、关税征收和对外贸易统计，以及生产、运输、贸易等方面的需要为目的，着手编制一套国际通用的协调统一商品分类目录。经过多年的努力，终于在 1983 年 6 月通过了《商品名称及编码协调制度国际公约》及其附件《协调制度》，其中 HS 编码涵盖了 SITC 和 CCCN 两大部分编码体系。这便是今天世界各国广泛采用的《商品名称及编码协调制度》。这一制度于 1988 年 1 月 1 日正式实施，该制度的实施使世界各国在国际贸易领域中所采用的商品分类和编码体系有史以来第一次得到了统一。

（二）《协调制度》的基本结构与特点

1.《协调制度》的基本结构

《协调制度》是一部科学的、系统的国际贸易商品分类体系。《协调制度》的总体结构包括三大部分：归类规则；类、章及子目注释；按顺序编排的目与子目编码及条文。这三大部分是《协调制度》的法律性条文，具有严格的法律效力和严密的逻辑性。

为了保证国际上对《协调制度》使用和解释的一致性，使某一特定商品能够始终如一地归入一个唯一编码，《协调制度》首先列明 6 条归类总规则，规定了使用《协调制度》对商品进行分类时必须遵守的分类原则和方法。

《协调制度》的许多类和章在开头均列有注释（类注章注或子目注释），严格界定了归入该类或该章中的商品范围，阐述《协调制度》中专用术语的定义或区分某些商品的技术标准及界限。

《协调制度》采用 6 位数编码，把全部国际贸易商品分为 21 类 97 章（其中第 77 章为保留章）。章下再分为目和子目。商品编码的前两位数代表“章”，三、四位数代表“目”，五、六位数代表“子目”。在《协调制度》中，“类”基本上是按经济部门划分的，如食品、饮料和烟酒在第四类，化学工业及其相关工业产品在第六类，纺织原料及制品在第十一类，机电设备在第十六类，运输设备在第十七类，武器、弹药在第十九类等。“章”基本按两种方法分类：一是按商品原材料的属性分类，相同原料的产品一般归入同一章，章内按产品的加工程度从原料到成品顺序排列，如第五十二章棉花，按原棉—已梳棉—棉纱—棉布顺序排列；二是按商品的用途或性能分类，制造业的许多产品很难按其原料分类，尤其是可用多种材料制作的产品或者由混合材料制成的产品（如第六十四章鞋、第六十五章帽、第九十五章玩具等）及机电仪器产品等，《协调制度》按其功能或用途分为不同的章，而不考虑其使用何种原料，章内再按原料或加工程度排列出目或子目。

2.《协调制度》的特点

《协调制度》商品分类目录的特点是通过协调，满足与国际贸易有关的各个方面的需要，使其成为一种国际贸易商品分类的“标准语言”。其优点是完整、系统、通用、准确。

完整：《协调制度》将目前世界上国际贸易中主要品种全都分类列出。同时，为了适应各国、关税、统计等商品目录全方位的要求和将来技术发展的需要，在各类、章列有起“兜底”作用的“其他”子目，使任何进出口商品，即使是目前无法预计的新产品，也能在这个分类体系中找到适当的位置。

系统：《协调制度》的分类原则既遵循了一定的科学原理和规则，将商品按人们所了解的生产部类、自然属性和不同用途来分类排列，又考虑了商业习惯和实际操作的可行性，把一些进出口量较大而又难以分类的商品（如灯具、活动房屋等）专门列目，因此人们容易理解，易于归类和便于查找。

通用：一方面是指协调制度在国际上有相当大的影响，已被很多个国家使用，这些国家的海关税则及外贸统计商品目录的项目可以相互对应转换，具有可比性；另一方面，协调制度既可以作为海关税则目录，又可以作为对外贸易统计目录，还可供国际运输、生产部门作为商品目录使用，其通用性超过以往任何一个商品分类目录。

准确：《协调制度》的各个项目范围清楚明了，绝不交叉重复。由于它的项目除了靠目录条文本身说明，还有归类总规则、类注、章注和一系列的辅助刊物加以说明限定，使得其项目范围准确无误。

除了《协调制度》本身的优点，《协调制度》作为国际上各国之间公约的附件，有专门的机构、人员进行维护和管理，技术上的问题还可以利用世界上各国专家的帮助得以解决，各国可通过制定或修订《协调制度》（《协调制度》委员会决定，每隔若干年对《协调制度》做一次全面审议和修订，2017 年修订版已投入使用），为本国争取经济利益，扩大本国的影响。这些不是一个国家的力量所能办到的，也不是其他国际上采用的商品分类目录所能比拟的。

正是以上的这些优点，使《协调制度》成为目前世界上应用十分广泛的商品分类目录。目前，已有 180 多个国家和地区使用《协调制度》，全球贸易中 98%以上的货物都是以《协调制度》分类的。

二、HS 编码和海关商品编码的联系与区别

严格地讲，HS 编码和海关商品编码有联系，各国海关以《协调制度》为基础，并依照世界海关组织（WCO）的相关原则确定各自的海关编码。在一定范围内，尤其在绝大多数操作中，两者都被等同称呼，但两者不是完全等同的。

（一）制定的主体不同

《协调制度》是由世界海关组织制定的；海关商品编码是由各国海关制定的。

HS 编码，即海关根据实际需要编制的出口商品代码，是在进出口贸易中使用的对商品进行分类管理、表示进出口商品名称的数字化代码，对规范商品管理、简化实际操作、方便统计分析起着重要的作用，广泛地应用于进出口报关、出口退税、出口企业的业务处理及财务核算等领域。

（1）海关是商品分类的具体主体，是海关税则及出口退税的基础。随着多年的实际应用演变和商品分类日趋成熟，我国商品编码遵循以下规则：前两位数字代表章目，第 3、第 4 位数字为税目，第 5～8 位数字为子目，其中第 7、8 位数字为我国税则在《协调制度》编码的基础上增加的两级子目，第 9、10 位数字为划细商品而增加的两位商品代码（从 2001 年起）。

（2）海关根据国际通行的《协调制度》确定标准商品分类，应用于海关的进出口报关；国家税务总局根据税务政策法规的要求，对海关提供的标准商品进行税率鉴定。在鉴定的过程中，若原代码不能满足税务实际业务的需要，可对原代码进行扩充，以便准确地鉴定税率。

商品代码，即为国家税务总局最终鉴定税率的商品代码，所鉴定的退税率是计算出口退税的重要依据。出口企业可据此进行进出口报关、企业内部业务处理及财务核算、办理出口退税业务；各地的税务机关可据此审定企业的退税申报、办理退税审核审批业务。

（二）编码位数不同

HS 编码只有 6 位数字，其后的数字为本国子目；海关商品编码，有的国家是 8 位数字，有的国家是 10 位数字。目前，中国的海关商品编码为 10 位。

我国海关采用的《协调制度》分类目录，前 6 位数字是《协调制度》国际标准编码，

第 7、第 8 两位数字是根据我国关税、统计和贸易管理的需要加列的本国子目；在 8 位数字分类编码的基础上，我国根据实际工作需要对部分税号又进一步分出了第 9、第 10 位数字的编码。

（三）使用范围不同

《协调制度》只是指导、协调性的制度；而海关商品编码是海关管理实际进出口货物操作的依据。

第二节　《协调制度》归类总则

税则归类是指对应税的进出口商品，在税则中找出其相应的税目，它是征税工作的重要环节。进出口商品种类繁多，性质复杂且商品变化日新月异，要将世界上所有商品浓缩在几百页的税则上，将数以万计的商品在几千条子目中找到最适当的税目，具有一定的难度。因此，税则归类是一项政策性和技术性很强的工作，每一票货物的归类正确与否，不仅关系到国家关税政策贯彻执行的好坏，而且直接影响到企业的经济效益。

要进行正确的税则归类，就必须牢牢掌握“归类总规则”，在使用时必须注意以下两点：

第一，按顺序使用每条规则。当规则一不合适时才用规则二，当规则二不合适时才用规则三，并依次类推。

第二，在实际使用规则二、规则三、规则四时，要注意条件，即类注、章注和税目是否有特别的规定或者说明。如有特别的规定，则应按税目或注释的规定归类而不能使用规则二、规则三、规则四。下面将详细介绍归类总规则。

一、规则一

HS 系统中的类、章及分章的标题仅为查找方便而设置，具有法律效力的归类，应按品、目条文和有关类注或者章注确定。

（一）类、章、分章标题仅为方便查找而设置，本身不是归类的依据

尽管 HS 系统将商品按类、章（部分章内还设有分章）分类，每类、章、分章标有标题，并使这些标题尽可能地概括该类、章、分章所包含的商品，但是各类、章、分章所包含的商品种类繁多，类、章、分章的标题不可能将其列出而全部包括进去。例如，第八十六章的标题是“铁道及电车道机车、车辆及其零件；铁道及电车道轨道固定装置及其零件、附件；各种机械（包括电动机械）交通信号设备”，但实际上，除了上述商品，该章还包

括章的标题所没有列出的“集装箱”。

由于类、章、分章的标题只是概述，无法规定具体内容，即同一类的商品在不同条件下可能有不同的分类，而这种情况在标题上是无法得到体现的，类、章、分章的标题所列出的商品也有可能不归入该类、章、分章。例如，第一章的标题是“活动物”，但实际上，马、牛、羊等活动物归入该章，而活的鱼、甲壳动物、软体动物及其他水生无脊椎动物是归入第三章的。

另外，标题之间还会产生交叉。例如，“塑料鞋”既属于第三十九章标题“塑料及其制品”所列的商品，又属于第六十四章标题“鞋靴、护腿和类似品及其零件”所列的商品，因此仅根据这两章的标题无法确定“塑料鞋”应归入第三十九章还是第六十四章。

（二）归类的法律依据应该是品目条文和类注、章注

许多商品可直接按目录规定进行归类，而类注、章注在于限定类、章和品目的商品范围。例如，“针织女式胸衣”，直接看标题，似乎符合第六十一章的标题“针织或钩编的服装及衣着附件”，可以归入第六十一章，但标题不是归类依据，而是应根据品目条文和类注、章注来确定的。按第六十一章章注二（一）、第六十二章章注一和 6212 品目条文的规定，该商品应归入品目 6212。

（三）如果按品目条文、类注或章注还无法确定归类，则按其他规则归类

在确定归类时应首先考虑品目条文、相关的类注和章注的规定，其次是其他规则。

二、规则二

（一）条文内容

（1）品目所列货品，应视为包括该项货品的不完整品或未制成品。只要在进口或出口时该项不完整品或未制成品具有完整品或制成品的基本特征，就应视为包括该货品的完整品或制成品（或按本款规定可作为完整品或制成品归类的货品）在进口或出口时的未组装件或拆散件。

（2）品目中所列材料或物质，应视为包括该种材料或物质与其他材料或物质混合或组合的物品。品目所列某种材料或物质构成的货品，应视为包括全部或部分由该种材料或物质构成的货品。由一种以上材料或物质构成的货品，应按规则三归类。

（二）条文解释

规则二的第一部分将所有列出某一些物品的品目范围扩大为不仅包括完整的物品，而且包括该物品的不完整品或未制成品，只要在报验时它们具有完整品或制成品的基本特征。

不完整品是指货品缺少某些部分、不完整；未制成品是指货品尚未完全制成，需要进一步加工才成为制成品。

但是，大家对基本特征的判断有时是很困难的。例如，缺少了多少零部件的冰箱仍具有冰箱的基本特征，仍可以按冰箱归类。由于商品的繁杂，大家寄希望于通过制定几条“一刀切”的规则来确定货品的基本特征是行不通的。对于具体的某种不完整品或未制成品，大家需要综合结构、性能、价值、作用等方面的因素进行具体分析才能确定。

对于不完整品而言，主要是看其关键部件是否存在。以冰箱为例，如果压缩机、蒸发器、冷凝器、箱体这些关键部件存在，则可以判断其具有冰箱的基本特征。对于未制成品而言，主要看其是否具有制成品的特征。例如，齿轮的毛坯，需要经进一步完善方可作为制成品或制成零件使用，但已具有制成品或制成零件的大概形状或轮廓，则可以判断为具有齿轮的基本特征。

规则二的第二部分规定，完整品或制成品的未组装件或拆散件应归入已组装物品的同一品目。例如，品目 8517 不仅包括已组装好的电话机，还包括电话机的未组装件或拆散件。

未组装件或拆散件是指货品尚未组装或已拆散。货品以未组装或拆散形式报验，通常是由于包装、装卸或运输的需要，或者为了便于包装、装卸或运输。

规则二的第二部分也适用于以未组装或拆散形式报验的不完整品或未制成品，只要按照规则二第一部分的规定，它们可作为完整品或制成品看待。例如，缺少某些非关键零件（如螺钉、螺母、垫圈等）的电话机的散件，同样应按电话机归入品目 8517。

鉴于第一～第六类各品目的商品范围，规则二（1）的规定一般不适用于这六类所包括的货品。

规则二（2）是针对混合及组合的材料或物质，以及由两种及多种材料或物质构成的货品而设的，其目的在于将任何列出某种材料或物质的品目扩大为包括该种材料或物质与其他材料或物质的混合品或组合品，同时将任何列出某种材料或物质构成的货品的品目扩大为包括部分由该种材料或物质构成的货品。它所适用的是列出某种材料或物质的品目。

例如，品目 4503 是“天然软木制品”，该品目属于“某种材料或物质构成的货品”，根据本规则，如果是“涂蜡的热水瓶软木塞子”（已加入了其他材料或物质），则仍应归入品目 4503。

但是，规则二绝不意味着将品目范围扩大到不参照规则一的规定，将不符合品目条文的货品也包括进来，即添加了另外一种材料或物质，使货品丧失了原品目所列货品特征的情况。例如，稻谷中加入了杀鼠剂，已经成为一种用于杀灭老鼠的毒饵，就不能再按品目 1006 的“稻谷”归类。

只有在规则一中无法解决时，才能运用规则二。例如，对品目 1503 的品目条文规定为“液体猪油，未经混合”，而混合了其他油的液体猪油，不能运用规则二（2）归入品目 1503。

三、规则三

（一）条文内容

当货品按规则二（2）或由于其他原因看起来可归入两个或两个以上品目时，应按以下规则归类。

（1）列名比较具体的品目，优先于列名一般的品目。如果两个或两个以上品目都仅述及混合或组合货品所含的某部分材料或物质，或零售的成套货品中的某些货品，即使其中某个品目对该货品描述得更为全面、详细，这些货品在有关品目的列名也应视为同样具体。

（2）混合物。不同材料构成或不同部件组成的组合物以及零售的成套货品，如果不能按照规则三（1）归类时，在本款可适用的条件下，则应按构成货品基本特征的材料或部件归类。

（3）货品不能按照规则三中的（1）或（2）归类时，应按号列顺序归入其可归入的最末一个品目。

（二）条文解释

（1）对于根据规则二（2）或其他原因看起来可归入两个或两个以上品目的货品，规则三规定了三条归类办法。这三条归类办法应按照其在规则三的先后次序加以运用。据此，只有在不能按照规则三中的（1）归类时，才能运用规则三中的（2）；不能按照规则三中的（1）和（2）两款归类时，才能运用规则三中的（3）。因此，它们优先权的次序为：第一，具体列名；第二，基本特征；第三，从后归类。

（2）只有在品目条文和类注、章注无其他规定的条件下，才能运用本规则。例如，第九十七章章注四（二）规定，根据品目条文既可归入品目 9701～9705 中的一个品目，又可归入品目 9706 的货品，应归入品目 9706 以前的有关品目，即货品应按第九十七章章注四（二）的规定而不能根据本规则进行归类。

（3）规则三（1）是第一条归类办法，它规定列名比较具体的品目应优先于列名比较一般的品目。

① 列出品名比列出类名更为具体。例如，电动剃须刀应归入品目 8510“电动剃须刀、电动毛发推剪及电动脱毛器”，而不应归入品目 8509“家用电动器具”。

② 如果某一品目所列名称更为明确地述及某一货品，则该品目要比所列名称不那么明确地述及该货品的其他品目更为具体。例如，确定为用于小汽车的簇绒地毯，不应作为小汽车附件归入品目 8708“机动车辆的零件、附件”，而应归入品目 5703“簇绒地毯及纺织材料的其他簇绒铺地制品，不论是否制成的”。因为品目 5703 所列地毯更为具体。

（4）如果两个或两个以上品目都仅述及混合或组合货品所含的某部分材料或物质，或零售成套货品中的某些货品，即使其中某个品目比其他品目对该货品描述得更为全面、详细，这些货品在有关品目的列名也应视为同样具体。在这种情况下，货品应按规则三（2）或（3）的规定进行归类。

（5）规则三（2）是指不能按规则三（1）归类的混合物、组合物以及零售的成套货品的归类。它们应按构成货品基本特征的材料或部件归类。

但是，不同的货品确定其基本特征的因素会有所不同。例如，既可以根据其所含材料或部件的性质、体积、数量、重量或价值来确定货品的基本特征，也可以根据所含材料对货品用途的作用来确定货品的基本特征。又如，由快熟面条、调味包、塑料小叉构成的碗面，其中的快熟面条构成了这个零售的成套货品的基本特征，应按面食归入品目 1902。

另外，还要注意，本款规则所称“零售的成套货品”是指同时符合以下三个条件的货品：

① 由至少两种看起来可归入不同品目的不同物品构成的，如六把乳酪叉不能作为本款规则所称的成套货品。

② 为了迎合某项需求或开展某项专门活动而将几件产品或物品包装在一起的。

③ 其包装形式适于直接销售给用户而货物无须重新包装的。例如，装于盒、箱内或固定于板上。又如，成套理发工具，由一个电动理发推子、一把梳子、一把剪子、一把刷子及一条毛巾装于一个皮匣子内组成，符合上述的三个条件，属于“零售的成套货品”。

当不符合以上三个条件时，货品不能看成是规则三（2）中的零售成套货品。例如，“包装在一起的手表与打火机”，不符合以上第二个条件，因此只能分开归类。

（6）当货品不能按照规则三（1）或（2）归类时，应按号列顺序归入其可归入的最后一个品目。例如，“等量的大麦与燕麦的混合麦”，其中，大麦与燕麦的含量相等，“基本特征”无法确定，应“从后归类”，即按品目 1003 与品目 1004 中的后一个品目 1004 归类。

四、规则四

根据上述规则无法归类的货品，应归入与其最相类似的货品的品目。

随着时代的发展和科技的进步，可能出现一些《协调制度》在分类时无法预见的情况。这时按以上规则一至规则三仍无法归类的货品，只能用最相类似的货品的品目来替代，即将报验货品与类似货品加以比较以确定其与哪种货品最相类似。然后，将所报验的货品归入与其最相类似的货品的同一品目。这里的“最相类似”是指名称、特征、功能、用途、结构等因素，需要综合考虑才能确定。

五、规则五

（一）条文内容

规则五适用于下列货品的归类。

（1）制成特殊形状仅适用于盛装某个或某套物品并适合长期使用的照相机套、乐器盒、枪套、绘图仪器盒、项链盒及类似容器。如果与所装物品同时进口或出口，并通常与所装物品一同出售的，则应与所装物品一并归类。但本款不适用于本身构成整个货品基本特征的容器。

（2）除规则五（1）规定的以外，与所装货品同时进口或出口的包装材料或包装容器，如果通常是用来包装这类货品的，则应与所装货品一并归类。但明显可重复使用的包装材料和包装容器可不受本款限制。

（二）条文解释

（1）规则五（1）仅适用于同时符合以下各条规定的容器：

① 制成特定形状或形式，专门盛装某一物品或某套物品的，即专门按所要盛装的物品进行设计的，有些容器还制成所装物品的特殊形状。

② 适合长期使用的，即容器的使用期限与所盛装的物品相比是相称的，在物品不使用期间（如运输或储藏期间），这些容器还起保护物品的作用。

③ 与所装物品一同报验的（单独报验的容器应归入其所应归入的品目）。

④ 通常与所装物品一同出售的。

⑤ 本身并不构成整个货品基本特征的。例如，与所装电动剃须刀一同报验的电动剃须刀的皮套符合以上条件，因此应与电动剃须刀一并归入品目 8510。但是，本款规则不适用于本身构成整个货品基本特征的容器，如装有茶叶的银质茶叶罐。

（2）规则五（2）仅适用于同时符合以下各条规定的包装材料及包装容器：

① 规则五（1）以外的。

② 通常用于包装有关货品的。

③ 与所装物品一同报验的（单独报验的包装材料及包装容器应归入其所应归入的品目）。

④ 不属于明显可重复使用的。

例如，装有电视机的瓦楞纸箱符合以上条件，因此应与电视机一并归入品目 8528。但是，如果是明显可重复使用的包装材料和包装容器，则本款规定不适用。又如，“煤气罐装有液化煤气”，具有明显可重复使用的特性，因此不能与液化煤气一并归类，而应与液化煤气分开归类。

六、规则六

（一）条文内容

货品在某一品目项下各子目的法定归类，应按子目条文或有关的子目注释以及以上各条规则来确定，但子目的比较只能在同一数级上进行。除条文另有规定的以外，有关的类注、章注也适用于规则六。

（二）条文解释

规则六是关于子目应当如何确定的一条原则，子目归类首先按子目条文和子目注释确定；如果按子目条文和子目注释还无法确定归类，则上述各规则的原则同样适用于子目的确定；除条文另有规定的以外，有关的类注、章注也适用于子目的确定。

在具体确定子目时，还应当注意以下两点：一是确定子目时，一定要按先确定一级子目，再确定二级子目，然后确定三级子目，最后确定四级子目的顺序进行；二是确定子目时，应遵循“同级比较”的原则，即一级子目与一级子目比较，二级子目与二级子目比较，以此类推。

例如，“中华绒螯蟹种苗”在归入品目 0306 项下子目时，应按以下步骤进行：

① 首先确定一级子目，即将两个一级子目“冻的”与“未冻的”进行比较后归入“未冻的”。

② 然后确定二级子目，即将二级子目“龙虾”“大螯虾”“小虾及对虾”“蟹”“其他”进行比较后归入“蟹”。

③ 最后确定三级子目，即将两个三级子目“种苗”与“其他”进行比较后归入“种苗”。

因此，中华绒螯蟹种苗应归入子目 0306.2410。

第三节 我国海关进出口商品分类目录

一、我国海关进出口商品分类目录的产生

我国海关自 1992 年 1 月 1 日起开始采用《商品名称及编码协调制度》，进出口商品归类工作成为我国海关较早实现与国际接轨的执法项目之一。

根据海关征税和海关统计工作的需要，我国在《协调制度》的基础上增设了本国子目（三级子目和四级子目），形成了我国海关进出口商品分类目录，然后分别编制出《中华人民共和国进出口税则》和《中华人民共和国海关统计商品目录》（以下简称《统计商品目录》）。

为了明确增设的本国子目的商品含义和范围，又制定了《中华人民共和国进出口税则本国子目注释》（以下简称《本国子目注释》），作为归类时确定三级子目和四级子目的依据。

根据《协调制度》对缔约国权利义务的规定，我国《进出口税则》和《统计商品目录》《协调制度》的各个版本同步修订。自 2007 年 1 月 1 日起，我国采用 2007 年版《协调制

度》，并据此编制了 2007 年版《进出口税则》和《统计商品目录》，其后每年再根据需要对本国子目进行适当调整。

二、我国海关进出口商品分类目录的基本结构

《进出口税则》中的商品号列称为税则号列。为征税的需要，每项税则号列后列出了该商品的税率；《统计商品目录》中的商品号列称为商品编号。为统计的需要，每项商品编号后列出了该商品的计量单位，并增加了第二十二类“特殊交易品及未分类商品”，内分第九十八章（见图 5-1）。

《协调制度》中的编码只有 6 位数，而我国进出口税则中的编码为 8 位数，其中第 7 位、第 8 位是我国根据实际情况加入的“本国子目”。

编码的编排是有一定规律的，以图 5-1 为例说明如下：

商品编码	商品名称	商品编码	商品名称
01.01	马、驴、骡	01.03	猪
	–改良种用：	0103.1000	–改良种用
0101.1010	—马		–其他：
0101.1020	—驴		—重量在50千克以下：
	–其他：		—重量在10千克以下
0101.9010	—马	0103.9110	—重量在10千克以上，但
0101.9090	—驴、骡	0103.9200	在50千克以下
		0103.9200	—重量在50千克及以上
01.02	牛		
0102.1000	–改良种用	01.04	绵羊，山羊
0102.9000	–其他		–绵羊

图 5-1　我国商品编码表示例

从以上商品编码表示例中可以看出：第 1 位、第 2 位编码代表章号，第 3 位、第 4 位编码代表顺序号，第 5 位编码代表一级子目，第 6 位编码代表二级子目，第 7 位、第 8 位编码以此类推。需要指出的是，若第 5～8 位上出现数字“9”，则通常情况下代表未具体列明的商品，即在“9”的前面一般留有空序号以便用于修订时增添新商品。第 1～4 位称税目，第 5～6 位称子目（前 6 位国际统一标准），第 7～8 位称本国子目。

《进出口税则商品及品目注释》是中国海关实施进出口税则商品归类的法律依据之一。根据《商品名称及编码协调制度》对缔约方权利与义务的有关规定，自 2012 年 1 月 1 日起，我国采用以世界海关组织 2012 年版《商品名称及编码协调制度》为基础的进出口税则。《关税税则》在海关税则 8 位编码的基础上加列了 10 位编码，包括货品名称、进口税率（最惠国税率、曼谷协定税率、普通税率）、增值税率、消费税率、计量单位、监管条件。我国进出口税则如表 5-1 表示。

表 5-1　我国进出口税则

<table>
<tr><td colspan="2">第一类</td><td>活动物；动物产品（第一章至第五章）</td></tr>
<tr><td colspan="2">第二类</td><td>植物产品（第六章至第十四章）</td></tr>
<tr><td colspan="2">第三类</td><td>动植物油、脂及其分解产品；精制的食用油脂；动、植物蜡（第十五章）</td></tr>
<tr><td rowspan="10">第四类</td><td colspan="2">食品；饮料、酒及醋；烟草及烟草代用品的制品（第十六章至第二十四章）</td></tr>
<tr><td>第十六章</td><td>肉、鱼、甲壳动物，软体动物及其他水生无脊椎动物的制品</td></tr>
<tr><td>第十七章</td><td>糖及糖食</td></tr>
<tr><td>第十八章</td><td>可可及可可制品</td></tr>
<tr><td>第十九章</td><td>谷物、粮食粉、淀粉或乳的制品；糕饼点心</td></tr>
<tr><td>第二十章</td><td>蔬菜、水果、坚果或植物其他部分的制品</td></tr>
<tr><td>第二十一章</td><td>杂项食品</td></tr>
<tr><td>第二十二章</td><td>饮料、酒及醋</td></tr>
<tr><td>第二十三章</td><td>食品工业的残渣及废料；配制的动物饲料</td></tr>
<tr><td>第二十四章</td><td>烟草及烟草代用品的制品</td></tr>
<tr><td colspan="2">第五类</td><td>矿产品（第二十五章至第二十七章）</td></tr>
<tr><td colspan="2">第六类</td><td>化学工业及其相关工业的产品（第二十八章至第三十八章）</td></tr>
<tr><td colspan="2">第七类</td><td>塑料及其制品；橡胶及其制品（第三十九章至第四十章）</td></tr>
<tr><td colspan="2">第八类</td><td>生皮、皮革、毛皮及其制品；鞍具及挽具；旅行用品、手提包及类似容器；动物肠线（蚕胶丝除外）制品（第四十一章至第四十三章）</td></tr>
<tr><td colspan="2">第九类</td><td>木及木制品；木炭；软木及软木制品；稻草、秸秆、针茅或其他编结材料制品；篮筐及柳条编织品（第四十四章至第四十六章）</td></tr>
<tr><td colspan="2">第十类</td><td>木浆及其他纤维状纤维素浆；回收（废碎）纸或纸板；纸、纸板及其制品（第四十七章至第四十九章）</td></tr>
<tr><td colspan="2">第十一类</td><td>纺织原料及纺织制品（第五十章至第六十三章）</td></tr>
<tr><td colspan="2">第十二类</td><td>鞋、帽、伞、杖、鞭及其零件；已加工的羽毛及其制品；人造花；人发制品（第六十四章至第六十七章）</td></tr>
<tr><td colspan="2">第十三类</td><td>石料、石膏、水泥、石棉、云母及类似材料的制品；陶瓷产品；玻璃及其制品（第六十八章至第七十章）</td></tr>
<tr><td colspan="2">第十四类</td><td>天然或养殖珍珠、宝石或半宝石、贵金属、包贵金属及其制品；仿首饰；硬币（第七十一章）</td></tr>
<tr><td colspan="2">第十五类</td><td>贱金属及其制品（第七十二章至第八十三章）</td></tr>
<tr><td colspan="2">第十六类</td><td>机器、机械器具、电气设备及其零件；录音机及放声机、电视图像、声音的录制和重放设备及其零件（第八十四章、第八十五章）</td></tr>
<tr><td colspan="2">第十七类</td><td>车辆、航空器、船舶及有关运输设备（第八十六章至第八十九章）</td></tr>
<tr><td colspan="2">第十八类</td><td>光学、照相、电影、计量、检验、医疗或外科用仪器及设备、精密仪器及设备；钟表；乐器（第九十章至第九十二章）</td></tr>
<tr><td colspan="2">第十九类</td><td>武器、弹药及其零件、附件（第九十三章）</td></tr>
<tr><td colspan="2">第二十类</td><td>杂项制品（第九十四章至第九十六章）</td></tr>
<tr><td colspan="2">第二十一类</td><td>艺术品、收藏品及古物（第九十七章）</td></tr>
<tr><td colspan="2">第二十二类</td><td>特殊交易品及未分类商品（第九十八章）</td></tr>
</table>

第四节　进出口商品归类的行政管理

为了规范进出口货物的商品归类，保证商品归类结果的准确性和统一性，根据《海关法》《关税条例》，海关总署以第 158 号总署令发布了《中华人民共和国海关进出口货物商品归类管理规定》。

一、归类的依据

进出口商品归类应当遵循客观、准确、统一的原则。具体来讲，对进出口货物进行商品归类的依据是《进出口税则》《进出口税则商品及品目注释》《本国子目注释》，以及海关总署发布的关于商品归类的行政裁定和商品归类决定。

二、归类的申报要求

为了规范进出口企业的申报行为，提高进出口商品申报质量，促进贸易便利化，海关总署制定了《中华人民共和国海关进出口商品规范申报目录》(以下简称《规范申报目录》)。《规范申报目录》按我国海关进出口商品分类目录的品目顺序编写，并根据需要在品目级或子目级列出了申报要素。

例如，品目 2204“鲜葡萄酿造的酒”下各子目的申报要素如下。

子目 2204.1000“汽酒”：①品名；②种类；③加工方法。

子目 2204.2100“装入 2 升及以下容器的其他酒及加酒精抑制发酵的酿酒葡萄汁”：①品名；②品牌；③加工方法；④容器容积；⑤年份；⑥产区。

子目 2204.2900“装入 2 升以上容器的其他酒及加酒精抑制发酵的酿酒葡萄汁”：①品名；②种类；③加工方法；④容器容积。

子目 2204.3000“其他酿酒葡萄汁”：①品名；②加工方法。

再如，品目 8528“电视接收装置，不论是否装有无线电收音装置或声音、图像的录制或重放装置”的申报要素为：①品名；②用途；③品牌；④显像类型；⑤显示屏幕尺寸；⑥型号。

收发货人或者其代理人应当按照法律、行政法规规定以及海关的要求如实、准确申报进出口货物的商品名称、规格型号等，并且对其申报的进出口货物进行商品归类，确定相应的商品编码。

收发货人或者其代理人向海关提供的资料涉及商业秘密，要求海关予以保密的，应当事前向海关提出书面申请，并且具体列明需要保密的内容，海关应当依法为其保密。收发货人或者其代理人不得以商业秘密为理由拒绝向海关提供有关资料。

海关在审核收发货人或者其代理人申报的商品归类事项时，可以依照《海关法》和《关税条例》的规定行使下列权力，收发货人或者其代理人应当予以配合。

第一，查阅、复制有关单证、资料。

第二，要求收发货人或者其代理人提供必要的样品及相关商品资料。

第三，组织对进出口货物实施化验、检验，并且根据海关认定的化验、检验结果进行商品归类。

海关可以要求收发货人或者其代理人提供确定商品归类所需的资料，必要时可以要求收发货人或者其代理人补充申报。

收发货人或者其代理人隐瞒有关情况，或者拖延、拒绝提供有关单证、资料的，海关可以根据其申报的内容依法审核确定进出口货物的商品归类。

三、归类的修改

收发货人或者其代理人申报的商品编码需要修改的，应当按照《中华人民共和国海关进出口货物报关单修改和撤销管理办法》等规定向海关提出申请。

海关经审核认为收发货人或者其代理人申报的商品编码不正确的，可以根据《中华人民共和国海关进出口货物征税管理办法》（以下简称《征管办法》）的有关规定，按照商品归类的有关规则和规定予以重新确定，并且根据《中华人民共和国海关进出口货物报关单修改和撤销管理办法》等有关规定通知收发货人或者其代理人对报关单进行修改。

四、预归类的规定

在海关注册登记的进出口货物经营单位（以下简称申请人），可以在货物实际进出口的45日前，向直属海关申请就其拟进出口的货物预先进行商品归类（以下简称预归类）。有关预归类的规定如下。

（一）预归类申请

申请人申请预归类的，应当填写并且提交《中华人民共和国海关商品预归类申请表》。预归类申请人应当向拟实际进出口货物所在地的直属海关提出申请。

（二）预归类受理和预归类决定

申请预归类的商品归类事项，经直属海关审核认为属于《进出口税则》《商品及品目注释》《本国子目注释》，以及海关总署发布的关于商品归类的行政裁定、商品归类决定有明确规定的，应当在接受申请之日起15个工作日内制发《中华人民共和国海关商品预归类决定书》(以下简称《预归类决定书》),并且告知申请人。属于没有明确规定的,直属海关应当在接受申请之日起7个工作日内告知申请人按照规定申请行政裁定。

(三)《预归类决定书》的使用

申请人在制发《预归类决定书》的直属海关所辖关区办理进出口《预归类决定书》所述商品时,应当主动向海关提交《预归类决定书》。

申请人办理实际进出口《预归类决定书》所述商品,并且按照《预归类决定书》申报的,海关按照《预归类决定书》所确定的归类意见审核放行。

做出《预归类决定书》所依据的有关规定发生变化导致相关《预归类决定书》不再适用的,做出预归类决定的直属海关应当制发通知单或者发布公告,通知申请人停止使用有关的《预归类决定书》。

五、商品归类决定

海关总署可以根据有关法律、行政法规规定,对进出口货物做出具有普遍约束力的商品归类决定。进出口相同的货物,应该适用相同的商品归类决定。

商品归类决定由海关总署对外公布。

做出商品归类决定所依据的法律、行政法规及其他相关规定发生变化的,商品归类决定同时失效。

商品归类决定失效的,应当由海关总署对外公布。海关总署发现商品归类决定存在错误的,应当及时予以撤销。撤销商品归类决定的,应当由海关总署对外公布。被撤销的商品归类决定自撤销之日起失效。

六、其他管理要求

因商品归类引起退税或者补征、追征税款及征收滞纳金的,按照有关法律、行政法规及海关总署规章的规定办理。

违反《中华人民共和国海关进出口货物商品归类管理规定》,构成走私行为、违反海关监管规定行为或者其他违反《海关法》行为的,由海关依照《海关法》和《海关行政处罚实施条例》的有关规定予以处理;构成犯罪的,依法追究刑事责任。

本章小结

1. 在国际贸易领域中曾采用过两套国际通用的商品分类编码标准:一套是联合国统计委员会制定的《国际贸易标准分类目录》(SITC);另一套是欧洲海关同盟研究小组制

定的《海关合作理事会商品分类目录》（CCCN）。

2. 税则归类是指对应征税的进出口商品，在税则中找出其相应的税目。

3. 我国海关自 1992 年 1 月 1 日起开始采用《商品名称及编码协调制度》，进出口商品归类工作成为我国海关较早实现与国际接轨的执法项目之一。

4. 进出口货物的商品归类应当遵循客观、准确、统一的原则。

5. 海关可以要求收发货人或者其代理人提供确定商品归类所需的资料，必要时可以要求收发货人或者其代理人补充申报。

6. 收发货人或者其代理人隐瞒有关情况，或者拖延、拒绝提供有关单证、资料的，海关可以根据其申报的内容依法审核确定进出口货物的商品归类。

7. 做出《预归类决定书》所依据的有关规定发生变化导致相关《预归类决定书》不再适用的，做出预归类决定的直属海关应当制发通知单或者发布公告，通知申请人停止使用有关的《预归类决定书》。

8. 海关总署可以根据有关法律、行政法规规定，对进出口货物做出具有普遍约束力的商品归类决定。

9. 因商品归类引起退税或者补征、追征税款及征收滞纳金的，按照有关法律、行政法规及海关总署规章的规定办理。

10. 违反《中华人民共和国海关进出口货物商品归类管理规定》，构成走私行为、违反海关监管规定行为或者其他违反《海关法》行为的，由海关依照《海关法》和《海关行政处罚实施条例》的有关规定予以处理；构成犯罪的，依法追究刑事责任。

复习思考题

1. 简述 HS 编码的基本结构。
2. HS 编码具有哪些特点？
3. 在《商品名称及编码协调制度》归类总则中，规则五的条文内容是什么？
4. 简述我国海关进出口商品分类目录的产生。
5. 简述商品归类的依据。
6. 简述商品预归类的规定。

第六章

进出口税费

学习目标

- 了解关税基础知识。
- 了解进口货物完税价格的审定。
- 了解特殊进口货物完税价格的审定。
- 掌握进出口税费的计算公式。
- 了解进出口货物税率的适用。
- 掌握进出口税费的缴纳、减免及退补。

开篇案例

张某发，1986 年出生，2007 年大专毕业的他来到深圳，在一家外贸公司工作，积累了不少骗取出口退税的“门道”。2008 年 5 月，他成立注册了深圳市隆泰祥进出口有限公司（以下简称隆泰祥公司），据其后来向公安机关交代：“成立隆泰祥公司的目的就是用来骗税的，隆泰祥公司接收的发票都是虚开的。”骗取出口退税的手法有多种，产品主要以服装、电子产品和家具为主。举例来说，A 从河南农民手中收购棉花，但农民没发票只能写收据，价格高低随意写，A 拿收据去税务机关抵扣，开出棉花的发票，税收成本大约为 3%，B 则从 A 处收购棉花后，加工成纱线，税收成本大约为 5%，外贸公司再以 6%～7%的成本，从 B 手里大量购买增值税发票。原本从纱线到服装，中间还需要大量的工序，但坐在办公室里闭门造车的外贸公司要从这些生产企业处购票，操作起来很麻烦。因此，外贸公司提供的一张服装发票，纱线的原材料发票就占九成，这个明显的作假痕迹，一经检查就易暴露。张某发团伙控制了 17 家服装生产企业和 7 家外贸公司。张某发与服装企业之间达成协议，由其为企业支付场地租金，或者每虚开 100 万元给予 1%的好处费，企业则为张某发虚开增值税发票提供条件。据办案人员计算，出口退税率最高为 16%～17%，一张贸易骗税单扣除买发票的成本6%～7%、配货配票环节花费3%左右以及找“地下钱庄”出资的手续费1%～2%后，外贸公司可赚取5%～7%的利润率。警方侦查，从2008年到2011年年底，以张某发为首的犯罪团伙虚开发票遍布福建、江苏、甘肃等多个省份，2013年3月20日、3月23日、4月12日和6月19日，专案组先后4次开展联合行动，广东警方共出动警力数百人次，一举捣毁4个虚开、骗税团伙，共抓获犯罪嫌疑人30余名，捣毁以生产企业和外贸公司为作案窝点的场所26家，查扣作案电脑25台，印章、银行卡、UKey近百个，查获近百家涉案企业的各类票证超过5吨。经查，该案涉及17家深圳生产企业、12家深圳外贸企业和5家外地企业。涉案生产企业自2008年年底至案发日止，共虚开增值税专用发票7787份，票面金额高达12.8亿元人民币，骗取国家税款1.8亿余元。

辩证思考：

一般的中小型企业作为小规模纳税人，无法开具增值税发票，只有升级为一般纳税人后才能开增值税发票，但两三个人的外贸公司，不需要任何生产成本，一两百万元就可开展业务，却被允许开增值税发票。骗税的“毒瘤”在于有报关行和货代公司的配合，在现实中不太可能取缔这两种行业。因为真实的货物出口必须找这两种行业的公司来运作。是否可以降低5个百分点的出口退税率，这也正是骗税分子所能赚取的利润率。如果去除了利润空间，骗税分子就无利可图。

（资料来源：黄丹．报关理论与实务[M]．重庆：重庆大学出版社，2017．略有改动）

为了保证国家税收政策的贯彻实施，加强海关税收管理，确保依法征税，保障国家税收，维护纳税义务人的合法权益，根据《中华人民共和国海关法》《中华人民共和国进出口关税条例》及其他有关法律、行政法规的规定，海关总署公布了《进出口货物征税管理办法》。

第一节　进出口税概述

进出口税费（Import and Export Taxes）是指在进出口环节中由海关依法征收的关税、消费税、增值税、船舶吨税及海关对少数货物的监管手续费等。其中，消费税、增值税是海关代税务机关征收的；船舶吨税是代交通管理各部门征收的。依法征收税费是海关的任务之一，而依法缴纳税费是每个纳税人的基本义务。进出口税费征收的法律依据主要是《中华人民共和国海关法》《中华人民共和国关税条例》及其他有关法律、行政法规。

一、关税基础知识

（一）关税的概念

关税（Tariff）是国家税收的重要组成部分，是指一种由海关代表国家并按照国家制定的关税政策和公布实施的税法及进出口税则，针对准许进出关境的货物和物品而向纳税义务人征收的流转税。

流转税（Commodity Turnover Tax）又称流转课税、流通税，是指以纳税人商品生产、流通环节的流转额或者数量及非商品交易的营业额为征税对象的一类税收。流转税是商品生产和商品交换的产物，各种流转税（如增值税、消费税、关税）是政府财政收入的重要来源。

（二）关税的特点

关税是进出口商品在经过一国关境时，由政府设置的海关向进出口商征收的税收。

（1）关税具有强制性。

（2）关税具有无偿性。

（3）关税具有预定性。

（三）关税的作用

（1）维护国家主权和经济利益。

（2）保护和促进本国工农业生产的发展。

（3）调节国民经济和对外贸易。

（4）筹集国家财政收入。

（四）关税的分类

根据不同的角度、不同的目的、不同的标准有不同的分类方法，从而产生了与其相关的各种关税类别和关税名词、术语。

1. 按征税对象分类

关税是以国际之间流通的货物为课税对象而征收的税，以进口和出口两个流向的货物为标准进行分类，是自然形成的传统分类，也是基本的分类。

1）进口关税

进口关税（Import Duty）是指一种进口商品进入一国关境或者从自由港、出口加工区、保税仓库进入国内市场时，由该国海关根据海关税则对本国进口商所征收的关税。进口关税是保护关税的主要手段。通常，关税壁垒实际上就是对进口商品征收高额关税，以此提高其成本，从而削弱其竞争力，起到限制进口的作用。

视野拓展

关税壁垒

关税壁垒又称“关税战”，以高额关税作为限制商品进口的措施之一。一国对外国商品征收高额进口关税，以提高其成本和削弱其竞争能力，从而达到限制这些商品进口和保护本国产品在国内市场上竞争优势的目的。因其像高墙壁垒一样把国外商品挡在墙外，从而把国内市场保护起来，故名“关税壁垒”。20 世纪 30 年代资本主义世界经济危机时期，各国普遍高筑关税壁垒。第二次世界大战后，在“关税及贸易总协定”主持下，经过多次谈判，关税水平已经大幅度下降，但关税壁垒仍不失为资本主义国家贸易战的重要武器之一。在某些情况下，关税壁垒也是迫使他国降低关税的有力手段。甚至，在关系交恶的国家之间，有的关税带有明显的歧视性和报复性。

各国进口关税税率的制定基于多种因素的考虑，以有效保护本国经济发展为出发点，对不同商品制定不同的税率。一般来说，进口关税税率随着进口商品加工程度的提高而提高，即工业制成品税率最高，半制成品税率次之，原料等初级产品税率最低甚至免税，这称为关税升级（Tariff Escalate）。进口国同样对不同商品实行差别税率，对国内紧缺又急需的生活必需品和机器设备予以低关税或免税，而对国内能大量生产的商品或奢侈品则征收高关税。同时，由于各国政治经济关系的需要，会对来自不同国家的同一种商品实行不同的税率。

2）出口关税

出口关税（Export Duty）是出口国家的海关在本国产品输往国外时，对出口商所征收的关税。目前，大多数国家之所以对绝大部分出口商品都不征收出口关税，是因为征收出口关税会抬高出口商品的成本和国外售价，削弱其在国外市场的竞争力，不利于扩大出口。但目前世界上仍有少数国家（特别是经济相对落后的发展中国家）征收出口关税，主要是为了增加本国财政收入，保护本国的资源环境，保证本国的市场供应，维护本国的经济利益。我国目前采取的是进口与出口并重的政策，但为了控制一些商品的出口流量，采用了对极少数商品征收出口关税的办法，被征收出口税的商品主要是高耗能、高污染、资源性产品。

2. 按征税方式分类

1）从价税

从价税（Ad Valorem Duties）是指以货物的价格作为计税标准，以应征税额占货物价的百分比为税率，价格和税额成正比例关系。货物进出口，以此税率和实际完税价格相乘计算应征税额。这是包括中国在内的大多数国家使用的主要计税标准。从价税的计算公式为：

正常进口从价税税额=进口货物总值×从价税率

减税征收的进口关税税额=完税价格×减税进口关税税率

应征出口关税税额=出口货物完税价格×出口关税税率

其中，出口货物完税价格=离岸价格÷（1+出口关税税率）。

从价税的计算程序如下：

（1）按照归类原则确定税则归类，将应税货物归入恰当的税目、税号。

（2）根据原产地规则，确定应税货物所适用的税率。

（3）根据完税价格审定办法和规定，确定应税货物的完税价格。

（4）根据汇率使用原则，将外币折算成人民币。

（5）按照计算公式正确计算应征税款。

征收从价税具有以下特点：

（1）税负合理，同类商品质高价高税额也高，质次价低税额也低，加工程度高的商品和奢侈品价高税额较高，相应的保护作用较大。

（2）当物价上涨时，税款相应增加，财政收入和保护作用均不受影响，但在商品价格下跌或者别国蓄意对进口国进行低价倾销时，财政收入就会减少，保护作用也会明显减弱。

（3）各种商品均可使用。

（4）从价税税率按百分数表示，便于与别国进行比较。

（5）完税价格不易掌握，征税手续复杂，大大增加了海关的工作负荷。

2）从量税

从量税（Specific Duty）是指以货物的计量单位，如质量、数量、容量等作为计税标准，以每个计量单位货物的应征税额为税率。计税时，以货物的计量单位乘以每单位应纳税金额，即可得出该货物的关税税额。其中，质量单位是常用的从量税计量单位。

从量税的计算公式为：

从量税税额=货物计量单位数×从量税率

采用从量税计征关税具有以下特点：

（1）手续简便，不需审定货物的规格、品质、价格，便于计算。

（2）税负并不合理。同一税目的货物，不管质量好坏、价格高低，均按同一税率征税，税负相同。

（3）不能随价格变动做出调整。当国内物价上涨时，税额不能随之变动，使税收相对减少，保护作用削弱；当物价回落时，税负又相对增高。这不仅影响财政收入，而且影响关税的调控作用。

（4）难以普遍采用。税收对象一般是谷物、棉花等大宗产品和标准产品，对某些商品不便使用，如古玩、字画、雕刻、宝石等艺术品及贵重物品。

从量税和从价税都存在一定的缺点。因此，关税的征收方法在从量税和从价税的基础上，产生了混合税。

3）混合税

混合税（Mixed Duty）是指在海关税则中，一个税目中的商品同时使用从价、从量两种标准计税，计税时按两种税率合并计征的一种关税。

混合税又可分为复合税和选择税两种类型。

（1）复合税（Compound Duty）是指征税时，同时使用从量税和从价税两种税率计征，以两种税额之和作为该种商品的关税税额。

复合税应征税额计算公式为：

复合税应征税额=货物的完税价格×从价税税率+货物计量单位总数×从量税税率

（2）选择税（Alternative Duties）是指对某种商品同时定有从量税和从价税两种税率。征税时由海关选择其中一种征税，作为该种商品的应征关税额。一般是选择税额较高的一种税率征税，在物价上涨时使用从价税，在物价下跌时使用从量税；有时，为了鼓励某种商品的进口或给某出口国以优惠待遇，也有选择税额较低的一种税率征收关税的。

目前，世界上大多数国家或组织都在其税则中对一些税目适用混合税，如美国、欧盟、加拿大、澳大利亚、日本、印度、巴拿马等。我国也对一些税目适用混合税。

4）季节税

季节税（Seasonal Duty）是指根据季节不同，按不同的比例或税额征收的关税。季节税一般是对生产季节性较强的农产品而设置的。例如，欧盟对一些水果、蔬菜或者园艺产品除按从量税或复合税征收关税外，还征收季节税。目前，我国执行季节关税的主要是尿素等化肥产品的出口暂定关税。

5）滑准税

滑准税（Sliding Duty）也称滑动税，是指在海关税则中，对同一税目的商品按其价格的高低分档，并依此制定不同的税率，依该商品的价格高低而适用不同档次税率计征的一种关税。滑准税是一种关税税率随进口商品价格由高至低而由低至高，设置计征关税的方法，即进口商品价格越高，其关税税率越低；进口商品价格越低，其关税税率越高，从而保持滑准税商品的国内市场价格的相对稳定，尽可能地减少国际市场价格波动的影响。

3. 按征税性质分类

按照对不同国别或不同情况的进口货物所给予的不同关税待遇，可分为普通关税和优惠关税。优惠关税是指对特定国家输入的商品以低于普通关税税率征收的关税，以示友好。优惠关税又可分为最惠国关税、特惠关税和协定关税三种类型，与我国相关的有最惠国关税和协定关税。

1）普通关税

普通关税（Common Duty）是指进口国未与该进口商品的来源国签订任何关税互惠贸易条约，对该进口商品按普通关税税率征税。普通关税税率是最高税率，一般比优惠关税税率高 1～5 倍，少数商品甚至更高。目前，仅有个别国家对极少数国家（一般是非建交国家）的出口商品实行这种税率，大多数只是将其作为其他优惠税率减税的基础。

2）最惠国关税

最惠国税（Most-favored-nation Duty）是指缔约国各方实行互惠，凡缔约国一方现在和将来给予任何第三方的一切特权、优惠和豁免，同样给予对方的关税。最惠国待遇的主要内容是关税待遇。最惠国关税税率是互惠的且比普通关税税率低。例如，美国对进口玩具征税的普通关税税率为 79%，而最惠国关税税率仅为 6.8%。在中国，这是正常进口税，即“进出口税则”中的“优惠税”。

3）协定关税

协定关税（Agreement Duty）是指一国通过与他国签订贸易条约或协定的方式共同制定的关税税则。协定关税税率是缔约国间通过关税减让谈判达成的，一般比最惠国税率低；在条约或协定有效期间，未经缔约国一致同意，税率不得自行更改或废除。协定关税一般是双边的或多边的，具有互惠性，即缔约国相互减让关税，但存在单边协定关税。

4. 按征税的主次程度划分

按征收进口关税的主次程度划分，进口关税分为正税与附加税两种类型。

正税（Normal Import Duty），即按税则法定进口税率征收的关税。进口附加税是由于一些特定需要对进口货物除征收关税正税之外，另行征收的一种进口税，一般具有临时性。世界贸易组织不准其成员方在一般情况下随意征收进口附加税，只有符合本国反倾销、反补贴条例规定的反倾销税、反补贴税等可以征收。

反倾销税（Anti-dumping Duties）是为抵制外国商品倾销进口，保护国内生产而征收的一种进口附加税，即在倾销商品进口时，除征收进口关税外，再征收反倾销税。中国于 1997 年 3 月 25 日颁布实施《反倾销和反补贴条例》，这是中国制定的第一个反倾销、反补贴法规，规定进口产品以低于其正常价值出口到中国的为倾销。反倾销税由海关负责征收，其税额不超出倾销差额。我国目前征收的进口附加税主要是反倾销税，其计算公式为：

反倾销税税额=海关完税价格×反倾销税税率

此外，为应对他国对我国出口产品实施的歧视性关税或歧视性待遇，我国相应地对其产品征收特别关税作为临时保障措施。

特别关税（Special Duty）是一种为抵制外国对本国出口产品的歧视而对原产于该国的进口货物特别征收的加重关税。《中华人民共和国进出口关税条例》规定：任何国家或者地区对其进口的原产于中华人民共和国的货物征收歧视性关税或者给予其他歧视性待遇的，海关对原产于该国家或者地区的进口货物，可以征收特别关税。征收特别关税的货物品种、税率，以及起征、停征时间等，由国务院关税税则委员会决定并公布施行。特别关税税额计算公式为：

特别关税税额=关税完税价格×特别关税税率

（五）税款滞纳金

1. 税款滞纳金的概念

税款滞纳金（Fine for Tax Overdue）是指应纳税单位或个人因逾期向海关缴纳税款，海关除征收应纳税款外，依法加征的款项。

2. 税款滞纳金的核定

纳税人应在海关填发税款缴款书之日起 15 日内向指定银行缴纳税款；逾期未缴的，按日征收 0.5‰的滞纳金。

纳税人应当在海关填发滞纳金缴款书之日起 15 日内向指定银行缴纳税款。未在规定的期限内缴纳滞纳金的，另行加收自缴款期限届满之日起到缴清税款之日的滞纳税款的滞纳金。

滞纳天数为自滞纳税款之日起至进出口货物的纳税义务人缴纳税费之日止，其中的节假日不扣除。缴纳期限届满日遇休息日或法定节假日的，应顺延至此后的第一个工作日。

（1）海关填发税款缴款书之日+15 天=缴纳期限届满日（遇法定节假日顺延至第一个工作日）；滞纳天数=缴纳税款之日-缴纳期限届满日。

（2）15 天为两周加一天，可以将海关填发税款缴款书之日星期数加一天计算该日星期数。

（3）如日期不在同一月，可以折合成同一月的日期计算。

以下是几种特殊情况：

（1）由于纳税人违反规定造成少缴、漏缴税款的，海关可在缴纳税款或放行之日起 3 年内追缴税款，滞纳金计算从应缴纳税款或货物放行之日起至海关发现违规行为之日。

（2）海关监管货物因纳税人违反规定少缴、漏缴税款的，从应缴税款之日起 3 年内追缴税款，滞纳金计算从应缴税款日起至海关发现违规行为之日，应缴税款之日是纳税人违反规定之日，如该日不能确定，为海关发现该行为之日。

（3）租赁货物分期支付租金的，应在每次支付租金的 15 日内申报纳税，逾期未报的，从申报期限届满日起至申报纳税日征收滞纳金。租赁进口货物应在租期届满之日 30 日内办理结关手续，逾期未办的，除补缴税款外，征收从租期届满后 30 日起到申报纳税之日征滞纳金。

（4）暂时进出境未在规定时间进境或出境的，且未在期限届满前向海关申报和纳税的，除补缴税款外，征收从期限届满日起到申报纳税日的滞纳金。

二、海关代征税

（一）海关代征增值税

1. 增值税的概念

增值税（Value Added Tax）是以商品（含应税劳务）在流转过程中产生的增值额作为计税依据而征收的一种流转税。从计税原理来讲，增值税是一种对商品生产、流通、劳务服务中多个环节的新增价值或商品的附加值征收的流转税。

实行价外税，也就是由消费者负担，有增值才征税，没增值不征税。在实际工作中，商品新增价值或附加值在生产和流通过程中是很难准确计算的。因此，中国采用国际上普遍采用的税款抵扣的办法，即根据销售商品或劳务的销售额，首先按规定的税率计算出销售税额，然后扣除取得该商品或劳务时所支付的增值税款，也就是进项税额，其差额就是增值部分应缴的税额，这种计算方法体现了按增值因素计税的原则。增值税的征税依据是《中华人民共和国增值税暂行条例》。

2. 征税机构

（1）增值税由税务机关征收。

（2）进口货物的增值税由海关代征。

（3）个人携带或者邮寄进境自用物品的增值税，连同关税一并计征，具体办法由国务院关税税则委员会会同有关部门制定。

3. 增值税税率

（1）纳税人销售或者进口货物，除下列第（2）项、第（3）项规定外，税率为13%。

（2）纳税人销售或者进口下列货物，税率为13%。

① 粮食、食用植物油、食用盐；

② 自来水、暖气、冷气、热水、煤气、石油液化气、天然气、二甲醚、沼气、居民用煤炭制品；

③ 图书、报纸、杂志、音像制品、电子出版物；

④ 饲料、化肥、农药、农机、农膜；

⑤ 国务院规定的其他货物。

（3）纳税人出口货物，税率为0，但是，国务院另有规定的除外。

（4）纳税人提供加工、修理修配劳务（以下简称应税劳务），税率为13%。

4. 增值税义务发生时间

（1）销售货物或者应税劳务，为收讫销售款项或者取得索取销售款项凭据的当天；先开具发票的，为开具发票的当天。

（2）进口货物，为报关进口的当天。增值税扣缴义务发生时间为纳税人增值税纳税义务发生的当天，纳税人进口货物，应当自海关填发海关进口增值税专用缴款书之日起 15 日内缴纳税款。

5. 进口环节增值税计算公式

进口环节的增值税以组成价格作为计税价格，征税时不得抵扣任何税额。其组成价格由关税完税价格（到岸价格）加上关税组成；应征消费税的品种，其组成价格还要加上消费税。现行增值税的组成价格和应纳增值税税额计算公式为：

组成价格=关税完税价格+关税税额+消费税税额

应纳增值税税额=组成价格×增值税税率

（二）海关代征消费税

1. 消费税的概念

消费税（Consumption Tax）是以消费品（消费行为）的流转额作为征税对象的各种税收的统称，是政府针对消费品征收的税项，可向批发商或零售商征收。消费税是典型的间接税。

消费税实行价内税，只在应税消费品的生产、委托加工和进口环节缴纳，在以后的批发、零售等环节，价款中已包含消费税，因此企业不用再缴纳消费税，税款最终由消费者承担。消费税的纳税人是《中华人民共和国消费税暂行条例》规定的我国境内生产、委托加工、零售和进口应税消费品的单位和个人。

消费税的征税依据是《中华人民共和国消费税暂行条例》(2008)。

2. 征税机构

（1）消费税由税务机关征收。

（2）进口货物的消费税由海关代征。

（3）个人携带或者邮寄进境自用物品的消费税，连同关税一并计征，具体办法由国务院关税税则委员会会同有关部门制定。

3. 消费税义务发生时间

（1）纳税人生产的应税消费品，在纳税人销售时纳税。纳税人自产自用的应税消费品，用于连续生产应税消费品的，不纳税；用于其他方面的，在移送使用时纳税。

（2）委托加工的应税消费品，除受托方为个人外，由受托方在向委托方交货时代收代缴税款。委托加工的应税消费品，委托方用于连续生产应税消费品的，所纳税款准予按规定抵扣。

（3）进口的应税消费品，在报关进口时纳税。纳税人进口应税消费品，应当自海关填发海关进口消费税专用缴款书之日起 15 日内缴纳税款。

4. 进口环节增值税计算公式

进口的应税消费品，按照组成计税价格计算纳税。

（1）实行从价定率办法计算纳税的组成计税价格计算公式为：

组成计税价格=（关税完税价格+关税）/（1-消费税比例税率）

（2）实行复合计税办法计算纳税的组成计税价格计算公式为：

组成计税价格=（关税完税价格+关税+进口数量×消费税定额税率）÷（1-消费税比例税率）

（三）海关代征船舶吨税

1. 船舶吨税的概念

船舶吨税（Shipping Tonnage Duty）是海关代表国家交通管理部门在设关口岸对进出国境的船舶征收的用于航道设施建设的使用税，是一国船舶使用了另一国家的助航设施而向该国缴纳的税费，专项用于海上航标的维护、建设和管理。自中华人民共和国境外港口进入境内港口的船舶（以下称应税船舶），应当依照相关规定缴纳船舶吨税。我国船舶吨税的征税依据是《中华人民共和国船舶吨税法》。

2. 征税机构

海关负责征收船舶吨税，海关征收吨税应当制发缴款凭证。应税船舶负责人缴纳船舶吨税或者提供担保后，海关按照其申领的执照期限填发吨税执照。

3. 船舶吨税的税率

中华人民共和国国籍的应税船舶，船籍国（地区）与中华人民共和国签订含有相互给予船舶税费最惠国待遇条款的条约或者协定的，其应税船舶适用优惠税率，其他应税船舶适用普通税税率。

4. 入境手续

（1）应税船舶在进入港口办理入境手续时，应当向海关申报纳税并领取吨税执照，或者交验吨税执照。应税船舶在离开港口办理出境手续时，应当交验吨税执照。

（2）应税船舶负责人申领吨税执照时，应当向海关提供下列文件：

① 船舶国籍证书或者海事部门签发的船舶国籍证书收存证明；

② 船舶吨位证明。

（3）应税船舶到达港口前，经海关核准先行申报并办结出入境手续的，应税船舶负责人应当向海关提供与其依法履行吨税缴纳义务相适应的担保；应税船舶到达港口后，依照本条例规定向海关申报纳税。

下列财产、权利可以用于担保：

① 人民币、可自由兑换货币；

② 汇票、本票、支票、债券、存单；

③ 银行、非银行金融机构的保函；

④ 海关依法认可的其他财产、权利。

5. 船舶吨税义务发生时间

（1）吨税纳税义务发生时间为应税船舶进入港口的当日。

（2）应税船舶在吨税执照期满后尚未离开港口的，应当申领新的吨税执照，自上一次执照期满的次日起续缴吨税。

（3）应税船舶负责人应当自海关填发吨税缴款凭证之日起 15 日内向指定银行缴清税款，未按期缴清税款的，自滞纳税款之日起，按日加收滞纳税款 0.5‰的滞纳金。

6. 海关处理

应税船舶有下列行为之一的，由海关责令限期改正，并处 2000 元以上 3 万元以下罚款；不缴或者少缴应纳税款的，处不缴或者少缴税款 50%以上 5 倍以下的罚款，但罚款不得低于 2000 元。

（1）未按照规定申报纳税、领取吨税执照的。

（2）未按照规定交验吨税执照及其他证明文件的。

第二节　进出口货物完税价格的审定

完税价格（Duty-paying Value）是海关对进出口货物征收从价税时审查估定的应税价格，是凭以计征进出口货物关税及进口环节代征税税额的基础。为了正确地审查确定进出口货物的完税价格，根据《海关法》《进出口关税条例》的规定，海关总署发布了《审定进出口货物完税价格办法》。

一、进口货物完税价格的审定

（一）进口货物完税价格确定方法

进口货物的完税价格由海关以该货物的成交价格为基础审查确定，并且应当包括货物运抵中华人民共和国境内输入地点起卸前的运输及其相关费用、保险费。

（1）进口货物成交价格估价方法。

（2）相同货物成交价格估价方法。

（3）类似货物成交价格估价方法。

（4）倒扣价格估价方法。

（5）计算价格估价方法。

（6）合理方法。

纳税义务人向海关提供有关资料后，可以提出申请，颠倒第（3）项和第（4）项的适用次序。

（二）成交价格估价方法

进口货物的成交价格，是指卖方向中华人民共和国境内销售该货物时，买方为进口该货物向卖方实付、应付的，并且按照下述“计入完税价格的调整项目”和“不计入完税价格的调整项目”的规定调整后的价款总额，包括直接支付的价款和间接支付的价款。在通常情况下，海关以 CIF 价格为基础进行估价。

1. 计入完税价格的调整项目

（1）未包括在该货物实付、应付价格中的下列费用或者价值应当计入完税价格：

① 由买方负担的费用；

② 与进口货物的生产和向中华人民共和国境内销售有关的，由买方以免费或者以低于成本的方式提供，并且可以按适当比例分摊的货物或者服务的价值；

③ 买方须向卖方或者有关方直接或者间接支付的特许权使用费；

④ 卖方直接或者间接从买方对该货物进口后销售、处置或者使用所得中获得的收益；

⑤ 纳税义务人应当向海关提供上述费用或者价值的客观量化数据资料，纳税义务人不能提供的，海关与纳税义务人进行价格磋商后，按照“完税价格确定方法”审定。

上述费用和价格计入完税价格的方法如下：

① 由买方从与其无特殊关系的第三方购买的，应当计入的价值为购入价格；

② 由买方自行生产或者从有特殊关系的第三方获得的，应当计入的价值为生产成本；

③ 由买方租赁获得的，应当计入的价值为买方承担的租赁成本；

④ 生产进口货物过程中使用的工具、模具和类似货物的价值，应当包括其工程设计、技术研发、工艺及制图等费用。如果货物在被提供给卖方前已经被买方使用过，应当计入的价值为根据国内公认的会计原则对其进行折旧后的价值。

（2）特许权使用费计入完税价格：

① 用于支付专利权或者专有技术使用权；

② 用于支付商标权；

③ 用于支付著作权；

④ 用于支付分销权、销售权或者其他类似权利，即进口后可以直接销售的和经过轻度加工即可销售的。

2. 不计入完税价格的调整项目

进口货物的价款中单独列明的下列税收、费用不计入该货物的完税价格：

（1）厂房、机械或者设备等货物进口后发生的建设、安装、装配、维修或者技术援助费用，但是保修费用除外。

（2）进口货物运抵中华人民共和国境内输入地点起卸后发生的运输及其相关费用、保险费。

（3）进口关税、进口环节海关代征税及其他国内税。

（4）为在境内复制进口货物而支付的费用。

（5）境内外技术培训及境外考察费用。

同时，符合下列条件的利息费用不计入完税价格：

（1）利息费用是买方为购买进口货物而融资所产生的。

（2）有书面融资协议的。

（3）利息费用单独列明的。

（4）纳税义务人可以证明有关利率不高于在融资当时当地此类交易通常应当具有的利率水平，且没有融资安排的相同或者类似进口货物的价格与进口货物的实付、应付价格非常接近的。

视野拓展

融　资

从狭义上讲，融资是一个企业的资金筹集的行为与过程。从广义上讲，融资又称金融，就是货币资金的融通，当事人通过各种方式在金融市场上筹措或贷放资金的行为。《新帕尔格雷夫经济学大辞典》对融资的解释：融资是指为支付超过现金的购货款而采取的货币交易手段，或者为取得资产而集资所采取的货币手段。

3. 特殊关系及其未对价格产生影响

（1）买卖双方存在特殊关系。

① 买卖双方为同一家族成员的；

② 买卖双方互为商业上的高级职员或者董事的；

③ 一方直接或者间接地受另一方控制的；

④ 买卖双方都直接或者间接地受第三方控制的；

⑤ 买卖双方共同直接或者间接地控制第三方的；

⑥ 一方直接或者间接地拥有、控制或者持有对方 5%以上（含 5%）公开发行的有表决权的股票或者股份的；

⑦ 一方是另一方的雇员、高级职员或者董事的；

⑧ 买卖双方是同一合伙组织的成员的；

⑨ 买卖双方在经营上相互有联系，一方是另一方的独家代理、独家经销或者独家受让人，如果符合前款的规定，也应当视为存在特殊关系。

（2）特殊关系未对成交价格产生影响。

买卖双方之间存在特殊关系，但是纳税义务人能证明其成交价格与同时或者大约同时发生的下列任何一款价格相近的，应当视为特殊关系未对进口货物的成交价格产生影响：

① 向境内无特殊关系的买方出售的相同或者类似进口货物的成交价格；

② 以境内的销售价格为基础，扣除境内发生的有关费用后相同或者类似进口货物的完税价格；

③ 按照《审定进出口货物完税价格办法》第二十五条的规定所确定的相同或者类似进口货物的完税价格；

④ 海关在使用上述价格进行比较时，应当考虑商业水平和进口数量的不同，以及买卖双方有无特殊关系造成的费用差异；

⑤ 海关经对与货物销售有关的情况进行审查，认为符合一般商业惯例的，可以确定特殊关系未对进口货物的成交价格产生影响。

（三）相同货物及类似进口货物成交价格估价方法

1. 相关概念

相同货物是指与进口货物在同一国家或地区生产，在物理性质、质量和信誉等方面都相同的货物。相同货物成交价格估价方法，是指海关以与进口货物同时或大约同时向中华人民共和国境内销售的相同货物的成交价格为基础，审查确定进口货物的完税价格的估价方法。

类似进口货物是指与进口货物在同一国家或地区生产，不是所有方面都相同，但有类似的特征、功能，在商业上可以互换的货物。类似进口货物成交价格估价方法，是指海关以与进口货物同时或者大约同时向中华人民共和国境内销售的类似进口货物的成交价格为基础，审查确定进口货物的完税价格的估价方法。

使用相同及类似进口货物成交价格方法估价，必须以客观量化的数据资料为基础，对因商业水平、进口数量、运输距离和运输方式不同而在价格、成本和其他费用方面产生的差异做出调整。

2. 相同货物及类似进口货物成交价格估价方法的满足条件

（1）与进口货物相同或类似。

（2）与进口货物在同一国家或地区生产。

（3）同时或大约同时进口（接受申报之日的前后各45天以内）。

（4）商业水平和进口数量相同或大致相同。

（5）存在多个价格时，选择最低价格。需要强调的是，如果有多个相同或者类似货物的成交价格，则应当以最低的成交价格为基础审查确定进口货物的完税价格。

（四）倒扣价格估价方法

1. 倒扣价格估价方法的概念

倒扣价格估价方法，是指海关以进口货物、相同货物或者类似进口货物在境内的销售价格为基础，扣除境内发生的有关费用后，审查确定进口货物完税价格的估价方法。实质上，它是以进口货物的相同或类似进口货物在国内市场的销售价格，减去进口关税和进口环节其他税费及进口后的正常运输、储存、营业费用及利润后的价格。

2. 符合条件

（1）在该货物进口的同时或者大约同时，将该货物、相同货物及类似进口货物在境内销售的价格。

（2）按照货物进口时的状态销售的价格。

（3）在境内第一销售环节的销售价格。

（4）向境内无特殊关系方销售的价格。

（5）按照该价格销售的货物合计销售总量最大。

3. 扣除费用

（1）同等级或者同种类货物在境内第一销售环节销售时，通常的利润和一般费用（包括直接费用和间接费用）及通常支付的佣金。

（2）货物运抵境内输入地点起卸后的运输及其相关费用、保险费。

（3）进口关税、进口环节海关代征税及其他国内税。

（4）如果该货物、相同货物或者类似进口货物没有按照进口时的状态在境内销售，应纳税义务人要求，应当同时扣除加工增值额。

（5）上述加工增值额应当依据与加工成本有关的客观量化数据资料、该行业公认的标准、计算方法及其他的行业惯例计算。

（五）计算价格估价方法

1. 计算价格估价方法的概念

计算价格估价方法，是指海关以下列各项（下列2项）的总和为基础，审查确定进口货物完税价格的估价方法。其实质是指以发生在生产国或地区的生产成本作为基础的价格，这种方法必须依据境外的生产商提供的成本方面的资料，因此使用较少。

2. 计算价格估价方法的内容

（1）生产该货物所使用的料件成本和加工费用。

（2）向境内销售同等级或者同种类货物通常的利润和一般费用（包括直接费用和间接费用）。

（3）该货物运抵境内输入地点起卸前的运输及相关费用、保险费。

海关在征得境外生产商同意并且提前通知有关国家或者地区政府后，可以在境外核实该企业提供的有关资料。

（六）合理价格估价方法

1. 合理价格估价方法的概念

合理价格估价方法，是指当海关不能根据成交价格估价方法、相同货物及类似进口货物成交价格估价方法、倒扣价格估价方法和计算价格估价方法确定完税价格时，海关根据客观、公平、统一的原则，以客观量化的数据资料为基础，审查确定进口货物完税价格的估价方法。

2. 海关在采用合理方法确定进口货物的完税价格时不得使用的价格

（1）境内生产的货物在境内的销售价格。

（2）可供选择的价格中较高的价格。

（3）货物在出口地市场的销售价格。

（4）以《审定进出口货物完税价格办法》第二十五条规定之外的价值或者费用计算的相同货物或者类似进口货物的价格。

（5）出口到第三国或者地区的货物的销售价格。

（6）最低限价或者武断、虚构的价格。

（七）进口完税价格中运费、保险费及其他费用的计算

1. 运费的计算

进口货物的运输及其相关费用，应当按照由买方实际支付或者应当支付的费用计算。

如果进口货物的运输及其相关费用无法确定的，海关应当按照该货物进口同期的正常运输成本审查确定。

运输工具作为进口货物，利用自身动力进境的，海关在审查确定完税价格时，不再另行计入运输及其相关费用。

2. 保险费的计算

实际发生，海关应当按照“货价加运费”两者总额的 3‰计算保险费，其计算公式如下：

$$保险费=（货价+运费）\times 3‰$$

3. 其他费用的计算

邮运进口货物应以邮费作为运输及其相关费用、保险费。

二、特殊进口货物完税价格的审定

（一）运往境外的特殊货物

1. 运往境外的维修类货物

运往境外修理的机械器具、运输工具或者其他货物，在出境时已向海关报明，并且在海关规定的期限内复运进境的，应当以境外修理费和料件费为基础审查确定完税价格。

2. 运往境外的加工类货物

运往境外加工的货物，出境时已向海关报明，并且在海关规定期限内复运进境的，应当以境外加工费和料件费及该货物复运进境的运输及其相关费用、保险费为基础审查确定完税价格。

（二）暂时进境货物

经海关批准的暂时进境货物，应当缴纳税款的，由海关按照《审定进出口货物完税价格办法》第二章的规定审查确定完税价格。经海关批准留购的暂时进境货物，以海关审查确定的留购价格作为完税价格。

（三）租赁方式进口的货物

（1）以租金方式对外支付的租赁货物，在租赁期间以海关审查确定的租金作为完税价格，利息应当予以计入。

（2）留购的租赁货物以海关审查确定的留购价格作为完税价格。

（3）纳税义务人申请一次性缴纳税款的，可以选择申请按照《审定进出口货物完税价格办法》第六条列明的方法确定完税价格，或者按照海关审查确定的租金总额作为完税价格。

（四）减免税货物

减税或者免税进口的货物需要补税时，应当以海关审查确定的该货物原进口时的价格扣除折旧部分价值作为完税价格，其计算公式如下：

完税价格=原进口价格×［1-补税时实际已进口的时间（月）÷（监管年限×12）］

上述计算公式中“补税时实际已进口的时间（月）”按月计算，不足 1 个月但超过 15 日的，按 1 个月计算；不超过 15 日的，不予计算。

（五）其他货物

易货贸易、寄售、捐赠、赠送等不存在成交价格的进口货物，海关与纳税义务人进行价格磋商后，按照《审定进出口货物完税价格办法》第六条列明的方法审查确定完税价格。具有下列情形之一的，应当以介质本身的价值或者成本为基础审查确定完税价格：

（1）介质本身的价值或者成本与所载软件的价值分列。

（2）介质本身的价值或者成本与所载软件的价值虽未分列，但是纳税义务人能够提供介质本身的价值或者成本的证明文件，或者能够提供所载软件价值的证明文件。

（3）不适用于含有美术、摄影、声音、图像、影视、游戏、电子出版物的介质。

三、出口货物完税价格的审定

1. 成交价格估价方法

（1）成交价格。出口货物完税价格是由海关以该货物成交价格为基础审查确定的价格，并且应当包括货物运至境内输出地点装载前的运输及其相关费用、保险费。在通常情况下，海关以 FOB 价格为基础进行估价。其中，出口货物的成交价格是指该货物在出口销售时，卖方为出口该货物应当向买方直接收取和间接收取的价款总额。

（2）不列入完税价格的税费。

① 出口关税。

② 在货物价款中单独列明的货物运至中华人民共和国境内输出地点装载后的运输及其相关费用、保险费。

2. 其他审定出口完税价格的方法

出口货物的成交价格不能确定的，海关经了解有关情况，并且与纳税义务人进行价格磋商后，依次以下列价格审查确定该货物的完税价格。

（1）同时或者大约同时向同一国家或者地区出口的相同货物的成交价格。

（2）同时或者大约同时向同一国家或者地区出口的类似货物的成交价格。

（3）根据境内生产相同或者类似货物的成本、利润和一般费用（包括直接费用和间接费用）、境内发生的运输及其相关费用、保险费计算所得的价格。

（4）按照合理价格估价法估定的价格。

第三节 进出口税费的缴纳、减免及退补

为了贯彻对外开放政策，促进对外经济贸易和国民经济的发展，根据《中华人民共和国海关法》的有关规定，国务院颁布了《进出口关税条例》。

一、进出口税费的缴纳

（一）基础知识

1. 纳税义务人

进口货物的收货人、出口货物的发货人、进境物品的所有人，都是关税的纳税义务人。

2. 缴纳方式

纳税义务人应当在货物的进出境地向海关缴纳税款，但经海关批准，也可以在纳税义务人所在地向其主管海关缴纳税款。前者称为“进出口地纳税”，后者称为“属地纳税”。

纳税义务人向海关缴纳税款的方式主要有以下两种：

（1）柜台支付税费。持缴款书到指定银行营业柜台办理税费缴纳手续。

（2）网上支付税费。向签有协议的银行办理电子缴纳税费手续。

缴纳流程如下：

（1）持“税款缴纳证”向指定银行柜台办理税费缴纳手续。

（2）向签有协议的银行办理电子缴纳税费的手续（即网上支付）。

（3）支付给报关行或代理报关单位代缴。

（4）网上担保方式缴纳税款。

（二）滞纳金与强制缴税

1. 滞纳金

（1）进口货物的纳税义务人应当自运输工具申报进境之日起 14 日内，出口货物的纳税义务人除海关特准的外，应当在货物运抵海关监管区后、装货的 24 小时以前，向货物的进出境地海关申报。进口货物到达前，纳税义务人经海关核准可以先行申报。

（2）纳税义务人因不可抗力或者在国家税收政策调整的情形下，不能按期缴纳税款的，经海关总署批准，可以延期缴纳税款，但是最长不得超过6个月。

（3）缴税期限是自“税款缴纳证”出来当天算起15日内须支付，费率为5‰，逾期将产生滞纳金。需要说明的是，柜台缴税方式较慢，必须保证在产生“滞纳金”日前到账。

2. 强制缴税

纳税义务人、担保人超过税款缴纳期限3个月仍未缴纳税款的，经直属海关关长或者其授权的隶属海关关长批准，海关可以采取下列强制措施：

（1）书面通知其开户银行或者其他金融机构从其存款中扣缴税款。这里所说的其他金融机构是指纳税义务人开户银行以外，纳税义务人开有账户的邮政储蓄企业、城乡信用社、信托投资公司、证券公司等金融机构。纳税义务人的开户银行及相关金融机构应当按照规定，及时、严格地按照海关的书面通知载明的数额缴纳税款。

（2）将应税货物依法变卖，以变卖所得抵缴税款。海关变卖应税货物，可以采取拍卖、出售等方式。海关变卖应税货物，其价值应当与纳税义务人所欠税款相当。

（3）扣留并依法变卖其价值相当于应纳税款的货物或者其他财产，以变卖所得抵缴税款。海关在扣留、变卖纳税义务人的货物或者其他财产时，扣留的财产价值不得明显高于其应纳税款额。此外，海关在扣留、变卖纳税义务人其他财产时，应当注意不影响纳税义务人以及受其抚养、赡养对象的生活。海关在采取上述强制措施时，对纳税义务人、担保人未缴纳的滞纳金强制征缴。

二、进出口税费的减免

进出口税费的减免是减征关税和免征关税的简称，是海关全部或部分免除应税货品纳税人的关税给付义务的一种行政措施。我国海关一般将减免税分为法定减免、特定减免和临时减免三类。

（一）法定减免

1.《海关法》规定的免征关税

（1）关税税额在人民币50元以下的一票货物。

（2）无商业价值的广告品和货样。

（3）外国政府、国际组织无偿赠送的物资。

（4）在海关放行前遭受损坏或者损失的货物。

（5）进出境运输工具装载的途中必需的燃料物料和饮食用品。

（6）中华人民共和国缔结或者参加的国际条约规定减征、免征关税的货物、物品。

2. 法律规定减征、免征关税的其他货物、物品

（1）因品质或者规格的原因，出口货物自出口之日起 1 年内原状复运进境的，不征收进口关税。

（2）因品质或者规格的原因，进口货物自进口之日起 1 年内原状复运出境的，不征收出口关税。

（3）因残损、短少、品质不良或者规格不符等原因，由进出口货物的发货人、承运人或者保险公司免费补偿或者更换的相同货物，不征收关税。

（4）海关总署规定的数额以内的个人自用进境物品，免征进口税。

（二）特定减免

特定减免是指在法定减免税之外，国家对特定地区、特定企业和特定用途的进出口货物给予的关税减免。

1. 特定地区

特定地区是指我国关境内由行政法规规定的某一特别限定区域享受减免税优惠的进口货物只能在这一特别限定的区域内使用。

（1）对进出经济特区的商品的关税减免。

（2）对经济技术开发区进出境商品的关税减免。

（3）对对外开放地区（包括对外开放城市和沿海经济开放区）进出境商品的关税减免。

（4）对高新技术产业开发区进出境货物的关税减免。

2. 特定企业和特定货物

特定企业是指由国务院制定的行政法规专门规定的企业，享受减免税优惠的进口货物只能由这些专门规定的企业使用。例如，外资企业，中国港、澳、台地区企业及华侨投资企业。

视野拓展

中华人民共和国国务院

中华人民共和国国务院，是最高的国家权力机关的执行机关，是最高的国家行政机关。国务院由总理、副总理、国务委员、各部部长、各委员会主任、审计长、秘书长组成。国务院实行总理负责制。各部、各委员会实行部长、主任负责制。

特定用途是指国家规定可以享受减免税优惠的进口货物只能用于行政法规专门规定的用途。

（1）外商投资项目投资额度内进口自用设备。

（2）外商投资企业自有资金项目。

（3）国内投资项目进口自用设备。

（4）贷款项目进口物资。

（5）贷款中标项目进口零部件。

（6）重大技术装备。

（7）科教用品。

（8）科技开发用品。

（9）无偿援助项目进口物资。

（10）救灾捐赠物资。

（11）扶贫慈善捐赠物资。

（12）残疾人专用品。

（13）集成电路项目进口物资。

（14）海上石油、陆上石油项目进口物资。

（15）进口远洋渔船及船用关键设备和部件。

（16）远洋渔业项目进口自捕水产品。

（三）临时减免

临时减免是指法定减免税和特定减免税以外的其他减免税。国务院根据某个单位、某类商品、某个时期或某批货物的特殊情况和需要，给予特别的临时性减免税优惠。

例如，汶川地震灾后重建所需的进口物资。为支持和帮助汶川地震受灾地区积极开展生产自救、重建家园，自 2008 年 7 月 1 日起，对受灾地区企业、单位或者支援受灾地区重建的企业、单位，进口国内不能满足供应并直接用于灾后重建的大宗物资、设备等，3 年内免征进口关税和进口环节增值税。

（四）海关处理

纳税义务人进出口减免税货物的，除另有规定外，应当在进出口该货物之前，按照规定持有关文件向海关办理减免税审批手续。经海关审查符合规定的，予以减征或者免征关税。

三、进出口税费的退补

（一）相关概念

退还：因退运、退关，以及海关误征、多征税款的进出口税费，海关通知纳税义务人办理退还手续。

补征：指进出口货物、进出境物品放行后，海关发现少征或漏征税款的，应当自纳税义务人缴纳税款或者货物、物品放行之日起1年内，向纳税义务人补征。

追征：指因纳税义务人违反规定而造成少征或者漏征的，海关在3年内可以追征。

（二）进出口税费的退还

1. 退还范围

（1）退关、退运的退还。有下列情形之一的，纳税义务人自缴纳税款之日起1年内，可以申请退还关税，并应当以书面形式向海关说明理由，提供原缴款凭证及相关资料：

① 已征进口关税的货物，因品质或者规格原因，原状退货复运出境的；

② 已征出口关税的货物，因品质或者规格原因，原状退货复运进境，并已重新缴纳因出口而退还的国内环节有关税收的（此为“退运”）；

③ 已征出口关税的货物，因故未装运出口，申报退关的（此为“退关”）；

④ 散装进出口货物发生短卸、短装并已征税放行的，如果该货物的发货人、承运人或者保险公司已对短卸、短装部分退还或者赔偿相应货款的，纳税义务人可以向海关申请退还进口或者出口短卸、短装部分的相应税款。

（2）多征的退还。有下列情形之一的，予以退还：

① 海关发现误征、多征税款的，应当立即通知纳税义务人办理退还手续；

② 纳税义务人发现多缴税款的，自缴纳税款之日起1年内，可以以书面形式要求海关退还多缴的税款并加算银行同期活期存款利息。

2. 退还手续

（1）海关应当自受理退税申请之日起30日内查实并通知纳税义务人办理退还手续。

（2）纳税义务人应当自收到海关通知之日起3个月内办理有关退税手续。

（3）按照其他有关法律、行政法规的规定应当退还关税的，海关应当按照有关法律、行政法规的规定退税。

3. 不予退还

（1）进口环节增值税已予抵缴的，除国家另有规定外不予退还。

（2）已征收的滞纳金不予退还。

（三）进出口税费的补征

1. 补征范围

（1）进出口货物放行后，海关发现少征或者漏征税款的，应当自纳税义务人缴纳税款或者货物放行之日起1年内，向纳税义务人补征税款。

（2）因纳税义务人违反规定造成少征或者漏征税款的，海关可以自纳税义务人缴纳税款或者货物放行之日起 3 年内追征税款，并从缴纳税款或者货物放行之日起按日加收少征或者漏征税款 0.5‰的滞纳金。

2. 补征手续

海关发现其所监管货物因纳税义务人违反规定造成少征或者漏征税款的，应当自纳税义务人应缴纳税款之日起 3 年内追征税款，并从应缴纳税款之日起至发现违规行为之日止按日加收少征或者漏征税款 0.5‰的滞纳金。

（四）加工贸易缓税利息

1. 缴纳税款保证金的退还

企业开展加工贸易业务因故无法向海关缴纳税款保证金的，可凭中国银行出具的以海关为受益人的税款保付保函办理海关备案手续。全额征收税款保证金的进口料件，加工企业在规定的期限内加工产品出口并办理核销手续后，中国银行凭海关开具的台账核销联系单办理保证金退还手续，并按活期存款利率计付利息。

2. 保税货物已出口的退还

加工贸易保税货物在规定的有效期限内（包括经海关批准延长的期限，下同）全部出口的，由海关通知中国银行将保证金及其利息全部退还。

3. 未批准内销的补征税款和利息

加工贸易保税货物在规定的有效期限内未能出口或经批准内销的，除依法补征税款外，还征收缓税利息。加工贸易保税料件或制成品等违规内销的，除依法补征税款和征缓税利息外，还加征滞纳金。缓税利息缴纳方式、缴纳凭证、缴纳规定等与税款缴纳相同。

本章小结

1. 进出口税费（Import and Export Taxes）是指在进出口环节中由海关依法征收的关税、消费税、增值税、船舶吨税及海关对少数货物的监管手续费等。

2. 关税（Tariff）是国家税收的重要组成部分，是指一种由海关代表国家并按照国家制定的关税政策和公布实施的税法及进出口税则，针对准许进出关境的货物和物品而向纳税义务人征收的流转税。

3. 流转税（Commodity Turnover Tax）又称流转课税、流通税，是指以纳税人商品生产、流通环节的流转额或者数量及非商品交易的营业额为征税对象的一类税收。流转税是商品生产和商品交换的产物，各种流转税（如增值税、消费税、关税）是政府财政收入的重要来源。

4. 进口关税（Import Duty）是指一种进口商品进入一国关境或者从自由港、出口加工区、保税仓库进入国内市场时，由该国海关根据海关税则对本国进口商所征收的关税。

5. 从价税是指以货物的价格作为计税标准，以应征税额占货物价的百分比为税率，价格和税额成正比例关系。

6. 进口货物的成交价格，是指卖方向中华人民共和国境内销售该货物时，买方为进口该货物向卖方实付、应付的，并且按照下述“计入完税价格的调整项目”和“不计入完税价格的调整项目”的规定调整后的价款总额，包括直接支付的价款和间接支付的价款。在通常情况下，以 CIF 价格为基础进行估价。

7. 类似进口货物是指与进口货物在同一国家或地区生产，不是所有方面都相同，但有类似的特征、功能，在商业上可以互换的货物。

8. 进口货物的收货人、出口货物的发货人、进境物品的所有人，都是关税的纳税义务人。

复习思考题

1. 什么是海关代征增值税？
2. 简述进口货物的增值税税率。
3. 什么是相同货物及类似进口货物成交价格法？
4. 简述进出口税费的法定减免。

第七章

一般进出口货物报关

学习目标

- 了解一般进出口货物的含义。
- 了解一般进出口货物的特征。
- 了解一般进出口货物的范围。
- 掌握一般进出口货物的申报。
- 了解一般进出口货物的查验。
- 了解一般进出口货物的放行。

开篇案例

某年，报关员梁某串通某公司业务员冯某，将该公司进口存入保税仓库的 3 245.5 吨螺纹钢，在未办理报关手续的情况下提走，并在广州、深圳等地倒卖。案发后报关员梁某逃逸，未被抓获归案。该公司因报关管理上的漏洞，损失人民币 976 万元，最终导致公司破产。

辩证思考：

在案例中该公司货物未办理报关手续就被提走（即未申报），属于走私违规行为，导致公司最后破产。由此可见，按海关规定进行申报是合法进出境的必经途径。

（资料来源：谢国娥．海关报关实务[M]．上海：华东理工大学出版社，2017．略有改动）

第一节　一般进出口货物概述

一般进出口货物是一般进口货物和一般出口货物的合称，是指在进出境环节缴纳了应征的进出口税费并办结了所有必要的海关手续，海关放行后不再进行监管，可以直接进入生产和消费领域流通的进出口货物。

一、一般进出口货物的含义

一般进出口货物（General Import and Export Goods）是指在进出境环节缴纳了应征的进出口税费并办结了所有必要的海关手续，海关放行后不再进行监管的进出口货物。一般进出口货物是从海关监管的角度来划分的，一般进出口货物海关放行后不再进行海关监管。这里的一般进出口货物是相对于保税货物、特定减免税货物、暂准进出口货物而言的。因为这些货物都需要经过前期和后续的监管阶段。

一般进出口货物并不完全等同于一般贸易货物，两者有一定的区别。

（1）一般进出口货物是指按照海关一般进出口监管制度监管的进出口货物。一般贸易货物是指国际贸易中的一种交易方式。在中国，一般贸易是指中国境内有进出口经营权的企业单边进口或单边出口的贸易，按一般贸易交易方式进出口的货物为一般贸易货物。

（2）一般贸易货物在进口时可以按照一般进出口监管制度办理海关手续，这时它就是一般进出口货物；也可以享受特定减免税优惠，按特定减免税监管制度办理海关手续，这时它就是特定减免税货物；也可以经海关批准保税，按保税监管制度办理海关手续，这时它就是保税货物。

视野拓展

保税货物

保税货物是指经海关批准未办理纳税手续进境，在境内储存、加工、装配后复运出境的货物。保税制度在国际贸易中的广泛应用，使这一制度涉及的保税货物成为进出口货物中的一个重要内容。通关程序与一般进出口货物有着明显区别。保税货物的一般含义是指进入一国关境，在海关监管下未缴纳进口税捐，存放后再复运出口的货物。

二、一般进出口货物的特征

1. 进出境时缴纳进出口税费

一般进出口货物的收发货人应当按照《海关法》和其他有关法律、行政法规的规定，在货物进出境时向海关缴纳应当缴纳的税费。

2. 进出口时提交相关的许可证件

货物进出口应受国家法律、行政法规管制的，进出口货物收发货人或其代理人应当向海关提交相关的进出口许可证件。

3. 海关放行（即办结了海关手续）

海关征收了全额的税费，审核了相关的进出口许可证件，并对货物进行实际查验（或作出不予查验的决定）以后，按规定签章放行。这时，进出口货物收发货人或其代理人才能办理提取进口货物或者装运出口货物的手续。对一般进出口货物来说，海关放行就意味着海关手续已经全部办结，海关不再监管，可以直接进入生产和消费领域流通。

视野拓展

海关放行

海关放行是指海关接受进出口货物的申报、审核电子数据报关单和纸质报关单及随附单证、查验货物、征收税费或接受担保以后，对进出口货物做出结束海关进出境现场监管决定，允许进出口货物离开海关监管现场的工作环节。放行是指海关在接受进出口货物申报、查验货物，并在纳税义务人缴纳关税后，在货运单据上签印放行。进出口商或其代理人必须凭海关签印的货运单据才能提取或发运进出口货物。未经海关放行的海关监管货物，任何单位和个人不得提取或发运。

三、一般进出口货物的范围

除特定减免税货物以外的实际永久进出口货物大多属于一般进出口货物的范围，主要包括以下货物。

（1）不享受特定减免税或不准予保税的一般贸易进口货物。

（2）一般贸易出口货物。

（3）转为实际进口的原保税进口货物。

（4）转为实际进口或出口的原暂准进出境货物。

（5）易货贸易、补偿贸易进出口货物。

（6）不准予保税的寄售代销贸易货物。

（7）承包工程项目实际进出口货物。

（8）边境小额贸易进出口货物。

（9）外国驻华商业机构进出口陈列用的样品。

（10）外国旅游者小批量订货出口的商品。

（11）随展览品进境的小卖品。

（12）免费提供的进口货物包括：

① 外商在经济贸易活动中赠送的进口货物；

② 外商在经济贸易活动中免费提供的试车材料等；

③ 我国在境外的企业、机构向国内单位赠送的进口货物。

第二节　一般进出口货物报关程序

一般进出口货物报关程序由进出口申报、配合查验、缴纳税费、提取或装运货物、海关放行五个环节构成。

一、进出口货物申报

（一）申报的概念

申报是指进出口货物收发货人、受委托的报关企业，依照《中华人民共和国海关法》及有关法律、行政法规的要求，在规定的期限、地点，采用电子数据报关单和纸质报关单形式，向海关报告实际进出口货物的情况，并接受海关审核的行为。

视野拓展

报关企业和报关人员

报关企业是指按照相关规定经海关准予注册登记，接受进出口货物收发货人的委托，以进出口货物收发货人名义或者个人的名义，向海关办理代理报关业务，从事报关服务的境内企业法人。

报关业务负责人是指具体负责对本企业报关业务进行管理的企业法定代表人或者总经理、部门经理等企业管理人员。

报关员是指依法取得报关员从业资格，并在海关注册登记，向海关办理进出口货物报关业务的人员。

（二）申报地点

（1）进口货物应当由收货人或其代理人在货物进境地海关申报。

（2）出口货物应当由发货人或其代理人在货物出境地海关申报。

（3）经过收发货人申请和海关同意后，进口货物的收货人或其代理人可以在设有海关的货物指运地申报，出口货物的发货人或其代理人可以在设有海关的货物起运地申报。

（4）以保税、特定减免税和暂准进境申报进口或进境的货物，因故改变使用目的从而改变货物性质转为一般进口货物，一般进口货物的收货人或其代理人应当在货物所在地主管海关申报。

（三）申报日期

申报日期是指申报数据被海关接受的日期。不论是以电子数据报关单方式申报，还是以纸质报关单方式申报，海关接受申报数据的日期都是接受申报的日期。

（1）以电子数据报关单方式申报的，申报日期为海关计算机系统接受申报数据时记录的日期。电子数据报关单被退回后重新申报的，申报日期为海关接受重新申报的日期。

（2）采用先电子数据报关单申报后提交纸质报关单申报的情况下，海关接受申报的时间以海关接受电子数据报关单申报的日期为准。

（3）只提供纸质报关单申报的情况下，海关工作人员在报关单上做登记处理日期，为“海关接受申报”日期。

（四）申报期限

进口货物的收货人、出口货物的发货人应当向海关如实申报，交验进出口许可证件和有关单证。国家限制进出口的货物，没有进出口许可证件的，不予放行，具体处理办法由国务院规定。

进口货物的收货人应当自运输工具申报进境之日起十四日内，出口货物的发货人除海关特准的外应当在货物运抵海关监管区后、装货的二十四小时以前，向海关申报。

进口货物的收货人超过前款规定期限向海关申报的，由海关征收滞报金。

（五）滞报金

超过规定时限未向海关申报的，海关按照《中华人民共和国海关征收进口货物滞报金办法》（以下简称《海关征收进口货物滞报金办法》）征收滞报金。征收进口货物滞报金应当按日计征，以自运输工具申报进境之日起第十五日为起征日，以海关接受申报之日为截止日，起征日和截止日均计入滞报期间，另有规定的除外。

征收下列进口货物滞报金应当按照下列规定计算起征日：

（1）邮运进口货物应当以自邮政企业向海关驻邮局办事机构申报总包之日起第十五日为起征日。

（2）转关运输货物在进境地申报的，应当以自载运进口货物的运输工具申报进境之日起第十五日为起征日；在指运地申报的，应当以自货物运抵指运地之日起第十五日为起征日。

邮运进口转关运输货物在进境地申报的，应当以自运输工具申报进境之日起第十五日为起征日；在指运地申报的，应当以自邮政企业向海关驻邮局办事机构申报总包之日起第十五日为起征日。

进口货物收货人向海关传送报关单电子数据申报后，未按照海关总署规定递交报关单及随附单证，海关予以撤销报关单电子数据处理。进口货物收货人重新向海关申报，产生滞报的，按照《海关征收进口货物滞报金办法》第四条规定，计算滞报金起征日。进口货物收货人申报后依法撤销原报关单电子数据重新申报的，以撤销原报关单之日起第 15 日为起征日。

进口货物因收货人在运输工具申报进境之日起超过 3 个月未向海关申报，被海关提取作变卖处理后，收货人申请发还余款的，比照《海关征收进口货物滞报金办法》第四条规定计征滞报金。滞报金的截止日为该 3 个月期限的最后一日。

进口货物因被行政扣留或者刑事扣押不能按期申报而产生滞报的，其扣留或者扣押期间不计算在滞报期间内。扣留或者扣押期间起止日根据决定行政扣留或者刑事扣押部门签发的有关文书确定。

滞报金的日征收金额为进口货物完税价格的 0.5‰，以人民币“元”为计征单位，不足人民币 1 元的部分免予计征。征收滞报金的计算公式如下：

$$征收滞报金=进口货物完税价格\times 0.5‰\times 滞报期间$$

滞报金的起征点为人民币 50 元。

（六）申报的程序

根据《中华人民共和国进出口货物申报管理规定》（海关总署令第 103 号）相关规定操作要点概括如下：

（1）向海关办理申报手续的进出口货物的收发货人、受委托的报关企业应当预先在海关依法办理登记注册。

（2）进口收发货人应当自运输工具申报进境之日起 14 日内，出口货物发货人除海关特准的外应当在货物运抵海关监管区后、装货的 24 小时以前，自行或委托报关企业向海关进行电子数据报关单申报。经海关批准，可以提前申报。

（3）报关企业接受进出口货物收发货人委托办理报关手续时，应当对委托人所提供情况的真实性、完整性进行合理审查。

（4）海关审核电子数据报关单时，需要进出口货物的收发货人、受委托的报关企业解释、说明情况或补充材料的，收发货人、受委托的报关企业应当在接到海关通知后及时进行说明或提供完备材料。

（5）海关接受进出口货物申报后，报关单证及其内容不得修改或者撤销；符合规定情形的，可以修改或者撤销。

（6）海关审结电子数据报关单后，进出口货物的收发货人、受委托的报关企业应当自接到海关“现场交单”或“放行交单”通知之日起 10 日内，持打印出的纸质报关单，备齐规定的随附单证并签名盖章，到货物所在地海关递交书面单证并办理相关海关手续。

（7）准备申报单证需准备的报关基本单证：①报关单海关作业联；②报关单企业核对联；③报关委托书及委托报关协议；④手填报关单；⑤发票；⑥装箱清单；⑦合同；⑧提单副本；⑨补税联系单；⑩进口提货单、出口装货单。

需要准备的特殊单证：①进出口许可证；②原产地证明；③征免税证明；④监管证件；⑤加工贸易登记手册；⑥税单及其他现场海关认为通关必需的证明资料等。需要说明的是，需提交的单据要看是进口或出口货物属性以及监管条件，单据要求也有区别，在实际操作时，有增有减。

准备申报单证的基本原则：①报关单填制必须：真实、准确、完整；②随附单证（基本单证、特殊单证）必须：齐全、有效、合法；③报关单与随附单证数据必须一致。

（8）申报前看清货取样准确确定进口货物的品名、规格、型号，了解货物的状况，便于正确申报。

（9）正式申报方式：①终端申报方式；②委托 EDI 申报方式；③自行 EDI 方式；④网上申报方式。

（10）申报结果：①接受申报：报关企业收到海关反馈的“接受申报”的报文和“现场交单”或“放行交单”通知，表示申报成功；②不接受申报：报关企业受到海关反馈的“不接受申报”的报文后，表示申报不成功；应根据报文提示的问题进行修改，并重新申报。

（11）海关审核单据海关在接受申报时，将严格审核有关单证，主要包括以下 6 个方面的内容：①确认报关企业及报关员是否具备报关资格，有关证件是否合法有效；②报关时限是否符合海关规定，是否需要征收滞纳金；③货物的进出口是否合符合国家有关对外贸易法律和法规的规定；④报关单证的填制是否完整、真实、准确，单证是否相符、齐全、有效；⑤在《加工贸易登记手册》上核扣并登记加工贸易合同的进出口数据；⑥确定进出口货物的征、免税性质。

（12）修改或撤销申报情形：①计算机、网络系统等原因导致申报错误的；②放行后，由配载、装运等原因造成部分或全部退关需要换船的；③报关员操作或书写失误，但未对管制政策、税费征收、统计指标造成影响的；④按照贸易惯例先行采用暂定价格成交，实际结算时按商检品质认定或国际市场实际价格付款；⑤装载、运输、存储时因短溢装、不可抗力造成的短损而与申报不符的。

需要说明的是，海关已决定布控、查验的进出口货物，不得修改；改单或撤单在重报时需要变更、补办许可证件的，应当补办提交。

二、配合查验

（一）海关查验的概念与目的

海关查验是指海关在接受报关单位的申报后，依法对进口或出口的货物进行实际的核对和检查，以确定货物的自然属性，货物的数量、规格、价格、金额，以及原产地等是否与报关单所列一致的行政执法行为。

海关查验的目的：一方面是要复核申报环节中所申报的单证及查证单货是否一致；另一方面是通过查验货物确保关税的依率计征，维护海关征税的权威性。

（二）查验范围

海关查验主要是检查进出口货物的名称、品质规格、包装式样、数量、重量、标记唛码、生产或贸易国别等是否与报关单证相符。

（三）查验地点

（1）海关查验货物一般在海关监管区内的进出口口岸码头、车站、机场、邮局或其他监管场所进行。

（2）对于进出口大宗散装货、危险品、鲜活商品、落驳运输的货物，经进出口收发货人申请，海关审核同意，海关也可结合装卸环节，在作业现场予以查验放行。

（3）在特殊情况下，海关也可派员到规定的时间和场所以外的工厂、仓库或施工工地查验货物，并收取相应的规费。

（四）查验方法

海关对进出口货物的查验分别采取一般查验与重点抽查，或者外形查验与开箱查验的方法。

（五）复验范围

需要复验的货物包括：

（1）对货物形状需做进一步确认的。

（2）涉嫌走私违规的。

（3）对检验结果有异议的。

（六）径行开验

径行开验是指海关在进出口货物收发货人或其代理人不在场的情况下，对进出口货物进行开拆包装查验，须有见证人在场（监管场所经营人、仓库管理人员或者运输工具负责人），并在查验报告上签字。

需要径行开验的货物包括：

（1）涉嫌违规走私的。

（2）经海关通知，进出口收发货人或其代理人未到场。

（七）配合查验流程

（1）报关员对各种单证进行初步的审查。

（2）海关在查验进出口货物时，报关员必须在场，并按照海关的要求负责搬移货物、开拆和重封货物的包装。

（3）在海关查验时，报关员随时答复海关查验人员的问题或者提供海关要求的相关单证。

（4）海关在查验中发现的走私违规情况，报关员应积极配合海关进行调查。

（5）对要求海关派员到监管区以外办理海关查验手续的，报关员要事先向海关办理申请手续。

（6）对海关在查验进出口货物造成损坏的，报关员应向负责查验的海关提出赔偿的要求，并办理相关手续；海关查验进出口货物后，由执行查验任务的海关关员填写一份《海关进出口货物查验记录》，就查验内容和查验结论做出正式记录。

（八）海关查验赔偿

1. 海关查验赔偿范围

根据《海关法》第九十四条的规定，海关在查验进出境货物、物品时，损坏被查验的货物、物品的，应当赔偿的实际损失。海关赔偿仅限于实施查验过程中（之前和之后损坏，海关不赔偿），由于海关关员的责任造成被查验货物损坏的直接经济损失。

根据《海关行政赔偿办法》以下情况海关不赔偿：

（1）海关工作人员与行使职权无关的个人行为。

（2）因公民、法人和其他组织自己的行为致使损害发生的。

（3）因不可抗力造成损害后果的。

（4）因公民、法人和其他组织的过错致使损失扩大的，对扩大部分海关不承担赔偿责任。

（5）由于当事人或其委托的人搬移、开拆、重封包装或保管不善造成的损失。

（6）易腐、易失效货物、物品在海关正常工作程序所需要时间内（含代保管期间）所发生的变质或失效，当事人事先未向海关声明或者海关已采取了适当的措施仍不能避免的。

（7）海关正常检查产生的不可避免的磨损和其他损失。

（8）在海关查验之前所发生的损坏和海关查验之后发生的损坏。

（9）海关为化验、取证等目的而提取的货样。

2. 海关赔偿一般性规定

（1）海关在查验进出境货物、物品时，损坏被查验的货物、物品的，实施查验的海关为赔偿义务机关。

（2）赔偿请求人要求行政赔偿应当先向赔偿义务机关提出，也可以在申请行政复议和提起行政诉讼时一并提出。

（3）赔偿请求人委托代理人代为参加赔偿案件处理的，应当向海关出具委托书。

（4）赔偿案件审理原则上采用书面审查的办法。赔偿请求人提出要求或者赔偿主管部门认为有必要时，可以向有关组织和人员调查情况，听取赔偿请求人、第三人的意见。

3. 查验赔偿程序

（1）海关关员在查验货物、物品时损坏被查验货物、物品的，应当如实填写《海关查验货物、物品损坏报告书》一式两份，由查验关员和当事人双方签字，一份交当事人，另一份留海关存查。

（2）海关依法径行开验、复验或者提取货样时，应当会同有关货物、物品保管人员共同进行。如造成货物、物品损坏，查验关员应当请在场的保管人员作为见证人在《海关查验货物、物品损坏报告书》上签字，并及时通知当事人。

（3）实施查验的海关应当自损坏被查验的货物、物品之日起两个月内确定赔偿金额，并填制《海关损坏货物、物品赔偿通知单》（以下简称《通知单》）送达当事人。

（4）当事人应当自收到《通知单》之日起三个月内凭《通知单》向海关领取赔款，或将银行账号通知海关划拨。逾期无正当理由不向海关领取赔款、不将银行账号通知海关划拨的，不再赔偿。

（5）当事人对赔偿有异议的，可以在收到《通知单》之日起六十日内向做出赔偿决定的海关的上一级海关申请行政复议，对复议决定不服的，可以在收到复议决定之日起十五日内向人民法院提起诉讼；也可以自收到《通知单》之日起三个月内直接向人民法院提起诉讼。

4. 查验赔偿标准及赔偿费用

（1）海关依法查验进出境货物、物品时，损坏被查验的货物、物品的，应当在货物、物品受损程度确定后，以海关依法审定的完税价格为基数，确定赔偿金额。

（2）赔偿的金额，应当根据被损坏的货物、物品或其部件受损耗程度或修理费用确定，必要时，可以凭公证机构出具的鉴定证明确定。

（3）海关依法查验进出境货物、物品时，损坏被查验的货物、物品而发生的查验赔偿，其赔偿费用由各海关从缉私办案费中支付。

三、缴纳税费

缴纳税费是指进出口货物收发货人或其代理人接到海关发出的税费缴纳通知后，以支票、本票、汇票、现金的形式，向海关指定的银行办理税费款项的缴纳手续，由银行将税费款项缴入海关专门账户的工作程序。

1. 凭缴款书和收费票据缴纳税费

（1）海关对需要查验的货物先由海关查验，然后核对计算机计算的税费，开具税款缴款书和收费票据。

（2）进出口货物收发货人或其代理人在规定时限内凭海关出具的税款缴款书或收费收据后，可选择以支票的形式到指定银行缴纳税费。

（3）海关收到银行缴款成功的信息后即核注税费，予以放行。

2. 网上缴税和付费（电子支付）

网上缴税和付费，根据海关发出的电子税款缴款书和收费票据，凭报关单号码，通过网络向指定银行进行电子支付税费。海关收到银行缴款成功的信息后，再予以核准放行。

四、提取或装运货物

1. 复核

货物的放行是海关监管工作的最后一环，因此海关在口岸放行环节的工作重点是对通关程序中的申报、查验、征税几个环节的工作进行复核。复核内容如下：

（1）进出口货物的通关程序是否合法，手续是否齐全；各项签章是否完整、有效。

（2）进出口货物的申报单证是否齐全、有效。

（3）海关查验进出口货物的记录和批注是否准确，符合规范。

（4）应税、应费进出口货物的税费缴纳情况。

（5）属于担保放行的进出口货物的手续的合法性。

（6）有关监管货物的登记、备案记录是否完整正确。

（7）构成走私违规行为的是否进行处罚。

五、海关放行

海关放行是指海关在接受进出口货物的申报时，经过审核报关单据、查验货物、征收税费，对进出口货物做出结束海关现场监管决定的工作程序。

（一）海关进出境现场放行

海关对进出口货物做出结束海关进出境现场监管的决定，允许进出口货物离开海关监管场所的工作环节。

现场放行的方式有以下两种：

（1）由海关在提货凭证或出口装货凭证上加盖海关放行章。

（2）实行无纸通关的海关，货物的收发货人根据海关放行的报文，自行打印放行凭证。

（二）货物结关

海关对进出口货物办结海关手续，结束海关监管，进出口收发货人履行完与进出口有关的一切义务。

（1）一般进出口货物，在海关现场放行后就可以生产和流通领域，即放行就是结关。

（2）保税货物、暂准进口货物、特定减免税货物，海关在一定时期内还需要进行监管，放行并不等于结关。

（三）提取或装运货物

1. 进口

进出口货物收发货人或者其代理人凭加盖有海关“放行章”戳记的“进口提货凭证”提取进口货物。

2. 出口

进出口货物收发货人或者其代理人凭加盖有海关“放行章”戳记的“出口装货凭证”办理货物装上运输工具离境的手续。

（四）申请签发证明联

需要海关签发证明的，可以向海关提出申请。海关在签发证明的同时，通过电子口岸执法系统向有关单位传送相关数据进行备案，常见的证明联如下。

1. 申请签发报关单证明联

需要说明的是，尽管办理出口退税不再需要提供“出口收汇核销单”，但是报关单收付汇证明联仍需要被提供。

（1）进口付汇证明。

（2）出口收汇证明。

（3）出口退税证明联。

2. 进出口货物证明书

进出口货物证明书是证明某些货物实际进口或出口的文件，是为了方便货物所有人。

3. 签发出口退税报关单

对需要出口退税的货物，出口货物的发货人应在向海关申报出口时，增附一份“出口退税专用报关单”。海关放行后，在报关单上加盖“验讫章”和已向税务机关备案的海关审核出口退税负责人的签章，并加防伪标签后，退还报关单位，送交退税地税务机关，对申报出口的高税率产品，海关将报关单制作关封退报关单位送交退税地税务机关。

本章小结

1. 一般进出口货物（General Import and Export Goods）是指在进出口境环节缴纳了应征的进出口税费并办结了所有必要的海关手续，海关放行后不再进行监管的进出口货物。

2. 申报是指进出口货物收发货人、受委托的报关企业，依照《中华人民共和国海关法》及有关法律、行政法规的要求，在规定的期限、地点，采用电子数据报关单和纸质报关单形式，向海关报告实际进出口货物的情况，并接受海关审核的行为。

3. 申报日期是指申报数据被海关接受的日期。

4. 海关审结电子子数据报关单后，进出口货物收发货人、受委托的报关企业应当自接到海关“现场交单”或“放行交单”通知之日起 10 日内，持打印的纸质报关单，备齐规定的随附单证并签名盖章，到货物所在地海关提交书面单证并办理相关手续。

5. 海关查验是指海关在接受报关单位的申报后，依法对进口或出口的货物进行实际的核对和检查，以确定货物的自然属性，货物的数量、规格、价格、金额，以及原产地等是否与报关单所列一致的行政执法行为。

6. 海关查验的目的：一方面是要复核申报环节中所申报的单证及查证单货是否一致；另一方面是通过查验货物确保关税的依率计征，维护海关征税的权威性。

7. 海关对进出口货物的查验分别采取一般查验与重点抽查，或者外形查验与开箱查验的方法。

8. 径行开验是指海关在进出口货物收发货人或其代理人不在场的情况下，对进出口货物进行开拆包装查验，须有见证人在场（监管场所经营人、仓库管理人员或者运输工具负责人），并在查验报告上签字。

9. 缴纳税费是指进出口货物收发货人或其代理人接到海关发出的税费缴纳通知后，以支票、本票、汇票、现金的形式，向海关指定的银行办理税费款项的缴纳手续，由银行将税费款项缴入海关专门账户的工作程序。

10. 海关放行是指海关在接受进出口货物的申报时，经过审核报关单据、查验货物、征收税费，对进出口货物做出结束海关现场监管决定的工作程序。

复习思考题

1. 简述一般进出口货物的范围。
2. 简述一般进出口货物的申报地点。
3. 简述一般进出口货物的申报日期。
4. 简述一般进出口货物的申报期限。
5. 简述一般进出口货物的查验地点。
6. 简述一般进出口货物的海关查验赔偿程序。

第八章

保税加工货物报关

学习目标

- 了解保税制度和保税货物的概念。
- 掌握纸质手册管理下的保税加工货物及其报关程序。
- 掌握电子账册管理下的保税加工货物及其报关程序。
- 掌握电子手册管理下的保税加工货物及其报关程序。
- 掌握出口加工区及其货物的报关程序。

开篇案例

王清在大连东盈报关行经常同经理一起进行货物进出口申报工作。在一次申报的过程中，王清遇到这样一票货物：大连星星服装厂从韩国进口混纺面料 30 000 米加工成夹克衫返销韩国，同时从韩国进口 20 000 米尼龙面料加工成羽绒服在国内市场销售。王清填了一张报关单就到海关进行申报，结果没有通过。王清为什么会在申报中“碰壁”呢？

辩证思考：

王清申报的两种货物在报关手续上是不一样的：进口尼龙面料加工成羽绒服在国内市场销售是一般贸易货物，按一般进出口货物报关程序报关；而进口混纺面料加工的夹克衫返销韩国市场，是加工贸易货物，应该按保税加工贸易货物报关程序报关。

（资料来源：何琳纯．报关实务[M]．北京：中国农业大学出版社，2013．略有改动）

第一节　保税制度和保税货物概述

据统计，目前在保税制度下加工贸易进出口货值已占我国进出口总值的一半以上。这表明保税制度已成为我国海关一项主要的业务制度。因此，我们很有必要了解保税制度和保税货物的概念及其有关内容。

一、保税制度

保税制度是一种国际上通行的海关制度，在世界上大多数国家的对外经济贸易中得到广泛的应用，对国际贸易活动的发展起到重要的促进作用。在改革开放后中国批准建立了大量的保税仓库和保税工厂，有力地促进了中国对外开放和对外经济贸易往来。

（一）保税制度的概念

保税制度是指经海关批准的境内企业所进口的货物，在海关监管下在境内指定的场所储存、加工、装配，并暂缓缴纳各种进口税费的海关监管业务制度。

保税制度是基于国际经济贸易发展的需要而产生的。随着各国之间经济贸易交往的增多，专门从事国际之间商品转口贸易的商人，在进口某一批货物时往往很难确定其销售的最终流向，若销往其他国家而复运出口，商人为降低成本，则希望能允许将货物置于免纳进口税费的状态下储存一段时间；若准备进入本国市场，商人则希望能将纳税时间推迟到货物实际进入国内销售时。为了适应国际转口贸易的需要，顾及进口商的利益，产生了“保税”。这是一种不同于一般贸易做法的海关监管制度。随着国际经济贸易范围的扩大，保税制度的内容不断得到丰富，保税方式更加多样化，由原来单一为商品贸易服务扩展成为加工制造、技术引进、服务贸易提供便利。

（二）保税制度的主要形式

在国际海关组织海关合作理事会主持制定的《京都条约》中，涉及保税业务的有两种基本制度。一种是海关保税储存制度，是指一种进口货物在海关监管下储存于指定场所，并可无须缴纳进口税费的海关制度。这种保税储存形式为进口货物能在不需要缴纳进口税的状态下较为长期的储存提供了便利，使货物储存人有充分时间在国内或国外推销货物。需要注意的是，储存中只允许对货物进行整理、分拣以及为保存货物的惯常操作，不得进行实质性加工，这是一种为国际商品贸易服务的海关保税形式。另一种是暂准进口在国内加工的制度，是指一种准许某些货物有条件地暂时豁免进口税费进入关境的海关制度。这些货物应是为某一特定目的而进口，并在规定时间内以进口时的原状或经特定制造、加工或修理后复运出口。这一制度对货物为特定目的而暂时进入境内使用或加工制造提供了便利。申请实施这一制度必须有担保。这是一种超出单纯国际商品贸易，使保税制度由储存扩展为使用或加工制造，为世界各国充分利用本国资金、技术、劳动力资源发展国际加工贸易的海关保税形式。

根据以上两种基本制度可知，国际上保税业务制度的主要形式有三种：

（1）第一，商品贸易型，如保税仓库、保税货棚、保税陈列场等。

（2）第二，加工制造型，如保税工厂、加工贸易、出口加工区等。

（3）第三，商品贸易与加工制造混合型，如保税区、自由港、自由贸易区等。

我国保税制度借鉴并参照了国际上通行的做法，其主要类型与海关合作理事会《京都条约》中的内容基本一致。目前，我国保税制度的主要形式有两类：一类是为国际商品贸易服务的，如保税仓库、保税区、寄售代销、免税品商店；另一类是为加工制造服务的，如来料加工、进料加工、保税工厂、保税区等。

视野拓展

保税区

保税区也称保税仓库区。这是一国海关设置的或经海关批准注册、受海关监督和管理的可以较长时间存储商品的区域。保税区能够便利转口贸易，增加有关费用的收入。运入保税区的货物可以进行储存、改装、分类、混合、展览，以及加工制造，但必须处于海关监管范围内。外国商品存入保税区，不必缴纳进口关税，尚可自由出口，只需要交纳存储费和少量费用，如果要进入关境则须缴纳关税。各国的保税区都有不同的时间规定，逾期货物未办理有关手续，海关有权对其拍卖，拍卖后扣除有关费用后，余款退回货主。

保税区是中国继经济特区、经济技术开发区、国家高新技术产业开发区之后，经国务院批准设立的新经济性区域。保税区按照国际惯例运作，实行比其他开放地区更为灵活优惠的政策，它已成为中国与国际市场接轨的“桥头堡”。因此，保税区在发展建设伊始就成为国内外客商密切关注的焦点。

保税区具有进出口加工、国际贸易、保税仓储商品展示等功能，享有“免证、免税、保税”政策，实行“境内关外”运作方式，是中国对外开放程度最高、运作机制最便捷、政策最优惠的经济区域之一。

二、保税货物

保税制度在国际贸易中的广泛应用，使这一制度所涉及的保税货物成为进出口货物中的一个重要组成部分。海关对保税货物的监管与一般进出口货物有着明显区别。因此，保税货物的报关与一般贸易进出口货物的报关有较大不同。

（一）保税货物的概念

保税货物（Bonded Goods）是指经海关批准未办理纳税手续进境，在境内储存、加工、装配后复运出境的货物。它具有以下三个特征。

第一，特定目的。《海关法》将保税货物限定于为两种特定目的而进口的货物，即进行贸易活动（储存）和加工制造活动（加工、装配）。这样将保税货物与为其他目的暂时进口的货物（如工程施工、科学实验、文化体育活动等）区别开来。

第二，暂免纳税。保税货物未办理纳税手续进境，属于暂时免纳，而不是免税，待货物最终流向确定后，海关再决定征税或免税。

第三，复运出境。这是构成保税货物的重要前提。从法律上讲，保税货物未按一般货物办理进口和纳税手续，因此保税货物必须以原状或加工后产品复运出境。这既是海关对保税货物的监管原则，也是经营者必须履行的法律义务。

（二）保税货物的范围

保税货物可以分为保税加工货物和保税物流货物两大类，具体包括如下内容：

第一，加工贸易项下（来料加工装配、进料加工）进口的料件。加工贸易保税货物不完全等同于加工贸易货物。加工贸易货物只有经过海关批准才能保税进口，经海关批准准予保税进口的加工贸易货物才是保税加工货物。

第二，经商务部门批准寄售的外国商品、国外产品维修用的零备件、外汇免税商品。

第三，转口贸易货物，外商寄存、暂存货物，供应国际航行船舶的燃料、物料和零配件，以及在指定地区储存国际天然橡胶组织的天然橡胶。

（三）减免税货物与保税货物的区别

中国为了扩大对外开放，吸引外资和引进先进技术，曾经制定了一系列进口优惠政策，如对外商投资企业进口机器设备予以免税，对企业技术改造项目所引进先进技术设备予以减税等。这些货物与保税货物一样在进口时均不缴纳税款，使有的企业、单位容易将两者混淆，不了解海关对这两类货物不同的办理程序和管理方法，以致出现违法、违规情况。因此，从事报关的人员应该掌握这两类货物的海关监管规定。减免税货物与保税货物的区别如下：

第一，性质不同。减免税货物是国家对特定地区、特定企业、特定用途的进口货物，为支持、鼓励其在国内使用或者给予消费的税收优惠；保税货物是以复运出境为前提，不是在国内最终使用或消费，而是为了支持、鼓励其出口而给予的保税优惠。

第二，货物范围不同。减免税货物的范围主要是固定资产投资部分，如机器设备、仪器、仪表等；保税货物则集中于流动资产部分，如原材料、零部件元器件等。

第三，海关手续不同。减免税手续和保税手续均须在进口货物前到海关办理。但前者是办理减免税申请，海关签发征免税证明；后者是办理保税合同登记备案，海关核发加工贸易登记手册。

第四，海关监管方式不同。减免税货物和保税货物均属于海关监管货物，经营者均需要承担有关法律义务。但海关对前者实行时效管理，以监管年限为解除监管的依据，经营者承担不得擅自转让、出售的法律义务；海关对后者实行核销管理，以复出口为解除监管的依据，经营者不仅要承担不得擅自转让、出售的法律义务，还要履行复运出口的义务。

第二节　保税加工货物的报关程序

保税加工货物就是通常人们所说的加工贸易保税货物，是指经海关批准未办理纳税手续进境，在境内加工、装配后复运出境的货物。加工贸易通常有来料加工和进料加工两种方式。

保税加工货物包括专为加工、装配出口产品而从国外进口且海关准予保税的原材料、零部件、元器件、包装物料、辅助材料（简称料件），以及用上述料件生产的成品、半成品。经营加工贸易的企业分为对外贸易经营企业和外商投资企业两类。

加工贸易经营企业可以根据需要申请设立保税工厂、保税集团。保税工厂是指由海关批准的专门从事保税加工的工厂或企业。这是在来料加工、进料加工和外商投资企业履行产品出口合同的基础上，发展形成的一种保税加工的监管形式。

一、纸质手册管理下的保税加工货物及其报关程序

（一）海关对保税加工货物的监管模式

海关对保税加工货物的监管模式有两大类：一类是非物理围网的监管模式，采用纸质手册管理或计算机联网监管；另一类是物理围网的监管模式，包括出口加工区和跨境工业园区，采用电子账册管理。

1. 物理围网监管

物理围网监管是指经国家批准，在境内或边境线上划出一块地方，采用物理围网的方式，让企业在围网内专门从事保税加工业务，由海关进行封闭式监管。

在境内的保税加工封闭式监管模式称为出口加工区，我国已经实行了多年，有一套完整的监管制度；在边境线上的保税加工封闭式监管模式称为跨境工业园区，尚在试行，即珠澳跨境工业区，由澳门园区和珠海园区两部分组成，由中国海关和中国澳门海关共同监管。

2. 非物理围网监管

1）纸质手册管理

纸质手册管理是一种传统的监管方式，主要是用加工贸易纸质登记手册进行加工贸易

合同内容的备案，凭此进出口，并记录进口料件出口成品的实际情况，最终凭以办理核销结案手续。

这种监管方式在海关对保税加工货物监管中曾经起过相当大的作用，但随着对外贸易和现代科技的高速发展，逐渐被联网监管模式所替代。目前，我国尚在一定的范围内使用纸质手册管理。

2）计算机联网监管

计算机联网监管是一种高科技的监管方式，主要应用计算机将海关和加工贸易企业联网，建立电子账册或电子手册，备案、进口、出口、核销，全部通过计算机进行。海关管理科学严密，企业通关便捷高效，受到普遍欢迎，将成为海关对保税加工货物监管的主要模式。

这种监管方式分为两种：一种是针对大型企业的，以建立电子账册为主要标志，以企业为单元进行管理，不再执行银行“保证金台账”制度，已经实施了多年，形成了完整的监管制度；另一种是针对中小型企业的，以建立电子手册为主要标志，继续以合同为单元，执行银行“保证金台账”制度，现在已开始施行，今后将取代纸质手册管理。

（二）海关对保税加工货物监管的基本程序

保税加工货物进入海关监管程序之前，必须先经过商务主管部门审批：一是由商务主管部门审批加工贸易合同，经审批后，凭商务主管部门出具的“加工贸易业务批准证书”和“加工贸易经营企业经营状况和生产能力证明”两个单证及商务主管部门审批同意的加工贸易合同到海关备案；二是由商务主管部门审批加工贸易经营范围，凭上述两个单证到海关申请联网监管并建立电子账册、电子手册。然后，保税加工货物可以进入“备案保税、纳税暂缓、监管延伸、核销结关”等海关监管流程。

1. 备案保税

根据国家的相关规定，加工贸易料件经海关批准才能保税进口。海关批准保税是通过受理备案来实现的。凡是准予备案的加工贸易料件一律可以不办理纳税手续，即保税进口。

纸质手册管理和计算机联网监管下的保税加工货物报关有备案程序，海关通过受理备案实现批准保税。出口加工区管理下的保税加工货物报关虽然没有备案程序，但是进境报关使用“中华人民共和国出口加工区进境备案清单”，把备案和进境申报融合在一起，简化了备案手续，也带有备案的性质。

海关受理加工贸易料件备案的原则：合法经营，复运出境，可以监管（在所有环节海关都可以监管，不会因某种因素造成监管失控）。

2. 纳税暂缓

国家规定，专为加工出口产品而进口的料件，按实际加工复出口成品所耗用料件的数量准予免缴进口关税和进口环节增值税、消费税。这里的免缴进口关税，是指用在出口成品上的料件可以免税。但是，在进口料件时无法确知用于出口成品上的料件的实际数量，也无法免税。海关只有先准予保税，在产品实际出口并最终确定使用在出口成品上的料件数量后，再确定征免税的范围，即用于出口的免税，不出口的征税，再由企业办理纳税手续。因此，保税加工的料件纳税时间被推迟到了加工成品出口后。正因如此，保税加工货物（出口加工区除外），经批准内销要征收缓税利息。

视野拓展

增值税

增值税是指一种对纳税人生产经营活动的增值额征收的间接税，是以商品（含应税劳务）在流转过程中产生的增值额作为计税依据而征收的流转税。从计税原理上来讲，增值税是一种对商品生产、流通、劳务服务中多个环节的新增价值或商品的附加值征收的流转税。实行价外税，也就是由消费者负担的，有增值才征税，没增值不征税。

3. 监管延伸

保税加工货物的海关监管无论是地点，还是时间，都必须延伸。

从地点上来讲，保税加工的料件离开进境地口岸海关监管场所后进行加工、装配的地方，都是海关监管的场所。

从时间上来讲，保税加工的料件在进境地被提取，不是海关监管的结束，而是海关保税监管的开始，海关一直要监管到加工、装配后复运出境或者办结正式进口手续为止。这里有两个期限：准予保税的期限和申请核销的期限。

准予保税的期限是指经海关批准保税后在境内加工、装配、复运出境的时间限制。申请核销的期限是指加工贸易经营人向海关申请核销的最后日期。

企业向海关报核是法定义务，报核的期限是一种法定期限。如果企业不按时报核，则海关有权依法处理。

4. 核销结关

保税加工货物的报核必须如实申报实际单耗，保税加工货物（出口加工区的除外）经过海关核销后才能“结关”。

保税加工的料件进境后要进行加工、装配，改变原进口料件的形态，复出口的商品不再是原装进口的商品。这样，向海关的报核，不但要确认进出数量是否平衡，而且要确认成品是否由进口料件生产。在报核的实践中，数量往往是不平衡的。正确地处理报核中发生的数量不平衡问题，是企业报核必须解决的问题。

视野拓展

保税进口料件

保税进口料件是加工贸易企业在进行加工贸易经营活动时，从国外进口的免缴关税、增值税的料件。该料件受国家海关监管，须按规定生产成成品后复出口，同时进行报核。如因合理原因不能按计划复出口而需要内销的，需要在当地主管海关进行补税手续，方可内销。

（三）报关程序

目前，纸质手册管理模式依然是常规监管模式。这种监管模式的主要特征是以合同为单元进行监管。

这种监管模式适用于来料加工、进料加工、外商投资企业履行产品出口合同、保税工厂、保税集团等形式下进出口的保税加工货物，其基本程序是合同备案、货物报关、合同报核。

1. 合同备案

1）合同备案的含义

加工贸易合同备案是指加工贸易企业持合法的加工贸易合同到主管海关备案，申请保税并领取“加工贸易登记手册”或者其他准予备案凭证的行为。

海关受理合同备案是指海关根据国家规定在接受加工贸易合同备案后，批准合同约定的进口料件保税，并把合同内容转化为登记手册内容或做必要的登记，然后核发登记手册或者其他准予备案凭证的海关行政许可事项。

对于符合规定的加工贸易合同，海关应当在规定的期限内予以备案，并核发“加工贸易登记手册”或者其他准予备案的凭证。对于不予备案的合同，海关应当书面告知经营企业。

2）合同备案的企业

国家规定，开展加工贸易业务应当由经营企业到加工企业的所在地主管海关办理加工贸易合同备案手续。经营企业和加工企业有可能是同一个企业，也可能不是同一个企业。经营企业是指负责对外签订加工贸易进出口合同的各类进出口企业和外商投资企业，以及经批准获得来料加工经营许可的对外加工装配服务公司。加工企业是指接受经营企业委托，负责对进口料件进行加工或者装配，且具有法人资格的生产企业，以及由经营企业设立的虽不具有法人资格，但实行相对独立核算并已经办理工商营业证（执照）的工厂。

加工贸易合同项下海关准予备案的料件，全额保税；加工贸易合同项下海关不予备案的料件，以及试车材料、未列明消耗性物料等，不予保税，进口时按照一般进口办理。

3）合同备案的凭证

海关受理并准予备案后，企业应当领取海关签章的“加工贸易登记手册”或者其他准予备案的凭证。

经海关批准，企业在领取“加工贸易登记手册”的基础上，可以根据不同的情况（指在企业多口岸报关周转困难或异地深加工结转需要手册的情况）申领“加工贸易登记手册”分册。该分册在进出口报关时，可以与原手册分开使用，但必须同时报核。

4）合同备案的变更

已经在海关登记备案的加工贸易合同，其品名、规格、金额、数量、加工期限、单损耗、商品编码等发生变化的，须向主管海关办理合同备案变更手续，开设台账的合同还需要变更台账。

2. 货物报关

1）保税加工货物进出境报关

加工贸易保税货物进出境在申报时，加工贸易经营单位或其代理人必须持有“加工贸易登记手册”或者其他准予合同备案的凭证。

加工贸易企业在主管海关备案的情况在计算机系统中已生成电子底账，有关电子数据通过网络传输到相应的口岸海关，因此企业在口岸海关报关时提供的有关单证内容必须与电子底账数据相一致。也就是说，报关数据必须与备案数据完全一致，一种商品报关的商品编码号、品名、规格、计量单位、数量、币制等，无论是在字面上还是在计算机格式上，都必须与备案数据完全一致。如果在某一方面不一致，报关则不能被通过。要做到完全一致，首先必须做到报关数据的输入准确。

加工贸易保税货物属于国家规定应交验进出口许可证的，在报关时应交验许可证。未经海关批准，不得擅自将加工贸易货物外发加工、串换。

准予保税的加工贸易料件进口，暂缓纳税。加工贸易项下出口应税商品，如系全部使用进口料件加工生产的产（成）品，不征收出口关税。加工贸易项下的出口应税商品，如果是部分使用进口料件部分使用国产料件加工的产（成）品，则按海关核定的比例征收出口关税。

2）加工贸易保税货物深加工结转报关

加工贸易保税货物深加工结转是指加工贸易企业将保税进口料件加工的产品转至另一海关关区内的加工贸易企业进一步加工后复出口的经营活动。转出、转入企业实际收发货后，应当按照以下规定办理结转报关手续。

第一，转出、转入企业分别在转出地、转入地海关办理结转报关手续。转出、转入企业可以凭一份申请表分批或者集中办理报关手续，转出（入）企业每批实际发（收）货后，在 90 日内办结该批货物的报关手续。

第二，转入企业凭申请表、登记表等单证向转入地海关办理结转进口报关手续，并在结转进口报关后的第二个工作日内将报关情况通知转出企业。

第三，转出企业自接到转入企业通知之日起 10 日内，凭申请表、登记表等单证向转出地海关办理结转出口报关手续。

第四，结转进口、出口报关的申报价格为结转货物的实际成交价格。

第五，一份结转进口报关单对应一份结转出口报关单，两份报关单之间对应的申报序号、商品编号、数量、价格和手册号应当一致。

第六，结转货物分批报关的，企业应当同时提供申请表和登记表的原件及其复印件。

3. 合同报核

1）报核和核销的含义

加工贸易合同报核是指加工贸易企业在加工贸易合同履行完毕或终止合同并按规定对未出口部分货物进行处理后，按照规定的期限和规定的程序，向加工贸易主管海关申请核销要求结案的行为。

加工贸易合同核销是指加工贸易经营企业加工复出口并对未出口部分货物办妥有关海关手续后，凭规定单证向海关申请解除监管，海关经审查、核查属实且符合有关法律行政法规的规定，予以办理解除监管手续的海关行政许可事项。

2）报核的时间

经营企业应当在规定的期限内将进口料件加工复出口，并自加工贸易手册项下最后一批成品出口或者加工贸易手册到期之日起 30 日内向海关报核。经营企业对外签订的合同因故提前终止的，应当自合同终止之日起 30 日内向海关报核。

3）报核的单证

（1）企业合同核销申请表。

（2）加工贸易登记手册。

（3）进出口报关单。

（4）核销核算表。

（5）其他海关需要的资料。

4）报核的步骤

（1）合同履约后，及时将登记手册和进出口报关单进行收集、整理、核对。

（2）根据有关账册记录、仓库记录、生产工艺资料等查清此合同加工生产的“实际单耗”，并据以填写核销核算表（产品的实际单耗如与合同备案单耗不一致的，应在最后一批成品出口前进行单耗的变更）。

（3）填写核销预录入申请单，办理“报核预录入”手续。

（4）携带有关报核需要的单证，到主管海关报核，并填写报核签收“回联单”。

海关自受理企业报核之日起 20 个工作日内，应当核销完毕，有特殊情况的，可以由直属海关的关长批准或者由直属海关的关长授权的隶属海关关长批准延长 10 个工作日。

经核销情况正常的，未开设台账的，海关应当立即签发《核销结案通知书》；经核销情况正常的，开设台账的，应当签发《银行保证金台账核销联系单》，企业凭以到银行销台账，其中“实转”的台账，企业应当在银行领回保证金和应得的利息或者撤销保函，并领取《银行保证金台账核销通知单》，凭以向海关领取核销结案通知书。

二、电子账册管理下的保税加工货物及其报关程序

（一）相关概念

1. 联网监管和电子围网监管

海关对加工贸易企业联网监管是指一种海关通过计算机网络数据交换平台从加工贸易企业提取监管所必需的财务、物流、生产经营等数据，并对数据进行核对、核算，同时结合实物进行核查的海关保税加工监管模式。

海关利用计算机手段对企业加工贸易生产物流数据进行核查，并根据情况下厂实际核查保税加工货物，企业通过计算机网络向海关办理备案、变更、核销、进出口货物等有关手续。一切都通过计算机网络进行，因此这种监管方式也被称为电子围网的监管模式。

2. 电子账册管理

电子账册管理与电子手册管理是海关用电子围网对保税加工货物实施监管的两种模式。电子账册管理是以企业整体加工贸易业务为单元实施对保税加工货物的监管；电子手册管理仍然以企业的单个加工贸易合同为单元实施对保税加工货物的监管，但不再使用纸质手册。电子账册管理的模式实行了多年，已经形成完整的监管制度。

（二）电子账册的建立

电子账册的建立过程：保税加工联网企业的申请和审批→加工贸易业务的申请和审批→建立电子账册和商品归并关系。

1. 保税加工联网企业的申请和审批

具备相应条件的加工贸易企业可以向所在地直属海关申请加工贸易联网监管，在申请时应当向海关提供的单证包括：加工贸易企业联网监管申请表；企业进出口经营权批准文件；企业上一年度经审计的会计报表；工商营业执照复印件；经营范围清单，含进口料件和出口制成品的品名及 4 位数的 HS 编码；其他海关认为需要的单证。

符合条件、单证齐全的企业在其与海关签订“联网监管责任担保书”后，成为保税加工联网监管企业。

2. 加工贸易业务的申请和审批

企业在向海关申请联网监管前应当先向企业所在地商务主管部门办理前置审批手续，由商务主管部门总审定联网企业的加工贸易资格、业务范围和加工生产能力，并签发《联网监管企业加工贸易业务批准证》。应提交的单证包括：工商营业执照复印件；海关对企业实施联网监管的验收合格证书；企业进出口经营权批准文件；加工企业注册地县级以上商务主管部门出具的“加工企业状况和生产能力证明”正本；联网企业上年度加工贸易出口情况证明材料；经营范围清单，含进口料件和出口制成品的品名及4位数的HS编码；其他审批机关认为需要出具的证明文件或材料。

3. 建立电子账册和商品归并关系

联网企业凭《联网监管企业加工贸易业务批准证》向所在地主管海关申请建立电子账册。海关以商务主管部门批准的加工贸易经营范围、年生产能力等为依据，建立电子账册，取代纸质加工贸易登记手册。电子账册包括经营范围电子账册（用于检查商品范围，由于第一、第二位标记代码为“IT”，也称“IT”账册）和便捷通关电子账册（用于备案、通关、核销，由于第一位标记代码为“E”，也称“E”账册）。

商品归并关系是指海关与联网企业根据监管的需要，按照中文品名、HS编码、价格、贸易、管制等条件，将联网企业内部管理的“料号级”商品与电子账册备案的“项号级”商品归并或拆分，建立一对多或多对一的对应关系。

（二）报关程序

1. 备案

备案包括“经营范围电子账册”的备案和“便捷通关电子账册”的备案两类。

企业凭商务主管部门的批准证通过网络向海关办理“经营范围电子账册”备案手续，企业在收到海关的备案信息后，应将商务主管部门的纸质批准证交海关存档。企业的经营范围、加工能力等发生变更时，经商务主管部门批准后，企业可通过网络向海关申请变更。

“便捷通关电子账册”备案手续同样可通过网络向海关办理，备案内容包括：企业基本情况表；料件、成品部分；单耗关系等。该账册的基本情况表里的内容料件、成品发生变化的，包括料件、成品品种、单损耗关系的增加等，只要未超出经营范围和加工能力，企业不必报商务主管部门审批，就可通过网络直接向海关申请变更。电子账册备案不设立“银行保证金台账”，准予备案的进口料件一律保税。

2. 货物报关

联网企业进出口保税加工货物，应使用企业内部的计算机，并采用计算机原始数据形成报关清单，经中国电子口岸自动归并后生成报关单，向海关申报。联网企业备案的进口料件和出口成品等内容，是货物进出口时与企业实际申报货物进行核对的电子底账，因此申报数据与备案数据应保持一致。海关按照规定审核申报数据，进口报关单总金额不得超过电子账册最大周转金额的剩余值，若对某项下料件的数量进行限制，报关单上该项商品的申报数量不得超过电子账册最大周转量的剩余值。

联网企业可根据需要和海关规定分别选择有纸报关或无纸报关方式申报。选择前者，应由本企业的报关员办理现场申报手续；选择后者，海关凭盖有申报单位和其代理企业的提货专用章的放行通知书办理“实货放行”手续；凭盖有经营单位、报关单位和报关员印章的纸质单证，办理“事后交单”手续。海关放行前，发现报关单需要修改的企业经海关同意可直接修改“表头”内容；若涉及报关单表体内容的，企业必须删除报关单重新申报。

联网企业深加工结转报关与纸质手册管理下的保税加工货物深加工结转报关程序一样。

3. 报核

海关对联网企业实行定期或周期性的核销制度。一般规定，180 天为一个报核周期。首次报核期限为从电子账册建立之日起 180 天后的 30 天内；以后报核期限为从上次报核之日起 180 天后的 30 天内。报核步骤：预报核→海关同意报核→正式报核。

预报核是指企业在向海关正式申请核销前，在自电子账册本次核销周期到期之日起 30 日内，将期内申报的所有电子账册报关数据，按照海关要求，以电子报文形式申请报核。海关通过计算机将企业的预报核报关单内容与电子账册数据进行比对，比对结果完全相同，计算机反馈“同意报核”的，便可进入正式报核。

正式报核是指企业预报核通过海关审核后，以预报核海关核准的报关数据为基础，准确并详细填报本期保税进口料件的应当留存数量、实际留存数量等内容，以电子报文形式向海关正式申请报核。经海关认定企业实际库存多于应存数，有合理理由的，可计入电子账册下期核销；其他原因造成的，依法处理。

企业必须在规定的期限内完成报核手续，确有正当理由不能按期报核的，经主管海关批准可以延期，但延长期限不得超过 60 天。

联网企业不再使用电子账册的，应向海关申请核销，海关对电子账册核销完毕，予以注销。

三、电子手册管理下的保税加工货物及其报关程序

（一）电子手册管理的特点

电子手册管理是加工贸易联网监管的另一个监管模式。它是以企业的单个加工贸易合同为单元实施对保税加工货物的监管，不再使用纸质手册。海关为联网企业建立电子底账。一个加工贸易合同建立一本电子手册。电子手册管理有以下特点。

1. 以合同（订单）为单元进行管理

商务主管部门审批每份加工贸易合同（订单），海关根据合同（订单）建立电子底账，企业根据合同（订单）的数量建立多本电子手册。

2. 可分段备案也可非分段备案

电子手册的备案模式分为分段式备案和非分段式备案两种模式。分段式备案模式是指将电子手册的相关内容分为合同备案和通关备案两个部分，其中通关备案的数据建立在合同备案数据的基础上。而在非分段式备案模式下，无须进行合同备案，直接进行通关备案表头、表体数据的审批即可。网络审批和备案企业通过计算机网络向商务主管部门和海关申请办理合同审批和合同备案、变更等手续。

3. 实行银行保证金台账制度

纳入加工贸易银行保证金台账制度管理，A 类企业除外。

4. 全额保税

纳入电子手册的加工贸易货物进口时全额保税。

5. 全国口岸报关

无须调度手册，凭身份认证卡实现全国口岸的报关。

（二）电子手册的建立

电子手册的建立要经过加工贸易经营企业的联网监管申请和审批、加工贸易业务的申请和审批、建立商品归并关系和电子手册 3 个步骤，其基本程序与电子账册的基本程序相同。

1. 建立归并关系

经海关批准实行电子手册联网监管的，海关应审核企业提交的料号级保税进口料件，出口成品的名称及对应的 HS 编码是否准确。必要时，还应审核企业提供的为确认 HS 编码所需的资料，如有疑难，应按规定上报归类职能部门审定。在预归类的基础上，海关应审核企业提交的预归并关系是否正确，是否符合相应的归并原则。电子手册的归并原则与“便捷通关电子账册”归并原则一致。

2. 配置硬件和软件

实施电子手册联网监管的，海关端应配置可登录互联网的微机，供查阅电子手册的物料和归并关系备案等。企业端除应配置可登录互联网的微机外，还须向电子口岸数据中心租用服务器，用于存储企业的基本情况、备案、通关、核查、核销等海关需要的数据。此外，企业应有 IC 卡或数字签名加解密卡，供电子口岸数据中心系统进行操作员身份验证，并将经操作员申报的数据进行自动电子签名、加密。

在海关端和企业端配置的可登录互联网的微机上，必须安装中小型企业模式联网监管系统，以便海关和企业登录电子口岸数据中心进行数据报送和审批等操作。

3. 建立底账

海关审核通过企业提交的预归类、预归并关系后，企业将申报地海关、企业内部编号、经营单位、加工单位、主管海关、管理对象等企业的基本信息及保税进口料件和出口成品的序号、货号、中文品名、计量单位、法定单位等企业料号级物料数据传送到电子口岸数据中心，海关登录数据中心相关界面对数据进行审核，审核通过后，系统自动向企业发送回执。

企业接收回执后，再将包括归并关系列表、归并后物料信息、归并前物料信息列表等数据在内的料件归并关系和成品归并关系发送至电子口岸，海关予以审核通过，建立电子底账。

（三）报关程序

1. 备案

在办理电子手册备案时，海关审核要求与对纸质手册的审核要求完全一致，会审核企业的备案申请内容与商务部门出具的“加工贸易业务批准证”是否相符，备案申请数量是否超出了商务主管部门确定的加工生产能力，企业的报关申请是否符合法律、行政法规的规定。电子手册审核通过后，系统自动生成手册编号。电子手册的编号规则与纸质手册的编号规则一致，只是其顺序号全部是50000以上。

非分段式电子手册的备案直接利用H2000电子手册系统的通关备案手册审核功能进行审核，而分段式电子手册在合同备案手册产生时会直接生成通关备案的表头数据，因此，分段式合同备案手册进行通关备案时不是利用通关备案手册审核功能，而是直接使用手册通关变更审核功能进行审核。

电子手册管理的联网监管实行银行保证金台账制度，其基本内容和程序与纸质手册基本一致，只有两点区别：一是建立电子手册的A类管理企业可以不设台账；二是50 000美元及以下、78种列名额供服装辅料合同，即使是适用AA类、A类、B类管理的企业，也要建立电子手册并备案，纳入电子手册管理。

2. 货物报关

电子手册模式的联网监管企业保税加工货物的报关与纸质手册模式一样，包括进出境货物报关、深加工结转货物报关和其他保税加工货物的报关。

企业在加工贸易货物进出口报关前，应从企业管理系统导出料号级数据生成归并前的报关清单或者通过电子口岸电子手册系统按规定格式录入当次进出口的料号级清单数据，并向电子口岸数据中心报送。

数据中心按归并关系和其他合并条件，将企业申报的清单生成报关单。企业通过中小型企业模式联网监管系统的报关申报系统调出清单所生成的报关信息后，将报关单上剩余各项填写完毕，即可生成完整的报关单，向海关进行申报。

如属异地报关的，本地企业将报关单补充完整后，将报关单上传，由异地报关企业下载报关单数据，并进行修改、补充后向海关申报。

3. 报核和核销

海关对电子手册核销的基本要求是掌握企业在某个电子手册下所进口的各项加工贸易保税料件的使用、流转、损耗的情况，确认是否符合平衡关系。

海关核销除了对书面数据进行必要的核算，还会根据实际情况采取盘库的方式进行核对。

电子手册采用的是以企业合同（或订单）为单元的管理模式。一个企业可以有多本电子手册，海关根据加工贸易合同的有效期限确定核销日期，对实行电子手册管理的联网企业进行定期核销管理，即对电子手册按照对应的合同（或订单）项下加工贸易进出口情况进行平衡核算。

报核和核销的程序如下：企业通过电子口岸数据中心向主管海关传送报核表头、报关单、进口料件、出口成品、单损耗等五方面的报核数据；海关对报核的电子手册进行数据核算，核对企业报核的料体、成品进出口数据与海关底账数据是否相同，核实企业申报的成品单损耗与实际耗用量是否相符，企业内销征税情况与实际内销情况是否一致。

海关对通过核销核算的电子手册进行结案处理，并打印结案通知书交付企业。

四、出口加工区及其货物的报关程序

（一）出口加工区

出口加工区是指由省、自治区、直辖市人民政府报国务院批准在中华人民共和国境内设立的，由海关对保税加工进出口货物进行封闭式监管的特定区域。出口加工区原则上应当设立在国务院批准的经济技术开发区内。

出口加工区的主要功能是保税加工及为区内保税加工服务的储运业务。加工区设有加工区管理委员会、出口加工企业（从事保税加工业务）、仓储企业和运输企业（从事为保税加工服务的储运业务）。区内不得经营零售、一般贸易、转口贸易及其他与加工区无关的业务，不得建立营业性的生活消费设施。

加工区是海关监管的特定区域。加工区与境内其他地区之间设置符合海关监管要求的隔离设施及闭路电视监控系统，在进出区通道设立卡口。海关在加工区内设立机构，对进出加工区的货物及区内相关场所实行 24 小时监管。区内企业与海关实行电子计算机联网，进行电子数据交换。

（二）报关程序

出口加工区企业在进出口货物前应向区主管海关申请建立电子账册，包括“加工贸易电子账册”和“企业设备电子账册”。出口加工区进出境货物和进出区货物通过电子账册办理报关手续。

1. 出口加工区与境外之间进出货物的报关

出口加工区企业从境外运进货物或运出货物到境外，由收发货人或其代理人填写进、出境货物备案清单，向出口加工区海关报关。同一直属海关的不同关区进出境的出口加工区货物，可以按直通式报关；不同直属海关（跨越关区）进出境的出口加工区货物，可以按“转关运输”中的直转转关方式办理转关。下面主要介绍后者的报关程序。

1）境外货物运入出口加工区

货物到港后，收货人或其代理人向口岸海关录入转关申报数据，并持“进口转关货物申报单”“汽车载货登记簿”向口岸海关物流监控部门办理转关手续；口岸海关审核同意企业转关申请后，向出口加工区海关发送转关申报电子数据，并对运输车辆进行加封。

货物运抵出口加工区后，收货人或其代理人向加工区海关办理转关核销手续，加工区海关物流监控部门核销“汽车载货登记簿”，并向口岸海关发送转关核销电子回执；同时收货人或其代理人录入“出口加工区进境货物备案清单”，向出口加工区海关提交运单、发票、装箱单、电子账册编号、相应的许可证件等单证办理进境报关手续；出口加工区海关审核有关报关单证，确定是否查验，对不需要查验的货物予以放行；对须查验的货物，由海关实施查验后，办理放行手续，并签发有关备案清单证明联。

2）出口加工区货物运往境外

发货人或其代理人录入《出口加工区出境货物备案清单》，向加工区海关提交运单、发票、装箱单、电子账册编号等单证办理出口报关手续，同时向加工区海关录入转关申报数据，并持《出口加工区出境货物备案清单》和“汽车载货登记簿”向加工区海关物流监控部门办理出口转关手续；加工区的海关审核同意企业转关申请后，向口岸海关发送转关申报电子数据，并对运输车辆进行加封。

货物运抵出境地海关后，发货人或其代理人向出境地海关办理转关核销手续，出境地海关核销“汽车载货登记簿”，并向出口加工区海关发送转关核销电子回执；货物实际离境后，出境地海关核销清洁载货清单并反馈出口加工区海关，出口加工区海关凭以签发有关备案清单证明联。

2. 出口加工区与境内区外其他地区之间进出货物报关

1）出口加工区货物运往境内区外（视同进口）

由区位企业录入进口货物报关单，凭发票、装箱单、相应的许可证件等单证向出口加工区海关办理进口报关手续。在进口报关结束后，区内企业填写《出口加工区出境货物备案清单》，凭发票、装箱单、电子账册编号等单证向出口加工区海关办理出区报关手续。在货物放行后，加工区的海关向区外企业签发《进口货物报关单》付汇证明联，向区内企业签发《出口加工区出境货物备案清单》收汇证明联。

2）境内区外货物运入出口加工区（视同出口）

由区外企业录入出口货物报关单，凭购销合同、发票、装箱单等单证向加工区海关办理出口报关手续。在出口报关结束后，区内企业填写《出口加工区进境货物备案清单》，凭购销发票、装箱单、电子账册编号等单证向加工区海关办理进区报关手续。

加工区海关查验、放行货物后，向区外企业签发《出口货物报关单》收汇证明联，向区内企业签发《出口加工区进境货物备案清单》付汇证明联。

3. 出口加工区出区深加工结转货物报关

出口加工区货物出区深加工结转是指加工区内企业按照有关法律规定，将本企业加工生产的产品直接或者通过保税仓库转入其他出口加工区、保税区等海关特殊监管区域内及区外加工贸易企业进一步加工后复出口的经营活动（按转关运输方式办理结转手续）。

转出企业须凭出口加工区管委会批复，向所在地的加工区海关办理海关备案手续后方可开展货物的实际结转。对转入特殊监管区域的，转出、转入企业分别在所属的主管海关办理结转手续；对转入特殊监管区域外加工贸易企业的，转出、转入企业在转出地主管海关办理结转手续；对转入特殊监管区域的深加工结转，参照转关运输方式办理结转手续；对结转至海关特殊监管区域外的加工贸易企业的货物，海关按照对加工贸易进口货物的有关规定办理手续。

转入区外加工贸易企业的深加工结转报关程序包括计划备案、实际收发货登记、结转报关三个环节。转出企业、转入企业每批实际发货、收货后，可以凭申请表和转出地卡口海关签注的登记表分批或者集中办理报关手续。转出企业、转入企业每批实际发货、收货后，应当在实际发货、收货之日起 30 天内办结该批货物的报关手续。转入企业填报结转进口报关单，转出企业填报结转出口备案清单。一份结转进口报关单对应一份结转出口备案清单。

（三）监管和报关要点

（1）加工区与境外之间进出的货物，除国家另有规定外，不实行进出口许可证件管理。

（2）对加工区运往境内区外的货物，按进口货物报关，属许可证件管理的，出具有效的进口许可证件，缴纳进口关税、增值税、消费税，免交付缓税利息。

（3）出口加工区区内企业开展加工贸易业务不实行加工贸易银行保证金台账制度，适用电子账册管理，实行备案电子账册的滚动累加、扣减，每 6 个月核销一次。

（4）出口加工区内企业在需要时，可将有关模具、半成品运往区外进行加工，经加工区主管海关的关长批准，由接受委托的区外企业，向加工区主管海关缴纳货物应征关税和进口环节增值税等值的保证金或银行保函后方可办理出区手续。在加工完毕后，加工产品应按期（一般为 6 个月）运回加工区，区内企业向加工区主管海关提交运出加工区时填写的委托区外加工申请书及有关单证，办理验放核销手续。加工区主管海关办理验放核销手续后，应退还保证金或者撤销保函。

（5）从境内区外运进加工区供区内企业使用的国产机器、设备、原材料、零部件、元器件、包装物料、基础设施、加工企业和行政管理部门生产、办公用房合理数量的基建物资等，按照对出口货物的管理规定办理出口报关手续，海关签发出口退税报关单。境内区外企业依据报关单出口退税联向税务部门申请办理出口退（免）税手续。

（6）出口加工区区内企业经主管海关批准，可在境内区外进行产品的测试、检验和展示活动。测试、检验和展示的产品，应比照海关对暂时进口货物的管理规定办理出区手续。

（7）区内使用的机器、设备、模具和办公用品经主管海关批准可运往境内区外维修、测试或检验，但不得用于境内区外加工生产和使用，并自运出之日起 2 个月内运回区内，特殊情况应提前 7 天申请，最多可延期 1 个月。海关需要留存模具生产的样品，以备运回时核查。

本章小结

1. 保税制度是一种国际上通行的海关制度，在世界上大多数国家的对外经济贸易中得到广泛的应用，对国际贸易活动的发展起到重要的促进作用。

2. 保税制度是指经海关批准的境内企业所进口的货物，在海关监管下在境内指定的场所储存、加工、装配，并暂缓缴纳各种进口税费的海关监管业务制度。

3. 保税货物（Bonded Goods）是指经海关批准未办理纳税手续进境，在境内储存、加工、装配后复运出境的货物。

4. 保税加工货物包括专为加工、装配出口产品而从国外进口且海关准予保税的原材料、零部件、元器件、包装物料、辅助材料（简称料件），以及用上述料件生产的成品、半成品。经营加工贸易的企业分为对外贸易经营企业和外商投资企业两类。

5. 物理围网监管是指经国家批准，在境内或边境线上划出一块地方，采用物理围网的方式，让企业在围网内专门从事保税加工业务，由海关进行封闭式监管。

6. 纸质手册管理是一种传统的监管方式，主要是用加工贸易纸质登记手册进行加工贸易合同内容的备案，凭以进出口，并记录进口料件出口成品的实际情况，最终凭以办理核销结案手续。

7. 计算机联网监管是一种高科技的监管方式，主要是应用计算机将海关和加工贸易企业联网，建立电子账册或者电子手册，备案、进口、出口、核销，全部通过计算机进行。

8. 根据国家的相关规定，加工贸易料件经海关批准才能保税进口。海关批准保税是通过受理备案来实现的。凡是准予备案的加工贸易料件一律可以不办理纳税手续，即保税进口。

9. 国家规定，专为加工出口产品而进口的料件，按实际加工复出口成品所耗用料件的数量准予免缴进口关税和进口环节增值税、消费税。

10. 出口加工区是指由省、自治区、直辖市人民政府报国务院批准在中华人民共和国境内设立的，由海关对保税加工进出口货物进行封闭式监管的特定区域。

复习思考题

1. 保税制度主要有哪些形式？
2. 简述保税货物与减免税货物的区别。
3. 简述海关对保税加工货物进行监管的基本程序。
4. 简述电子手册管理下的报关程序。
5. 简述出口加工区及其货物的报关程序。

第九章

保税物流货物的报关程序

学习目标

- 了解保税物流货物的监管模式与监管特征。
- 了解保税仓库及其进出货物的报关程序。
- 了解出口监管仓库及其进出货物的报关程序。
- 了解保税物流中心进出货物的报关程序。
- 了解保税物流园区及其进出货物的报关程序。
- 了解综合保税区进出货物的报关程序。

开篇案例

中国香港 A 公司在深圳宝安区、东莞市均设有工厂，国外的原材料到中国香港码头后，转由福汉兴福保税仓库或盐田物流园保税仓库堆场存放，待内地工厂需要用料时，通知福汉兴报关部直接报关进口或转关至东莞海关报关。

辩证思考：

这样做的好处：首先可节省可观的仓租和拖车费用；报关员无须出境而确保报关数据准确无误。其次，东莞市的 Q 公司和深圳宝安区的 A 公司都是加工型企业，Q 公司生产的成品，如电阻要卖给 A 公司作料件，以往办理这种跨关区的“转厂”，手续很烦琐。现在他们选择了福汉兴福保保税仓库或盐田物流园保税仓库后，一切都变得简单了。Q 公司办理东莞至福保物流园的出口转关交货至福汉兴保税仓库视同出境，完成海关监管手续，可以退税，再用 A 公司的进口报关单证办理货物的进口手续，货物的运输可由国内车辆完成。这样使复杂问题简单化，节省开支。

（资料来源：谢国娥．海关报关实务[M]．上海：华东理工大学出版社，2017．略有改动）

第一节　保税物流货物概述

一、保税物流货物的概念

保税物流货物是指经海关批准未办理纳税手续进境，并在境内储存后复运出境的货物，也称保税仓储货物。已办结海关出口手续尚未离境，经海关批准存放在海关专用监管场所或特殊监管区域的货物带有保税物流货物的性质。保税物流货物在境内储存后的流向除出境外，还可以留在境内按照其他海关监管制度办理相应的海关手续，如保税加工、正式进口等。

保税物流货物进境时暂缓缴纳进口关税及进口环节海关代征税，复运出境免税，内销应当缴纳进口关税和进口环节海关代征税，不征收缓税利息；在进出境时，除国家另有规定的外，免于交验进出口许可证件。

视野拓展

进口环节海关代征税

进口货物和物品在办理海关手续放行后，进入国内流通领域，与国内货物同等对待，应缴纳应征的国内税。为了简化进口货物、物品国内税的再次申报手续，这部分税依法由海关在进口环节代为征收，这就是进口环节海关代征税。进口环节海关代征税（以下简称进口环节代征税）主要有增值税和消费税两种类型。

二、监管模式与监管特征

（一）监管模式

海关对保税物流货物的监管模式有两大类：一类是非物理围网的监管模式，包括保税仓库、出口监管仓库、保税物流中心 A 型；另一类是物理围网的监管模式，包括保税物流中心 B 型、保税物流园区、保税区、保税港区。它们是随着经济发展的需要逐渐建立起来的，见图 9-1。其中，保税港区正在试点运行，还没有形成完整的海关监管制度。

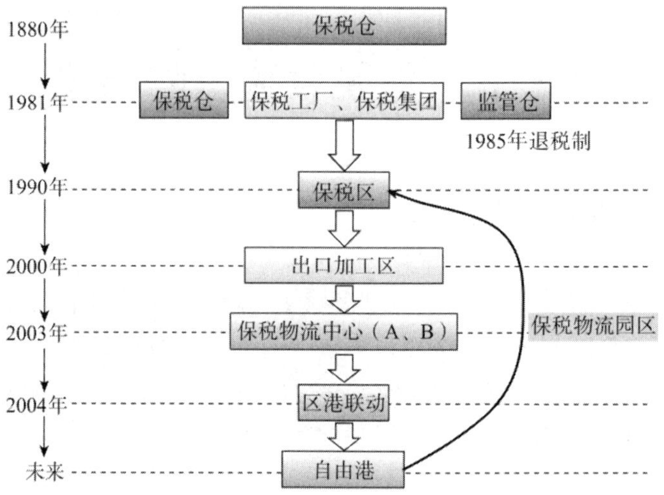

图 9-1　保税监管模式的发展变化

（二）监管特征

1. 设立审批

保税物流货物必须存放在经过法定程序审批设立的专用场所或者特殊区域。保税仓库、出口监管仓库、保税物流中心 A 型、保税物流中心 B 型，要经过海关审批，并核发批准证书，凭批准证书设立及存放保税物流货物；保税物流园区、保税区、保税港区要经过国务院审批，经国务院审批同意设立的批复设立并经海关等部门验收合格才能存放保税物流货物。未经法定程序审批同意设立的任何场所或者区域都不得存放保税物流货物。

2. 准入保税

保税物流货物报关，在任何一种监管模式下，都没有备案程序，因此不能像对保税加工货物那样通过备案实现法律规定的批准保税，而只能通过准予进入来实现批准保税。这样，准予进入成为海关保税物流货物监管目标之一。这个监管目标只有通过对专用场所或者特殊区域的监管来实现。海关应当依法监管这些专用场所或者特殊区域，按批准存放范围准予货物进入监管场所或者区域，不符合规定存放范围的货物不准进入。

除自用物资外，凡按照批准范围进入经过法定程序审批而设立的专用监管场所或者特殊监管区域的进境货物，或者已办结海关出口手续尚未离境的货物，就意味着已经保税。

3. 监管延伸

进境货物从进境地海关监管现场，已办结海关出口手续尚未离境的货物从出口申报地海关现场，延伸到专用监管场所或者特殊监管区域。

保税仓库存放保税物流货物的时间是 1 年，最长可以延长 1 年；出口监管仓库 6 个月，最长可以延长6个月；保税物流中心A型1年，最长可以延长1年；保税物流中心B型2年，最长可以延长1年；保税物流园区、保税区、保税港区无时间限制。

4. “运离”结关

根据相关规定，保税物流货物报关同保税加工货物报关一样有报核程序，有关单位应当定期以电子数据和纸质单证向海关申报规定时段保税物流货物的进、出、存、销等情况。但是实际结关的时间，除外发加工和暂准“运离”（维修、测试、展览等）需要继续监管以外，每一批货物“运离”专用监管场所或者特殊监管区域都必须根据货物的实际流向办结海关手续；办结海关手续后，该批货物就不再是“运离”的专用监管场所或者特殊监管区城范围的保税物流货物。

第二节　保税仓库及其进出货物的报关程序

一、保税仓库存放货物范围及设立条件

（一）保税仓库的概念与类型

保税仓库是指经海关批准设立的专门存放保税货物及其他未办结海关手续货物的仓库。中国的保税仓库根据使用对象不同分为公用型保税仓库和自用型保税仓库两种类型。此外，还衍生出一种专用型保税仓库。目前，中国大体上有以下三种保税仓库。

1. 公用型保税仓库

公用型保税仓库由主营仓储业务的中国境内独立企业法人经营，专门向社会提供保税仓储服务。

视野拓展

独立企业法人

独立企业法人是相对于民法上“自然人”的概念提出的，是法律所创设的主体。相比较而言，我国的事业单位法人难以等同于国外法人中的哪一种。若从法人举办目的、举办主体、活动范围等方面分析，事业单位法人类似于国外的公法人或公益社团法人。

依据《企业法人登记管理条例》《中华人民共和国公司法》等有关法律法规，经工商行政管理机关登记注册，完成获取法人资格的法定程序，在开展活动时，须有工商行政管理机关颁发的《企业法人营业执照》，作为法人身份的合法凭证。

2. 自用型保税仓库

自用型保税仓库由特定的中国境内独立企业法人经营，仅存储供本企业自用的保税货物。

3. 专用型保税仓库

专门用来存储具有特定用途或特殊种类的商品的保税仓库称为专用型保税仓库；专用型保税仓库包括液体危险品保税仓库、备料保税仓库、寄售维修保税仓库和其他专用保税仓库；液体危险品保税仓库是指符合国家关于危险化学品存储规定的，专门提供石油、成品油或者其他散装液体危险化学品保税仓储服务的保税仓库。

（二）存放货物的范围

经海关批准可以存入保税仓库的货物有保税货物和未办结海关手续的货物。具体包括：

（1）加工贸易进口货物。

（2）转口货物；供应国际航行船舶和航空器的油料、物料和维修用零部件。

（3）供维修外国产品所进口寄售的零配件。

（4）外商进境暂存货物。

（5）未办结海关手续的一般贸易进口货物。

（6）经海关批准的其他未办结海关手续的进境货物。保税仓库不得存放国家禁止进境货物，不得存放未经批准的影响公共安全、公共卫生或健康、公共道德或秩序的国家限制进境货物以及其他不得存入保税仓库的货物。

（三）保税仓库的设立

保税仓库应当设立在设有海关机构、便于海关监管的区域。经营保税仓库的企业，应当具备下列条件。

（1）经工商行政管理部门注册登记，具有企业法人资格。

（2）注册资本最低限额为300万元人民币。

（3）具备向海关缴纳税款的能力。

（4）经营特殊许可商品存储的，应当持有规定的特殊许可证件。

（5）经营备料保税仓库的加工贸易企业，年出口额最低为1 000万美元。

（6）具有专门存储保税货物的营业场所：公用保税仓库面积最低为2000平方米，液体危险品保税仓库容积最低为5000立方米，寄售维修保税仓库面积最低为2000平方米。

二、保税仓库货物的报关程序

保税仓库货物的报关程序可分为进仓报关和出仓报关两类。

（一）进仓报关

货物在保税仓库所在地进境时，除国家另有规定的外，免领进口许可证件，由收货人或其代理人办理进口报关手续，海关进境现场放行后存入保税仓库。

货物在保税仓库所在地以外其他口岸入境时，经海关批准，收货人或其代理人可以按照转关运输的报关程序办理手续，也可以直接在口岸海关办理异地传输报关手续。

（二）出仓报关

保税仓库货物出库可能出现进口报关和出口报关两种情况。保税仓库货物出仓根据情况可以逐一报关，也可以集中报关。

1. 进口报关

保税仓库货物出仓用于加工贸易的，由加工贸易企业或其代理人按加工贸易货物的报关程序办理进口报关手续；保税仓库货物出库用于可以享受特定减免税的特定地区、特定企业和特定用途的，由享受特定减免税的企业或其代理人按特定减免税货物的报关程序办理进口报关手续；保税仓库货物出库进入国内市场或使用于境内其他方面，由收货人或其代理人按一般进口货物的报关程序办理进口报关手续。保税仓库货物出仓运往境内其他地方转为正式进口的，必须经主管海关保税监管部门审核同意，同时要填制两张报关单，一张办结出仓报关手续，填制出口货物报关单；另一张办理进口申报手续，按照实际进口监管方式，填制进口货物报关单。

2. 出口报关

保税仓库货物为转口或退运到境外而出库的保税仓库经营企业或其代理人按一般出口货物的报关程序办理出口报关手续，但可免缴纳出口关税，免交验出口许可证件。

3. 集中报关

保税货物出库批量少、批次频繁的，经海关批准可以办理定期集中报关手续。保税仓库与其他海关保税监管场所往来流转的货物，按转关运输的有关规定办理相关手续；保税仓库转往其他保税仓库的，应当各自在仓库主管海关报关；在报关时，应先办理进口报关，再办理出口报关。

三、保税仓库监管和报关要点

保税仓库所存货物的储存期限为 1 年。如因特殊情况需要延长储存期限，应向主管海关申请延期，经海关批准可以延长，延长的期限最长不超过 1 年。

保税仓库所存货物是海关监管货物，未经海关批准并按规定办理有关手续，任何人不得出售、转让、抵押、质押、留置、移作他用或者进行其他处置。

货物在仓库储存期间发生损毁或者灭失，除不可抗力原因外，保税仓库应当依法向海关缴纳损毁、灭失货物的税款，并承担相应的法律责任。

保税仓库货物可以进行包装、分级分类、印刷运输标志、分拆、拼装等简单加工，不得进行实质性加工。

保税仓库经营企业应于每月 5 日之前以电子数据和书面形式向主管海关申报上月仓库收、付、存情况，并随附有关的单证，由主管海关核销。

第三节　出口监管仓库及其进出货物的报关程序

一、出口监管仓库概述

（一）出口监管仓库的概念

出口监管仓库是指经海关批准设立，对已办结海关出口手续的货物进行存储、保税货物配送、提供流通性增值服务的海关专用监管仓库。

出口监管仓库分为出口配送型仓库和国内结转型仓库。出口配送型仓库是指存储以实际离境为目的的出口货物的仓库，国内结转型仓库是指存储用于国内结转的出口货物的仓库。

（二）存放货物的范围

经海关批准可以存入出口监管仓库的货物有：一般贸易出口货物；加工贸易出口货物；从其他海关特殊监管区域、场所转入的出口货物；其他已办结海关出口手续的货物。

另外，出口配送型仓库还可以存放为拼装出口货物而进口的货物。但出口监管仓库不得存放下列货物：国家禁止进出境货物；未经批准的国家限制进出境货物；海关规定不得存放的货物。

视野拓展

走私国家禁止进出口的货物、物品罪

走私国家禁止进出口的货物、物品罪是指走私珍稀植物及其制品等国家禁止进出口的其他货物、物品的行为。国家正常对外贸易管理秩序和国家关于进出口货物、物品的禁止性管理规定。一般主体，自然人和单位均可成为本罪主体。《中华人民共和国刑法》第一百五十一条第三款：走私珍稀植物及其制品等国家禁止进出口的其他货物、物品的，处五年以下有期徒刑或者拘役，并处或者单处罚金；情节严重的，处五年以上有期徒刑，并处罚金。

（三）出口监管仓库的设立

出口监管仓库的设立应当符合区域物流发展和海关对出口监管仓库布局的要求，符合国家土地管理、规划、交通、消防、安全、环保等有关法律和行政法规的规定。申请设立出口监管仓库的经营企业，应当具备下列条件：

第一，经工商行政管理部门注册登记，具有企业法人资格；

第二，具有进出口经营权和仓储经营权；

第三，注册资本在 300 万元人民币以上；

第四，具备向海关缴纳税款的能力；

第五，具有专门存储货物的场所，其中“出口配送型”仓库的面积不得低于 50 000 平方米，国内结转型仓库不得低于 1000 平方米。

企业申请设立出口监管仓库，应当向仓库所在地主管海关提交书面申请，提供能够证明上述条件已经具备的有关文件。

海关受理、审查设立出口监管仓库的申请属于海关行政许可，应当按照行政许可的法定程序，对符合条件的，做出准予设立的决定，并出具批准文件；对不符合条件的，做出不予设立的决定，并书面告知申请企业。

申请设立出口监管仓库的企业应当自海关出具批准文件之日起 1 年内向海关申请验收出口监管仓库。

企业无正当理由逾期未申请验收或者验收不合格的，该出口监管仓库的批准文件自动失效。出口监管仓库验收合格后，经直属海关注册登记并核发《中华人民共和国出口监管仓库注册登记证书》，可以投入运营。该证书有效期为 3 年。

二、出口监管仓库货物报关程序

出口监管仓库货物报关，大体可分为进仓报关、出仓报关、结转报关和更换货物报关等四种类型。

（一）进仓报关

出口货物在存入出口监管仓库时，发货人或其代理人应当向主管海关办理出口报关手续，填制出口货物报关单。按照国家规定应当提交出口许可证件和缴纳出口关税的出口货物，发货人或其代理人必须提交许可证件和缴纳出口关税。

发货人或其代理人按照海关规定提交报关必需单证和仓库经营企业填制的“出口监管仓库货物入仓清单”。

对经批准享受入仓即退税政策的出口监管仓库，海关在货物入仓办结出口报关手续后予以签发“出口货物报关单”退税证明联；对不享受入仓即退税政策的出口监管仓库，海关在货物实际离境后签发“出口货物报关单”退税证明联。

经主管海关批准，对批量少、批次频繁的入仓货物，可以办理集中报关手续。

（二）出仓报关

出口监管仓库货物出仓可能出现出口报关和进口报关两种情况。

1. 出口报关

出口监管仓库货物出仓并出口时，仓库经营企业或其代理人应当向主管海关申报。仓库经营企业或其代理人按照海关规定提交报关必需的单证，并提交仓库经营企业填制的“出口监管仓库货物出仓清单”。出仓货物出境口岸不在仓库主管海关的，经海关批准，可以在口岸所在地海关办理相关手续，也可以在主管海关办理相关手续。入仓没有签发“出口货物报关单”退税证明联的，出仓离境海关按规定签发“出口货物报关单”退税证明联。

2. 进口报关

出口监管仓库货物转进口的，应当经海关批准，按照进口货物的有关规定办理相关手续。用于加工贸易的，由加工贸易企业或其代理人按加工贸易货物的报关程序办理进口报关手续；用于可以享受特定减免税的特定地区、特定企业和特定用途的，由享受特定减免税的企业或其代理人按特定减免税货物的报关程序办理进口报关手续；进入国内市场或使用于境内其他方面，由收货人或其代理人按一般进口货物的报关程序办理进口报关手续。

（三）结转报关

经转入、转出方所在地主管海关批准，并按照转关运输的规定办理相关手续后，出口监管仓库之间、出口监管仓库与保税区、出口加工区、保税物流园区、保税物流中心、保税仓库等特殊监管区域、专用监管场所之间可以进行货物流转。

（四）更换货物报关

对已存入出口监管仓库因质量等原因要求更换的货物，经仓库所在地主管海关批准，可以更换货物。被更换货物出仓前，更换货物应当先行入仓，并应当与原货物的商品编码、品名、规格型号、数量和价值相同。

三、监管和报关要点

出口监管仓库必须专库专用，不得转租、转借给他人经营，不得下设分库。

出口监管仓库经营企业应当如实填写有关单证、仓库账册，真实记录并全面反映其业务活动和财务状况，编制仓库月度进、出、转、存情况表和年度财务会计报告，并定期报送主管海关。

出口监管仓库所存货物的储存期限为 6 个月。如因特殊情况需要延长储存期限，应在到期之前向主管海关申请延期，经海关批准可以延长，延长的期限最长不超过 6 个月。货物存储期满前，仓库经营企业应当通知发货人或其代理人办理货物的出境或者进口手续。

出口监管仓库货物所存货物属于海关监管货物，未经海关批准并按规定办理有关手续，任何人不得出售、转让、抵押、质押、留置、移作他用或者进行其他处置。

货物在仓库储存期间发生损毁或者灭失，除不可抗力原因外，保税仓库应当依法向海关缴纳损毁、灭失货物的税款，并承担相应的法律责任。

经主管海关同意，可以在出口监管仓库内进行品质检验、分级分类、分拣分装、印刷运输标志、改换包装等流通性增值服务。

第四节　保税物流中心及其进出货物的报关程序

一、保税物流中心概述

保税物流中心分为 A 型、B 型两种类型。A 型是指经海关批准，由中国境内企业法人经营、专门从事保税仓储物流业务的海关监管场所。保税物流中心（A 型）由一家物流企业经营、糅合、集成、拓展“两仓”功能于一体，既可存放出口货物又可存放进口货物，能够将运输、仓储、转口、简单加工、配送、检测、信息等方面有机结合，形成完整的供应链，充分发挥其在进出口物流中的“采购中心、配送中心、分销中心”的作用，为用户提供辐射国内外的多功能一体化综合性服务保税场所。A 型物流中心按照服务范围分为公用型物流中心和自用型物流中心。保税物流中心（B 型）是指经海关批准，由中国境内家企业法人经营，多家企业进入并从事保税仓储物流业务的海关集中监管场所。它是由多家保税物流企业在空间上集中布局的公共性场所，具有一定规模和综合物流服务功能的联结国内、国外两个市场的保税物流场所。海关对 B 型保税物流中心按照出口加工区监管模式实施区域化和网络化的封闭管理。

保税物流中心是以整合“保税仓库和出口监管仓库”功能为基础，打破“两仓”隔离状态，弥补“两仓”功能单一的缺陷，是“两仓”功能的整合优化和提升，适应现代物流的发展要求。同时，具有同区港联动保税物流园区相同的保税仓储物流功能，是区港联动保税物流园区向内地的补充和延伸，更有利于内地以及沿海（未设有保税区）地区加工贸易及物流集散的发展。因此，可以说保税物流园区是和保税区配套的，一般在港口城市，而保税物流中心在内陆城市，它们共同促进各地加工贸易及物流业务的发展。

保税物流中心存放货物的范围是保税仓库存放货物与出口监管仓库存放货物的总和。保税物流中心开展业务的范围包括：保税存储进出口货物及其他未办结海关手续货物；对所存放货物开展流通性简单加工和增值服务；全球采购和国际分拨、配送；转口贸易和国际中转业务；经海关批准的其他国际物流业务。

保税物流中心以保税仓储物流为主要功能，因此不得开展商业零售、加工贸易、维修、翻新和拆解等业务，也不享受国务院赋予保税区、出口加工区和保税物流园区的税收优惠政策。

符合设立保税物流中心条件的经营企业应当向所在地直属海关提交书面申请，直属海关受理后，报海关总署审批，由海关总署出具批准申请企业筹建物流中心的文件。企业自海关总署出具批准文件之日起 1 年内向直属海关申请验收，验收合格后，由海关总署向企业核发“保税物流中心（A 型或 B 型）验收合格证书”和“保税物流中心（A 型或 B 型）注册登记证书”，颁发“保税物流中心（A 型或 B 型）标牌”。

物流中心在验收合格后方可开展有关业务。无正当理由逾期未申请验收或者验收不合格的以及获准开业后连续 6 个月未开展业务的，均视同撤回设立申请。

保税物流中心（A 型）注册登记证书有效期为 2 年，保税物流中心（B 型）为 3 年，企业在每次有效期满 30 日前向直属海关办理延期审查申请手续。海关对审查合格的经营保税物流中心（A 型）的企业准予延期 2 年，经营保税物流中心（B 型）的企业准予延期 3 年。

二、保税物流中心进出货物报关程序

（一）保税物流中心与境外之间的进出货物报关

物流中心与境外之间的进出货物，应当在物流中心主管海关办理相关手续。物流中心与口岸不在同一主管海关的，经主管海关批准，可以在口岸海关办理相关手续。

物流中心与境外之间的进出货物，除实行出口被动配额管理和中华人民共和国参加或者缔结的国际条约及国家另有明确规定的以外，不实行进出口配额、许可证件管理。

从境外进入物流中心内的货物，凡属于规定存放范围内的货物予以保税；属于物流中心企业进口自用的办公用品、交通运输工具、生活消费品等，以及物流中心开展综合物流服务所需进口的机器、装卸设备、管理设备等，按照进口货物的有关规定和税收政策办理相关手续。

（二）保税物流中心与境内之间的进出货物报关

物流中心货物进入关境内的其他地区视同进口，按照货物进入境内的实际流向和实际状态办理进口报关手续；货物从境内进入物流中心视同出口，办理出口报关手续，如需缴纳出口关税的，应当按照规定纳税。

物流中心内货物运往所在关区外，或者跨越关区提取货物进入物流中心，可以在物流中心主管海关办理进出中心的报关手续，也可以按照境内监管货物转关运输的方式办理相关手续。属于许可证件管理的商品，还应当向海关出具有效的许可证件。企业根据需要经主管海关批准，可以分批进出货物，月度集中报关，但集中报关不得跨年度办理。

三、监管和报关要点

保税物流中心（A 型）内货物保税存储期限为 1 年，保税物流中心（B 型）保税存储期限为 2 年。确有正当理由的，经主管海关同意可以予以延期，除特殊情况外，延期不得超过 1 年。保税物流中心（B 型）经营企业不得在本中心内直接从事保税仓储物流的经营活动。

从境内运入物流中心的原进口货物，境内发货人应当向海关办理出口报关手续，经主管海关验放；已经缴纳的关税和进口环节海关代征税，不予退还。

从境内运入物流中心已办结报关手续或者从境内运入物流中心供中心内企业自用的国产机器设备、装卸设备、管理设备、检测检验设备等以及转关出口货物（启运地海关在已收到物流中心主管海关确认转关货物进入物流中心的转关回执后）签发出口退税报关单证明联。

从境内运入物流中心的下列货物，海关不签发出口退税报关单证明联：供中心企业自用的生活消费品、交通运输工具；供中心企业自用的进口的机器设备、装卸设备、管理设备、检测检验设备等；物流中心之间，物流中心与出口加工区、保税物流园区、保税物流中心（B 型）和已实行国内货物入仓环节出口退税政策的出口监管仓库等海关特殊监管区域，或者海关保税监管场所往来的货物。

从物流中心进入境内用于在保修期限内免费维修有关外国产品并符合无代价抵偿货物有关规定的零部件，或者用于国际航行船舶和航空器的物料或者属于国家规定可以免税的货物，免征关税和进口环节海关代征税。

实行集中申报的进出口货物，应当适用每次货物进出口时海关接受申报之日实施的税率、汇率。

保税仓储货物在存储期间发生损毁或者灭失的，除不可抗力原因外，物流中心经营企业应当依法向海关缴纳损毁、灭失货物的税款，并承担相应的法律责任。

第五节　保税物流园区及其进出货物的报关程序

一、保税物流园区的功能与海关监管的特点

（一）保税物流园区的功能

保税物流园区是指经国务院批准，在保税区规划面积或者毗邻保税区的特定港区内设

立的、专门发展现代国际物流的海关特殊监管区域。保税物流园区的主要功能是保税物流。

可以开展的保税物流业务包括以下几种：

（1）存储进出口货物及其他未办结海关手续的货物。

（2）对所存货物开展流通性简单加工和增值服务。

（3）进出口贸易，包括转口贸易。

（4）国际采购、分配和配送。

（5）国际中转。

（6）商品展示。

（7）经海关批准的其他国际物流业务。

保税物流园区行政机构及其经营主体，在保税物流园区内设立的企业等单位的办公场所应当设置在园区规划面积内、围网外的园区综合办公区内。除安全人员和相关部门、企业值班人员外，其他人员不得在园区内居住。园区内设立仓库、堆场、查验场和必要的业务指挥调度操作场所，不得建立工业生产加工场所和商业性消费设施；园区内不得开展商业零售、加工制造、翻新、拆解及其他与园区无关的业务；法律、行政法规禁止进出口的货物、物品不得进出园区。

（二）海关监管的特点

保税物流园区是海关监管的特定区域。园区与境内其他地区之间应当设置符合海关监管要求的卡口、围网隔离设施、视频监控系统及其他海关监管所需的设施。

海关在园区派驻机构，依照有关法律、行政法规，对进出园区的货物、运输工具、个人携带物品，以及对园区内相关场所实行 24 小时监管。海关对园区企业实行电子账册监管制度和计算机联网管理制度。

园区行政管理机构或者其经营主体应当在海关指导下通过电子口岸建立供海关、园区企业及其他相关部门进行电子数据交换和信息共享的计算机公共信息平台。

园区企业应当编制月度货物进、出、转、存情况表和年度财务会计报告，并定期报送园区主管海关。

二、保税物流区报关程序

（一）保税物流园区与境外之间进出货物报关

海关对保税物流园区与境外之间进出货物，实行备案制管理（园区自用的免税进口货物，国际中转货物或者法律、行政法规另有规定的货物除外）。

园区与境外之间进出货物应当向园区主管海关申报。园区货物的进出境口岸不在园区主管海关管辖区域的，经主管海关批准，可以在口岸海关办理申报手续。

园区内开展整箱进出、二次“拼箱”等国际中转业务的，由开展此项业务的企业向海关发送电子舱单数据，园区企业向园区主管海关申请提箱、集运等，提交舱单等单证，办理进出境申报手续。

1. 境外运入园区

境外货物到港后，园区企业及其代理人可以先提交舱单将货物直接运到园区，再提交“进境货物备案清单”向园区主管海关办理申报手续。除法律、行政法规另有规定外，境外运入园区的货物不实行许可证件管理。

境外运入园区的下列货物保税：园区企业为开展业务所需的货物及其包装物料；加工贸易进口货物；转口贸易货物；外商暂存货物；供应国际航行船舶和航空器的物料、维修用零部件；进口寄售货物；进境检测、维修货物及其零配件；看样订货的展览品、样品；未办结海关手续的一般贸易货物；经海关批准的其他进境货物。

境外运入园区的下列货物免税：园区的基础设施建设项目所需的设备、物资等；园区企业为开展业务所需机器、装卸设备、仓储设施、管理设备及其维修用消耗品、零配件及工具；园区行政机构及其经营主体、园区企业自用合理数量的办公用品。

境外运入园区的园区行政机构及其经营主体、园区企业自用交通运输工具、生活消费品，按一般进口货物的有关规定和程序办理申报手续。

2. 园区运往境外

从园区运往境外的货物，除法律、行政法规另有规定外，免征出口关税，不实行许可证件管理。进境货物未经流通性简单加工，须原状退运出境的，园区企业可以向园区主管海关申请办理退运手续。

（二）保税物流园区与区外之间进出货物报关

园区与区外之间进出的货物，由区内企业或者区外的收发货人或其代理人在园区主管海关办理申报手续。园区企业少批量、多批次进出货物的，经主管海关批准可以办理集中申报手续，并使用每次货物进出口时海关接受该货物申报之日实施的税率、汇率。集中申报的期限不得超过 1 个月，且不得跨年度办理。

1. 园区货物运往区外（视同进口）

园区企业或者区外收货人或其代理人按照进口货物的有关规定向园区主管海关申报，海关按照货物出园区时的实际监管方式的有关规定办理：进入国内市场的，按一般进口货物报关，提供相关的许可证件、照章缴纳进口关税、进口环节增值税、消费税；用于加工贸易的，按加工贸易保税货物报关，提供加工贸易登记手册（包括纸质的或电子的），继续保税；用于可以享受特定减免税的特定企业、特定地区或有特定用途的，按特定减免税货物报关，提供“进出口货物征免税证明”和相应的许可证件，免缴进口关税、进口环节增值税。

园区企业跨关区配送货物或者异地企业跨关区到园区提取货物的，可以在园区主管海关办理申报手续，也可以按照海关规定办理进口转关手续。

2. 区外货物运入园区（视同出口）

由区内企业或者区外的发货人或其代理人向园区主管海关办理出口申报手续。属于应当缴纳出口关税的商品，应当照章缴纳；属于许可证件管理的商品，应当同时向海关出具有效的许可证件。

3. 保税物流园区与海关其他特殊监管区域、保税监管场所之间往来的货物

海关对保税物流园区与海关其他特殊监管区域、保税监管场所之间往来的货物，继续实行保税监管，不予签发“出口货物报关单”证明联；不征收进出口环节和国内流通环节的有关税收。

三、监管和报关要点

园区货物不设存储期限。但园区企业自开展业务之日起，应当每年向园区主管海关办理报核手续。园区主管海关应当自受理报核申请之日起30天内予以“核库”。企业有关账册、原始数据应当自“核库”结束之日起至少保留3年。

园区企业可以对所存货物开展流通性简单加工和增值服务，包括分级分类、分拆分拣、分装、计量、组合包装、打膜、印刷运输标志、改换包装、拼装等具有商业增值的辅助性作业。

已办理出口退税的货物或者已经流通性简单加工的货物（包括进境货物）如果退运，则按照进出口货物的有关规定办理海关手续。

经主管海关批准，园区企业可以在园区综合办公区专用的展示场所举办商品展示活动。展示的商品应当在园区主管海关备案，并接受海关监管。园区企业在区外其他地方举办商品展示活动的商品，应当比照海关对暂时进口货物的管理规定办理有关手续。

供区内行政管理机构及其经营主体和区内企业使用的机器、设备和办公用品等需要运往区外进行检测、维修的，应当向园区主管海关提出申请，经主管海关核准、登记后可以运往区外。这些货物不得留在区外使用，并自运出之日起60天内运进区内。

第六节　各类保税区进出货物的报关程序

一、保税区、保税港区、综合保税区

（一）保税区

1. 保税区的概念

保税区是指经国务院批准在中国境内设立的某一个特定的与国际市场紧密相连，按照国际经济惯例运作，具有自由贸易区性质的，由海关进行监管的封闭式区域。

2. 保税区的功能

保税区具有出口加工、转口贸易、商品展示、仓储物流等多种功能，也就是说，保税区既有保税加工的功能，又有保税物流的功能。

3. 保税区的税收政策

保税区可以享受保税、免税的货物，免税进入保税区的进口货物，海关按照特定减免税货物进行监管。保税区内仅设置保税区行政机构和企业。除安全保卫人员外，其他人员不得在保税区居住。

目前，中国设立了上海浦东外高桥保税区、天津港保税区、深圳福田保税区、深圳沙头角保税区、深圳盐田港保税区、大连保税区、广州保税区，海口、张家港、宁波、福州、青岛、厦门、汕头、珠海等多个保税区。从历史的眼光来看，保税区所具有的出口加工、保税仓储和国际贸易三项功能均取得了较好的经济效益和社会效益，但物流功能等相对薄弱，而且一些优惠政策并没有落实。随着世界经济的发展尤其是经济全球化进程的加快，保税区这种形式已经满足不了中国更好地参与全球经济的需要。越来越多的跨国公司在中国投资，其产品在研制、生产、销售等环节需要高度的国际化，迫切需要一个具备国际配送、国际采购、国际中转等功能，且货物能自由、高效流通的区域，而保税区功能较为单一。

与此同时，随着中国对外开放水平的全面提高，保税区原来的政策和功能优势逐步弱化。加入世界贸易组织后，随着我国关税的不断调低，并取消所有的非关税措施，使保税区的关税效应不断减弱，保税区的优势和功能不断遭到削弱，因此功能更齐全的保税港区、综合保税区纷纷出现。

（二）保税港区

1. 保税港区的概念

保税港区是指经国务院批准，设立在国家对外开放口岸港区和与之相连的特定区域内，具有口岸、物流、加工等功能的海关特殊监管区域实行封闭式管理，是中国内地开放层次较高、优惠政策较多、功能较齐全的特殊功能区之一。目前，在全国设立的保税港区中，上海洋山保税港区是中国第一个保税港区；重庆两路寸滩保税港区是中国内陆地区首个保税港区，也是第一个采取“水港十空港”的保税港区；江苏张家港保税港区是江苏以及长江中下游沿线第一个保税港区，也是第一个位于县域口岸的保税港区；山东烟台保税港区是全国第一家以出口加工区和临近港口整合转型升级形成的保税港区。

2. 保税港区的功能

保税港区的功能具体包括仓储物流，对外贸易，国际采购，分销和配送，国际中转，检测和售后服务维修，商品展示，研发、加工、制造，港口作业 9 项功能。保税港区享受保税区、出口加工区、保税物流园区相关的税收和外汇管理政策，主要为：国外货物入港区保税；货物出港区进入国内销售按货物进口的有关规定办理报关，并按货物实际状态征税；国内货物入区视同出口，实行退税；区内企业之间的货物交易不征增值税和消费税。保税港区叠加了保税区和出口加工区税收和外汇政策，在区位、功能和政策上优势更明显。

从形态上讲，保税港区是中国保税经济区域的高级形态；从功能上讲，保税港区叠加了保税区、出口加工区、保税物流园区各项功能政策；从发展趋势上讲，保税港区是未来我国建设自由贸易区的先行实验区；从运作模式上讲，保税港区实现了保税区域与港口的实质联动。

保税区与保税港区的区别：保税区的功能比较单一。从保税区多年的运作来看，保税区的规模参差不齐，功能也不尽相同，总体偏重于贸易和加工，物流功能等相对薄弱。一些保税区在实际运作中并没有严格地执行“境内关外”政策，相关优惠政策并没有落到实处，总体仍是“境内关内”的海关特殊监管区。而保税港区整合多种外向型功能区的功能，内涵更为丰富，功能更为齐全。从字面上就可以看出，保税港区比保税区多了码头和港口的功能。目前，我国设立的保税港区基本依港而建，与世界上知名的自由贸易区一样，如德国的汉堡港、荷兰的鹿特丹港都是与港口相连的，并实行区港一体化管理。另外，保税港区叠加税收、监管等多项优惠政策。实际上，保税区与保税港区，其本质是一致的，即“境内关外，自由免税”，只是保税区的优惠政策不足且一些优惠政策并未落到实处，而保税港区不仅是真正的“境内关外”，还享受税收、监管等各项更为优惠的政策。

3. 保税港区的税收政策

在监管方面，保税港区内货物可以自由流转；对保税港区与境外之间进出的货物，不实行进出口许可证件管理；对诚信等级高的企业所申报的危险货物，可视为内陆直接装船，不再开箱查验；对境外进入保税港区的货物，检验检疫部门只检疫不检验；对进入保税港区的国际航行船舶，实施电讯检疫或者码头检疫，一般不再实施锚地检疫。也可以说，保税港区比保税区的功能更多，政策更优，内涵更为丰富，而且意义更为深远。保税港区是经济自由区的一种表现形式，向国际先进的自由港、自由贸易区迈出了积极的一步。保税港区是世界自由港在中国的一种特殊表现形式，是“中国化”的自由贸易港。

（三）综合保税区

1. 综合保税区的含义与功能

综合保税区是设立在内陆地区具有保税港区功能的海关特殊监管区域，由海关参照有关规定对综合保税区进行封闭管理，执行与保税港区同样的税收和外汇政策，集保税区、出口加工区、保税物流区、港口的功能于一体（同保税港区），可以发展国际中转、配送、采购、转口贸易和出口加工等业务。保税港区与综合保税区的主要区别：保税港区一般临港而建，可以实施区港一体化；综合保税区一般通过“区港联动”来加强与水港、空港的对接，实现其港口作业功能。

2. 综合保税区的税收政策

综合保税区实行与保税港区完全一样的税收政策：国外货物入区保税；货物出区进入国内销售按货物进口的有关规定办理报关，并按货物实际状态征税；国内货物入区视同出口，实行退税；区内企业之间的货物交易不征增值税和消费税。

二、保税区、保税港区、综合保税区进出货物报关程序

（一）保税区进出货物报关程序

保税区货物报关分进出境报关和进出区报关两类。

1. 进出境报关

进出境报关采用报关制和备案制相结合的运行机制，即保税区与境外之间进出境货物，属自用的，采取报关制，填写“进出口货物报关单”；属非自用的，包括加工出口、转口、仓储和展示，采取备案制，填写“进出境货物备案清单”，即保税区内企业的加工贸易料件、转口贸易货物、仓储货物进出境，由收货人或其代理人填写“进出境货物备案清单”向海关报关；对保税区内企业进口自用合理数量的机器设备、管理设备、办公用品及工作人员所需自用合理数量的应税物品以及货样，由收货人或其代理人填写“进口货物报关单”向海关报关。

2. 进出区报关

进出区报关要根据不同的情况按不同的报关程序报关。

1）保税加工货物进出区

进区，报出口，要有“加工贸易登记手册”或者“加工贸易电子账册”，填写出口报关单，提供有关的许可证件，海关不签发“出口货物报关单”退税证明联。

出区，报进口，按不同的流向填写不同的“进口货物报关单”：出区进入国内市场的，按一般进口货物报关，填写“进口货物报关单”，提供有关的许可证件。出区用于加工贸易的，按加工贸易货物报关，填写加工贸易“进口货物报关单”，提供“加工贸易登记手册”或者“加工贸易电子账册”。出区用于可以享受特定减免税企业的，按特定减免税货物报关，提供“进出口货物征免税证明”和应当提供的许可证件，免缴进口税。

2）进出区外发加工

保税区企业货物外发到区外加工，或区外企业货物外发到保税区加工，须经主管海关核准。进区提交外发加工合同向保税区海关备案，加工出区后核销，不填写进出口货物报关单，不缴纳税费。出区外发加工的，须由区外加工贸易经营企业在加工企业所在地海关办理加工贸易备案手续，需要建立“银行保证金台账”的应当设立台账，加工期限最长为6个月；情况特殊，经海关批准可以延长，延长的最长期限是6个月；备案后按加工贸易货物出区进行报关。

3）设备进出区

不论是施工设备还是投资设备，进出区均需向保税区海关备案。设备进区不填写报关单，不缴纳出口税，海关不签发“出口货物报关单”退税证明联，设备系从国外进口已征进口税的，不退进口税；设备退出区外，也不必填写报关单申报，但要报保税区海关销案。

（二）保税港区、综合保税区进出货物报关程序

海关对保税港区、综合保税区进出货物的监管措施相同，因此进出保税港区与综合保税区的报关程序也相同。

1. 保税港区与境外之间

保税港区与境外之间进出的货物应当在保税港区主管海关办理海关手续；进出境口岸不在保税港区主管海关辖区内的，经保税港区主管海关批准，可以在口岸海关办理海关手续。海关对保税港区与境外之间进出的货物实行备案制管理，对从境外进入保税港区的货物予以保税，货物的收发货人或者代理人应当如实填写进出境货物备案清单，向海关备案。保税港区与境外之间进出的货物，不实行进出口配额、许可证件管理，但法律、行政法规和规章另有规定的除外。

1）从境外进入保税港区

下列货物从境外进入保税港区，海关免征进口关税和进口环节海关代征税，货物的收发货人或者代理人应当如实填写进境备案清单，向主管海关备案：区内生产性的基础设施建设项目所需的机器、设备和建设生产厂房、仓储设施所需的基建物资；区内企业生产所需的机器、设备、模具及其维修用零配件；区内企业和行政管理机构自用合理数量的办公用品。行政机构企业自用的交通运输工具、生活消费品需要按进口货物办理报关手续，海关按照有关规定征收进口关税和进口环节海关代征税。

2）保税港区运往境外货物

发货人需要向主管海关申报出口，填写出境货物备案清单，免出口关税。

2. 保税港区与区外非特殊监管区域或场所之间

保税港区与区外之间进出的货物，区内企业或者区外收发货人按照进出口货物的有关规定向保税港区主管海关办理申报手续。需要征税的，区内企业或者区外收发货人按照货物进出区时的实际状态缴纳税款；属于配额、许可证件管理商品的，区内企业或者区外收货人还应当向海关出具配额、许可证件。对于同一配额、许可证件项下的货物，海关在进境环节已经验核配额、许可证件的，在出区环节不再要求企业出具配额、许可证件原件。

1）出区

出区视同进口。一般贸易货物出区，按一般进口货物报关；加工贸易货物（如成品、残次品、副产品、边角料、废品及包装物料）出区按进口货物办理，按出区时实际状态征税；出区深加工结转按深加工结转办理，实行保税；出区展示的货物，按暂准进境货物办理，暂不缴税；出区检测维修的货物，按进境修理货物办理免税但需要提供担保或申请保税；在区外更换的国产零配件按出口货物办理；出区外发加工按外发加工货物办理，实行保税。

2）进区

进区视同出口，按出口货物规定办理缴税。从区外进区供区内企业开展业务用的国产货物、包装材料及转关出口的，从区外进区供区内行政管理机构和企业使用的国产基建物资、机器、装卸、管理设备、办公用品等，按照货物出口的有关规定办理缴税手续，签发出口货物报关单退税证明联；从区外进区供区内行政管理机构和企业使用的生活消费用品和交通运输工具，按照货物出口的有关规定办理缴税手续，但海关不予签发出口货物报关单退税证明联；从区外进区的原进口货物按照出口货物的有关规定办理申报手续，海关不予签发出口货物报关单退税证明联，已缴纳的关税，进口环节海关代征税不予退还。

3. 保税港区与其他海关特殊监管区域、保税监管场所之间的报关

保税港区与其他海关特殊监管区域、保税监管场所之间的报关，按保税货物办理，不实行配额许可证管理，海关不予签发出口货物报关单出口退税证明联，但货物从未实行国内货物入区（仓）环节出口退税制度的海关特殊监管区域或者保税监管场所转入保税港区的，视同货物实际离境，由转出地海关签发用于办理出口退税的出口货物报关单证明联。保税港区与其他海关特殊监管区城或者保税监管场所之间的流转货物，不征收进出口环节的有关税收。

区内企业不实行加工贸易银行保证金台账和合同核销制度，海关对保税港区内加工贸易货物不实行单耗标准管理。区内企业应当自开展业务之日起，定期向海关报送货物的进区、出区和储存情况。保税港区货物不设存储期限。但存储期限超过 2 年的，区内企业应当每年向海关备案。

本章小结

1. 保税物流货物是指经海关批准未办理纳税手续进境，并在境内储存后复运出境的货物，也称保税仓储货物。

2. 保税仓库是指经海关批准设立的专门存放保税货物及其他未办结海关手续货物的仓库。

3. 公用型保税仓库由主营仓储业务的中国境内独立企业法人经营，专门向社会提供保税仓储服务。

4. 自用型保税仓库由特定的中国境内独立企业法人经营，仅存储供本企业自用的保税货物。

5. 专门用来存储具有特定用途或特殊种类的商品的保税仓库称为专用型保税仓库。

6. 经海关批准可以存入出口监管仓库的货物有：一般贸易出口货物；加工贸易出口货物；从其他海关特殊监管区域、场所转入的出口货物；其他已办结海关出口手续的货物。

7. 保税仓储货物在存储期间发生损毁或者灭失的，除不可抗力原因外，物流中心经营企业应当依法向海关缴纳损毁、灭失货物的税款，并承担相应的法律责任。

8. 保税物流园区是指经国务院批准，在保税区规划面积或者毗邻保税区的特定港区内设立的、专门发展现代国际物流的海关特殊监管区域。

9. 保税区是指经国务院批准在中国境内设立的某一个特定的与国际市场紧密相连，按照国际经济惯例运作，具有自由贸易区性质的，由海关进行监管的封闭式区域。

10. 保税港区是指经国务院批准，设立在国家对外开放口岸港区和与之相连的特定区

域内，具有口岸、物流、加工等功能的海关特殊监管区域实行封闭式管理，是中国内地开放层次较高、优惠政策较多、功能较齐全的特殊功能区之一。

复习思考题

1. 监管具有哪些特征?
2. 简述保税仓库货物报关程序。
3. 简述出口监管仓库货物报关程序。
4. 简述保税物流中心进出货物报关程序。
5. 简述保税物流区报关程序。
6. 简述保税区、保税港区、综合保税区进出货物报关程序。

第十章

其他特殊货物的报关程序

学习目标

- 了解特定减免税货物的概念。
- 了解减免税货物的管理。
- 了解特定减免税货物的报关程序。
- 掌握暂准进出境货物范围及海关监管特征。
- 了解集装箱箱体的报关。
- 掌握其他进出境货物的报关程序。

开篇案例

上海公安部门邀请境外一无线电设备生产厂商到上海展览馆展出其价值 100 万美元的无线电设备，并委托上海某展览报关公司 A 办理一切手续，上海展出后又决定把其中价值 40 万美元的设备运到杭州展出。设备从杭州返回后，上海公安部门决定购买其中的 20 万美元的设备。境外厂商为了感谢上海公安部门，赠送了价值 5 万美元的设备给上海公安部门。其余设备退出境外。作为 A 公司的报关员应当办理哪些手续?

辩证思考：

1. 上海展出手续

（1）进境展览要由境内展出单位的上级主管部门审批。上海公安部门展出，由公安部或上海市人民政府审批。无线电设备要由无线电管理委员会（以下简称“无管会”）审批。暂时进口的“无管会”批件没有文号，展品属于暂时进口。

（2）凭公安部或上海市政府批件、上海市“无管会”没有文号的批件、展品清单及其他展出资料到上海海关展览物品主管部门虹桥办事处备案。

（3）物品到港后，填写进口货物报关单，预录入，电子通关。

（4）向虹桥办事处交单：报关单；“无管会”批件；发票、装箱单、提货单。

（5）提供担保（相当于税款的保证金或保证函）。

（6）取得海关盖章的提货单。

（7）提货。

（8）在布置展出时，陪同海关查验，负责搬移货物、开拆包装、重封包装。

2. 杭州展出手续

（1）凭杭州展出单位上级主管部门的批件、展出清单及其他资料到杭州海关备案。

（2）向杭州海关提前报关转关，或向上海海关直接转关，办理 40 万美元展品的转关运输手续。

（3）在杭州海关办理展出手续。闭馆后，再以转关运输的方式转运至上海，到虹桥办事处办理有关手续。

3. 展出闭馆出境前的仓储手续

（1）60 万美元留在上海的展品应向虹桥办事处办理进入公共型保税仓库的海关手续。

（2）从杭州运回的 40 万美元的展品也应向杭州办事处办理进入公共型保税仓库的海关手续。

4. 留购与赠送手续

（1）20 万美元的留购展品：如 C 公司有进出口经营权，则可由 C 公司参展商签订进出口合同，如 C 公司无进出口经营权，则应委托有关外贸公司签订进口合同；C 公司填写进口报关单，预录入。电子通关，提供“无管会”有文号的批件和上海机电审查办的机电产品登记证明，以留购价作为完税价格缴纳进口税；凭已完税税款缴纳证和报关单，以及海关签章的出库单从公共型保税仓库提取 20 万美元的无线电设备。

（2）5 万美元的赠送展品：属于经贸往来无偿赠送的物品，要有公安局上级主管部门审批，要办理有文号的无线电审批批件和机电审批批件，要照章纳税；凭上述 3 个批件办理报关手续，填写报关单，预录入，电子通关，按进口 CIF 价格作为完税价格缴纳进口税。5.75 万美元的展品的出库离境报关。

5. 撤销担保手续

凭已办结海关手续的有关单证及担保收据向主管海关办理撤销担保手续。

（资料来源：谢国娥．海关报关实务[M]．上海：华东理工大学出版社，2017．略有改动）

第一节　特定减免税货物的报关程序

一、特定减免税货物的概念与特征

（一）特定减免税货物的概念

特定减免税货物是海关根据国家的政策规定准了减免税进口，用于特定地区、特定企业、特定用途的货物。特定地区减免税货物主要是在出口加工区、保税物流园区、保税区、保税港区使用的一些货物；特定企业减免税货物主要是外商投资项目在投资额度内进口自用设备、外商投资企业投资总额外进口自用设备；特定用途减免税货物主要包括国内投资项目进口自用设备、贷款项目进口物资、科教用品、科技开发用品、残疾人专用品、救灾捐赠物资、扶贫慈善捐赠物资等。

视野拓展

减免税货物

减免税货物是指海关根据国家的政策规定准予减税、免税进口的货物。报关程序包括减免税申请、进出口报关、申请解除监管三个阶段。

（二）特定减免税货物的特征

1. 特定条件下减免进口关税

特定减免税是我国关税优惠政策的重要组成部分，是国家无偿向符合条件的进口货物使用企业提供的关税优惠，其目的是优先发展特定地区的经济，鼓励外商在我国的直接投资，促进国有大中型企业和科学、教育、文化、卫生事业的发展。因此，这种关税优惠具有鲜明的特定性，只能在国家行政法规规定的特定条件下使用。特定减免税进口的货物只能以自用为目的，符合享受减免税优惠政策条件的单位不得以自用为名替他人申请办理进口货物的减免税手续。

2. 属许可证管理的，进口申报应当提交进口许可证件

特定减免税货物是实际进口货物。按照国家有关进出境管理的法律法规，凡属于进口需要交验许可证件的货物，收货人或其代理人应交验进口许可证件。

3. 进口后在特定的海关期限内接受海关的监管

进口货物享受特定减免税的条件之一就是在规定的期限内，有规定的地区、企业和用途，并接受海关的监管。特定减免税进口货物的海关监管期限按照货物的种类各有不同。

二、减免税货物的管理

减免税申请人可以自行向海关申请办理减免税备案、审批，税款担保和后续管理业务等相关手续，也可以由已经在海关办理注册登记并取得报关注册登记证书的报关企业代理，还可以由进口货物收货人代理。

有下列情形之一的，减免税申请人可以向海关申请凭税款担保先予办理货物放行手续：主管海关按照规定已经受理减免税备案或者审批申请，尚未办理完毕的；有关进出口税收优惠政策经国务院批准，具体实施措施尚未明确，海关总署已确认减免税申请人属于享受该政策范围的；经海关总署核准的其他情况。

减免税申请人在货物申报进口前向主管海关提出申请，主管海关准予担保的，出具“准予办理减免税货物税款担保证明”，进口地海关凭主管海关出具的准予担保证明，办理货物的税款担保和验放手续。税款担保期限不超过 6 个月，经直属海关关长或者其授权人批准可以予以延期，延期不超过 6 个月。

在海关监管年限内，减免税申请人应当自进口减免税货物放行之日起，在每年第一季度向主管海关递交减免税货物使用状况报告书，期间海关将依法实施稽查。减免税货物因品质或者规格原因原状退运出境，以无代价抵偿方式进口同一类型货物的，不予恢复其减免税额度；未以该方式进口的，可以在货物退运出境之日起 3 个月内向海关申请恢复其减免额度。

三、特定减免税货物的报关程序

特定减免税货物的报关程序一般有减免税备案和审批、进口报关、后续处置和解除监管 3 个阶段。

（一）减免税备案和审批

减免税申请人向投资项目所在地海关申请办理减免税备案、审批手续。投资项目所在地涉及多个海关的，减免税申请人可以向其所在地海关或者有关海关的共同上级海关申请办理减免税备案、审批手续。

1. 减免税备案

减免税申请人到主管海关办理减免税备案手续，海关对其进行资格确认，对项目是否符合减免税政策要求进行审核，确定项目的减免税额度等事项。

2. 减免税审批

备案后，进口前，减免税申请人应持以下单证向主管海关申领减免税证明：进出口货物征免税申请表；企业营业执照或者相关证书；进出口合同、发票；享受进出口税收优惠政策资格的证明材料；海关认为需要提供的其他材料。

海关审核认可，并签发“进出口货物征免税证明”，凭此办理进出口海关手续；无减免税证明的，海关在进出口环节照章征税。《进出口货物征免税证明》有效期为 6 个月，持证人应当在自海关签发该征免税证明的 6 个月内进口经批准的特定碱免税货物。《进出口货物征免税证明》实行“一证一批”的原则，即一份征免税证明上的货物只能在一个进口口岸一次性进口。如果一批特定减免税货物需要分两个口岸进口或者分两次进口的，持证人应当事先分别申领征免税证明。

（二）进口报关

特定减免税货物进口报关程序与一般进出口货物的报关程序有一些相似之处，但是有些具体手续与一般进出口货物不同。

（1）特定减免税货物在进口报关时，进口货物收货人或其代理人除了向海关提交报关单及随附单证，还应当向海关提交“进出口货物征免税证明”。海关在审单时从计算机查阅征免税证明的电子数据，核对纸质的“进出口货物征免税证明”。

（2）特定减免税货物一般不豁免进口许可证件，但是对外资企业和中国香港、中国澳门、中国台湾同胞及华侨的投资企业进口本企业自用的机器设备，可免予交验进口许可证件；外商投资企业在投资总额内进口涉及机电产品自动进口许可管理的，也可免予交验进口许可证件。

（3）特定减免税货物进口填制报关单时，报关员应当特别注意报关单上“备案号”栏目的填写。“备案号”栏内填写“进出口货物征免税证明”上的12位长编号，错写12位长编号将不能通过海关计算机逻辑审核或者在提交纸质报关单证时无法顺利通过海关审单。因为海关在审单时将从计算机调阅征免税证明的电子数据，核对纸质的“进出口货物征免税证明”。

（三）后续处置和解除监管

1. 后续处置

1）变更使用地点

减免税货物在海关监管年限内应当在海关核准的地点使用，需要变更地点的，减免税申请人应当向主管海关提出申请，说明理由，经海关批准方可变更。减免税货物需要移出主管海关管辖地使用的，申请人应当事先向主管海关申请办理异地监管手续，经主管海关审核同意方可运至转入地海关。异地使用结束后，应申请办结异地监管手续，将减免税货物运回主管海关管辖地。

2）结转

减免税申请人将进口减免税货物转让给进口同一货物享受同等减免税优惠待遇的其他单位的，应当按照下列规定办理减免税货物结转手续。

减免税货物的转出申请人持有关单证向转出地主管海关提出申请，转出地主管海关审核同意后，通知转入地主管海关。减免税货物的转入申请人向转入地主管海关申请办理减免税审批手续。转入地主管海关审核无误后签发“征免税证明”。

转出、转入减免税货物的申请人应当分别向各自的主管海关申请办理减免税货物的出口、进口报关手续。转出地主管海关办理转出减免税货物的解除监管手续。结转减免税货物的监管年限应当连续计算，转入地主管海关在剩余监管年限内对结转减免税货物继续实施后续监管。

3）转让

在海关监管年限内，减免税申请人将进口减免税货物转让给不享受进口税收优惠政策或者进口同一货物不享受同等减免税优惠待遇的其他单位的，应当事先向减免税申请人主管海关申请办理减免税货物补缴税款和解除监管手续。

2. 解除监管

1）自动解除

特定减免税货物在海关监管期满后，自动解除海关监管。

2）申请解除

监管期满申请解除监管，纳税义务人需要开“解除监管”证明的，可以自监管年限届满之日起 1 年内向海关申请，海关自接到申请之日起 20 日内核发“减免税进口货物解除监管证明”。

监管期内申请解除监管，可以有以下几种处理方式。

（1）销售、转让：办理纳税手续→海关（按使用的时间）征税后签发“解除监管证明书”→可以销售、转让。

（2）退运出境：办理出境手续→海关监管下出境→企业持报关单及其他单证申请解除监管。

（3）放弃货物：海关核准放弃后，将货物拍卖，所得款上缴国库，凭以申领解除监管证明。

（4）企业破产清算中特定减免税货物的处理：先申请→征税→解除监管→进入破产清算，变卖、拍卖程序。

第二节　暂准进出境货物的报关程序

一、暂准进出境货物范围及海关监管特征

（一）暂准进出境货物的范围

暂准进出境货物是暂准进境货物和暂准出境货物的合称。前者是指经海关批准暂时进境，在进境时纳税义务人向海关缴纳相当于应纳税款的保证金或者提供其他担保可以暂不缴纳税款，并按规定的期限原状复运出境的货物；后者是指经海关批准暂时出境，在出境时纳税义务人向海关缴纳相当于应纳税款的保证金或者提供其他担保可以暂不缴纳税款，并按规定的期限原状复运进境的货物。

暂准进出境货物具体范围包括如下：

（1）在展览会、交易会、会议及类似活动中展示或者使用的货物。

（2）在文化、体育交流活动中使用的表演、比赛用品。

（3）进行新闻报道或者摄制电影、电视节目使用的仪器、设备及用品。

（4）开展科研、教学、医疗活动使用的仪器、设备及用品。

（5）上述四项所列活动中使用的交通工具及特种车辆。

（6）暂时进出的货样。

（7）供安装、调试、检测设备时使用的仪器、工具。

（8）盛装货物的容器。

（9）慈善活动中使用的仪器、设备及用品。

（10）旅游用自驾交通工具及其用品。

（11）工程施工中使用的设备、仪器及用品。

（12）海关批准的其他暂时进出境货物。

（二）海关监管的特征

1. 有条件暂时免予缴纳税费

暂准进出境货物在向海关申报进出境时，不必缴纳进出口税费，但货物的收发货人须向海关提供担保。

视野拓展

进出口税费减免

进出口税费减免是指海关按照国家政策和其他有关法律、行政法规的规定，对进出口货物的关税和进口环节海关代征税给予减征或免征。税费减免可分为法定减免税、特定减免税和临时减免税三大类。此外，国家还根据不同时期的需要制定专项的进口税收政策。这些政策在管理效果上具有替代或者部分替代某些进口免税政策的作用。

2. 免于提交进出口许可证件

暂准进出境货物不是实际进出口货物，只要按照暂准进出境货物的有关法律、行政法规办理进出境手续，可以免交验进出口许可证件。但是，涉及公共道德、公共安全、公共卫生所实施的进出境管制制度的暂准进出境货物应当凭许可证件进出境。

3. 规定期限内按原状复运进出境

暂准进出境货物应当自进境或者出境之日起 6 个月内复运出境或者复运进境；经收发

货人申请，海关可以根据规定延长复运出境或者复运进境的期限。

按货物实际使用情况办结海关手续暂准进出境货物都必须在规定期限内，由货物的收发货人根据货物不同的情况向海关办理核销结关手续。

暂准进出境货物按照我国海关的监管方式可以归纳为：使用 ATA 单证册报关的暂准进出境货物报关；不使用 ATA 单证册的展览品报关；集装箱箱体报关；暂时进出口货物报关等四种类型。

二、使用 ATA 单证册的暂准进出货物报关

（一）ATA 单证册

1. ATA 单证册的含义

ATA 表示“暂准进口”，即货物在暂准进口国进口后，在 1 年内原状复出口。ATA 单证册（ATA Carnet），国际贸易界亲切地将其称为“货物护照”。ATA 单证册是一份国际通用的报关文件，专用于暂准进口货物报关使用。它既代替了货物在国内外报关所需要的所有报关文件，又使货物免纳进口关税，确保持证人可以快捷方便地办理海关手续。

近年来，随着世界贸易与文化的不断发展和融合，厂商在国外展示产品或者工程技术人员、影视摄制组等携专业设备去国外使用等活动越来越频繁。过去，要把在这些活动中使用的货物出口到国外，必须事先了解各国的海关要求，填写各国不同的海关申报单，还要提供进口国海关所要求的关税担保，这笔担保往往是高额外汇押金，给货主带来许多不便。为解决这些问题，世界海关组织（前海关合作理事会）创建了 ATA 单证册制度。

视野拓展

ATA 单证册制度

ATA 单证册是一份国际通用的海关文件，它是世界海关组织为暂准进口货物而专门创设的。世界海关组织于 1961 年通过了《关于货物暂准进口的 ATA 单证册海关公约》，又于 1990 年通过了《货物暂准进口公约》，从而建立并完善了 ATA 单证册制度。ATA 单证册制度于 1963 年投入实施后，已有 62 个国家和地区实施了 ATA 单证册制度，75 个国家和地区接受 ATA 单证册，每年凭 ATA 单证册通关的货物总值超过了 120 亿美元。ATA 单证册已经成为暂准进口货物使用的重要的海关文件。

2. ATA 单证册在我国的适用范围、签发机构和有效期

在我国，使用 ATA 单证册的范围仅限于展览会、交易会、会议及类似活动项下的货物。除此以外的货物，我国海关不接受持 ATA 单证册办理进出口申报手续。

我国进出境展览品及相关货物的报关自1998年1月1日起开始启用ATA单证册制度。ATA 单证册的担保协会和出证协会一般是由国际商会国际局和各国海关批准的各国国际商会组成的。中国国际商会是我国ATA单证册的担保协会和出证协会。

根据国际公约的规定，ATA 单证册的有效期最长为 1 年。我国海关只接受展览品及相关货物使用ATA单证册申报进出口，因此使用ATA单证册报关的货物暂时进出境期限为自货物进出境之日起6个月。超过6个月的，须经直属海关批准延期，延期最多不超过3次如在 18 个月延长期届满后仍需要延期的，须经海关总署批准。暂时进出境货物申请延长期限超过ATA单证册有效期的，持证人应续签ATA单证册。

3. ATA 单证册的格式

一份ATA单证册一般由8页ATA单证组成：一页绿色封面单证、一页黄色出口单证、一页白色进口单证、一页白色复出口单证、两页蓝色过境单证、一页黄色复进口单证、一页绿色封底。

4. ATA 单证册的使用程序

使用 ATA 单证册，首先要向出证协会提出申请，缴纳一定的手续费，并按出证协会的规定提供担保。出证协会审核后签发ATA单证册。持证人凭ATA单证册将货物在出境国（地区）暂时出境，又暂时进境到进境国（地区），进境国（地区）海关经查验签章放行。货物完成暂时进境的特定使用目的后，从进境国（地区）复运出境，又复运进境到原出境国（地区）。持证人将使用过的，经各海关签注的ATA单证册交还给原出证协会。ATA单证册的整个使用过程到此结束。

（二）使用ATA单证册的暂准进出境货物报关

1. 进境申报

进境货物收货人或其代理人持 ATA 单证册向海关申报进境展览品时，先在海关核准的出证协会，即中国国际商会以及其他商会，将ATA单证册上的内容预录入海关与商会联网的ATA单证册电子核销系统，然后向展览会主管海关提交纸质ATA单证册、提货单等单证。

视野拓展

中国国际商会

中国国际商会是由设立于中国，从事国际性商业活动的企业及与之相关的组织组成的全国性社会团体，其业务主管单位是中国国际贸易促进委员会（贸促会）。

中国国际商会作为国际商会在中国的成员委员会，在开展与国际商会有关业务时，使用国际商会中国国家委员会的名称（ICC China）。

国际商会的宗旨是根据中华人民共和国的法律、法规和政策，开展促进中国工商界同世界各国各地区经贸联系和经济技术合作活动，依法维护会员的合法权益。

海关在白色进口单证上签注，并留存白色进口单证（正联），退还其存根联和 ATA 单证册其他各联给货物收货人或其代理人。

2. 出境申报

出境货物发货人或其代理人持 ATA 单证册向海关申报出境展览品时，向出境地海关提交国家主管部门的批准文件、纸质 ATA 单证册、装货单等单证。

海关在绿色封面单证和黄色出口单证上签注，并留存黄色出口单证（正联），退还其存根联和 ATA 单证册其他各联给出境货物发货人或其代理人。

3. 过境申报

过境货物承运人或其代理人持 ATA 单证册向海关申报将货物通过中国转运至第三国参加展览会的，不必填制过境货物报关单。海关在两份蓝色过境单证上分别签注后，留存蓝色过境单证（正联），退还其存根联和 ATA 单证册其他各联络运输工具承运人或其代理人。

4. 担保和许可证件

持 ATA 单证册向海关申报进出境展览品，不需要向海关提交进出口许可证件，也不需要另外提供担保。如果进出境展览品及相关货物受公共道德、公共安全、公共卫生、动植物检疫、濒危野生动植物保护、知识产权保护等限制的，展览品收发货人或其代理人则应当向海关提交进出口许可证件。

ATA 单证册必须使用英语或法语印刷。如果有需要，则可以同时使用第三种语言印刷。中国海关接受中文或英文填写的 ATA 单证册的申报。用英文填写的 ATA 单证册，海关要求提供中文译本。

5. 结关

持证人在规定期限内将进境展览品或出境展览品复运出境或复运进境，海关在白色复出口单证和黄色复进口单证上分别签注，留存单证（正联），退还其存根联和 ATA 单证册其他各联给持证人，正式核销结关。

持证人不能按规定期限将展览品复运进出境的，中国海关向担保协会即中国国际商会提出追索。

三、不使用 ATA 单证册的展览品报关

进出境展览品的海关监管有使用 ATA 单证册的，也有不使用 ATA 单证册直接按展览品监管的。以下介绍不使用 ATA 单证册报关的展览品。

（一）进出境展览品的范围

进境展览品包含在展览会中展示或者示范用的货物、物品，为示范展出的机器或者器具所需用的物品，展览者设置临时展台的建筑材料及装饰材料，供展览品做示范宣传用的电影片、幻灯片、录像带、录音带、说明书、广告等。

以下与展出活动有关的物品也可以按展览品申报进境：

（1）为展出的机器或器具进行操作示范，并在示范过程中被消耗或损坏的物料；展出者为修建、布置或装饰展台而进口的一次性廉价物品，如油漆、涂料、壁纸。

（2）参展商免费提供并在展出中免费散发的与展出活动有关的宣传印刷品、商业目录，说明书、价目表、广告招贴、广告日历、未装框照片等。

（3）供各种国际会议使用或与其有关的档案、记录、表格及其他文件。

以下货物虽然在展览活动中使用，但不是展览品：

（1）展览会期间出售的小卖品，属于一般进口货物范围。

（2）展览会期间使用的含酒精饮料、烟叶制品、燃料，虽然不能按一般进口货物管理，但是海关对这些商品一律征收关税，其中属于参展商随身携带进境的含酒精饮料、烟叶制品，则按进境旅客携带物品的有关规定管理。

出境展览品包含国内单位赴国外举办展览会或参加外国博览会、展览会而运出的展览品以及与展览活动有关的宣传品、布置品、招待品及其他公用物品。

与展览活动有关的小卖品、展卖品，可以按展览品报关出境，不按规定期限复运进境的办理一般出口手续，交验出口许可证件，缴纳出口关税。

（二）展览品的暂准进出境期限

进口展览品的暂准进境期限是 6 个月，即自展览品进境之日起 6 个月内复运出境。如果需要延长复运出境的期限，则应当向主管海关提出申请。经主管海关批准可以延长，延长期限最长不超过 6 个月。出口展览品的暂准出境期限与进口相同。

（三）展览品的进出境申报

1. 进境申报

展览品进境之前，展览会主办单位应当将举办展览会的批准文件连同展览品清单一起送展出地海关，办理登记备案手续。

展览品进境申报手续可以在展出地海关办理。从非展出地海关进口的，可以申请在进

境地海关办理转关运输手续，将展览品在海关监管下从进境口岸转运至展览会举办地主管海关办理申报手续。

展览会主办单位或其代理人应当向海关提交报关单、展览品清单、提货单、发票、装箱单等。展览品中涉及检验检疫等管制的，还应当向海关提交有关许可证件。同时，展览会主办单位或其代理人应当向海关提供担保。

海关一般在展览会举办地对展览品开箱查验。展览品开箱前，展览会主办单位或其代理人应当通知海关。海关在查验时，展览品所有人或其代理人应当到场，并负责搬移、开拆、封装货物。

2. 出境申报

展览品出境申报手续应当在出境地海关办理。在境外举办展览会或参加国外展览会的企业应当向海关提交国家主管部门的批准文件、报关单、展览品清单（一式两份）等单证。

展览品属于应当缴纳出口关税的，向海关缴纳相当于税款的保证金；属于核用品、“核两用品”及相关技术的出口管制商品的，应当提交出口许可证。

海关对展览品开箱查验，核对展览品清单。海关查验完毕，海关留存一份清单，另一份封入“关封”交还给出口货物发货人或其代理人，凭以办理展览品复运进境申报手续。

（四）进出境展览品的核销结关

1. 复运进出境

出境展览品按规定期限复运进境后，海关分别签发报关单证明联，展览品所有人或者其代理人凭以向主管海关办理核销结关手续。进境展览品未能按规定期限复运进出境的，展览会主办单位或出国举办展览会的单位应当向主管海关申请延期，在延长期内办理复运进出境手续。

2. 转为正式进出口

进境展览品在展览期间被人购买的，由展览会主办单位或其代理人向海关办理进口申报纳税手续，其中属于许可证件管理的，还应当提交进口许可证件。出口展览品在境外参加展览会后被销售的，由海关核对展览品清单后要求企业补办有关正式出口手续。

3. 展览品放弃或赠送

展览会结束后，进口展览品的所有人决定将展览品放弃交由海关处理的，由海关变卖后将款项上缴国库。有单位接受放弃展览品的，应当向海关办理进口申报、纳税手续。展览品的所有人决定将展览品赠送的，受赠人应当向海关办理进口手续，海关根据进口礼品或经贸往来赠送品的规定办理。

4. 展览品毁坏、丢失、被窃

展览品因毁坏、丢失、被窃等原因而不能复运出境的，展览会主办单位或其代理人应当向海关报告。对于毁坏的展览品，海关根据毁坏程度估价征税；对于丢失或被窃的展览品，海关按照进口同类货物征收进口税。展览品因不可抗力遭受损毁或灭失的，海关根据受损情况减征或免征进口税。

四、集装箱箱体报关

（一）集装箱箱体的概念

集装箱箱体既是一种运输设备，又是一种货物。当货物用集装箱装载进出口时，集装箱箱体作为一种运输设备；当一个企业购买进口或销售出口集装箱时，集装箱箱体与普通的进出口货物的性质相同。这里，主要介绍在通常情况下集装箱作为运输设备暂时进出境的报关。

（二）暂准进出境集装箱箱体的报关

暂准进出境的集装箱箱体报关分为以下两种情况。

第一种情况：境内生产的集装箱及我国营运人购买进口的集装箱在投入国际运输前，营运人应当向其所在地海关办理登记手续。海关准予登记并符合规定的集装箱箱体，无论是否装载货物，海关准予暂时进境和异地出境，营运人或其代理人无须对箱体单独向海关办理报关手续，进出境时也不受规定的期限限制。

第二种情况：境外集装箱箱体暂准进境，无论是否装载货物，承运人或其代理人都应当对箱体单独向海关申报，并应当于入境之日起 6 个月内复运出境。如果因特殊情况不能按期复运出境的，营运人则应当向“暂准进境地”海关提出延期申请，经海关核准后可以延期，但延长期限最长不得超过 3 个月，逾期应按规定向海关办理进口报关纳税手续。

五、暂时进出口货物报关

（一）暂时进出口货物的范围

《关税条例》规定可以暂不缴纳税款的 12 项暂准进出境货物除使用 ATA 单证册报关的货物，不使用 ATA 单证册报关的展览品、集装箱箱体按各自的监管方式由海关进行监管外，其余的均按《中华人民共和国海关对暂时进出口货物监管办法》进行监管。

（二）暂时进出口货物的期限

暂时进口货物应当自进境之日起 6 个月内复运出境，暂时出口货物应当自出境之日起

6 个月内复运进境。如果因特殊情况不能按规定期限复运出境或者复运进境的，则应当向海关申请延期，经批准可以适当延期，延期最长不得超过 6 个月。

（三）进出境申报

暂时进出口货物进出境要经过海关的核准。暂时进出口货物进出境核准属于海关行政许可范围，应当按照海关行政许可的程序办理。

1. 暂时进口货物进境申报

当暂时进口货物进境时，收货人或其代理人应当向海关提交主管部门允许货物为特定目的而暂时进境的批准文件、进口货物报关单，商业及货运单据等，向海关办理暂时进境申报手续。暂时进口货物不必提交进口货物许可证件，但对国家规定需要实施检验检疫的，或者为公共安全、公共卫生等实施管制措施的，仍应当提交有关的许可证件。暂时进口货物在进境时，进口货物的收货人或其代理人免予缴纳进口税，但必须向海关提供担保。

2. 暂时出口货物出境申报

当暂时出口货物出境时，发货人或其代理人应当向海关提交主管部门允许货物为特定目的而暂时出境的批准文件、出口货物报关单、货运和商业单据等，向海关办理暂时出境申报手续。

暂时出口货物除易制毒化学品、监控化学品、消耗臭氧层物质，有关核用品、“核两用品”及相关技术的出口管制条例管制的商品以及其他国际公约管制的商品按正常出口提交有关许可证件外，不需要交验许可证件。

（四）相关手续办理

1. 复运进出境

当暂时进口货物复运出境或暂时出口货物复运进境时进出口货物的收货人、发货人或其代理人必须留存由海关签章的复运进出境的报关单，准备报核。

2. 转为正式进口

暂时进口货物因特殊情况改变特定的暂时进口目的转为正式进口，进口货物的收货人或其代理人应当向海关提出申请，并提交有关许可证件，办理货物正式进口的报关纳税手续。

3. 放弃

当暂时进口货物在境内完成暂时进口的特定目的后，如货物所有人不准备将货物复运出境的，可以向海关声明将货物放弃，海关按放弃货物的有关规定处理。

4. 核销结关

暂时进口货物复运出境，或者转为正式进口，或者放弃后；暂时出口货物复运进境，或者转为正式出口后，收发货人向海关提交经海关签注“进出口货物报关单”，或者处理放弃货物的有关单据以及其他有关单证，申请报核。海关经审核，情况正常的，退还保证金或办理其他担保销案手续，予以结关。

第三节　其他进出境货物的报关程序

一、转关运输货物的报送程序

（一）转关运输

1. 转关运输的概念

转关运输是指进出口货物在海关监管下，从一个海关运至另一个海关办理某项海关手续的行为，包括货物由进境地入境，向海关申请转关，运往另一个设关地点进口报关；货物在启运地出口报关运往出境地，由出境地海关监管出境；海关监管货物从境内一个设关地点运往境内另一个设关地点报关。

2. 申请转关运输应符合的条件

（1）转关的指运地和启运地必须设有海关。

（2）转关的指运地和启运地应当设有经海关批准的监管场所。

（3）转关承运人应当在海关注册登记，承运车辆符合海关监管要求，并承诺按海关对转关路线范围和途中运输时间所做的限定将货物运往指定的场所。

以下货物不得申请转关运输：动物废料、冶炼渣、木制品废料、纺织品废物、贱金属及其制成品的废料、各种废旧五金、电机电器产品等、废运输设备、特殊需要进口的废物、废塑料和碎料及下脚料；易制毒化学品、监控化学品消耗臭氧层物质、氯化钠；汽车类，包括成套散件和二类底盘。

3. 转关运输的方式

转关运输有提前报关转关、直转方式转关和中转方式转关三种方式。

1）提前报关转关

提前报关方式是指进口货物在指运地先申报，再到进境地办理进口转关手续；出口货物在货物未运抵启运地监管场所前先申报，货物运抵监管场所后再办理出口转关手续的方式。

2）直转方式转关

进口直转方式转关是指在进境地海关办理转关手续，货物运抵指运地再在指运地海关办理报关手续的进境货物的进口转关。出口直转转关是指在货物运抵启运地海关监管场所报关后，在启运地海关办理出口转关手续的出境货物的出口转关。

3）中转方式转关

中转方式转关是指在收、发货人或其代理人向指运地或启运地海关办理进出口报关手续后，由境内承运人或其代理人统一向进境地或启运地海关办理进口或出口转关手续。具有全程提运单，必须换装境内运输工具的进出口中转货物适用中转转关方式。

（二）报关程序

1. 进口货物的转关

1）提前报关转关

进口货物的收货人或其代理人在进境地海关办理进口货物转关手续前，向指运地海关录入“进口货物报关单”电子数据。指运地海关提前受理电子申报，并接受申报后，计算机自动生成“进口转关货物申报单”，向进境地海关传输有关数据。提前报关的转关货物收货人或其代理人应向进境地海关提供“进口转关货物申报单”编号，并提交下列单证办理转关运输手续：“进口转关货物核放单”；“汽车载货登记簿”或“船舶监管簿”；提货单。提前报关的进口转关货物收货人或其代理人应在电子数据申报之日起 5 日内，向进境地海关办理转关手续。超过期限仍未到进境地海关办理转关手续的，将被指运地海关撤销提前报关的电子数据。提前报关的进口转关货物，进境地海关因故无法调阅进口转关数据的，可以按直转方式办理转关手续。

2）直转方式转关

直转方式转关货物的收货人或其代理人在进境地录入转关申报数据，持下列单证直接办理转关手续：“进口转关货物申报单”；“汽车载货登记簿”或“船舶监管簿”。直转方式转关货物收货人或其代理人，应当在运输工具申报进境之日起 14 天内向进境地海关申报，办理转关运输手续。逾期办理须缴纳滞报金。直转方式转关货物应当在海关限定的时间内运抵指运地。货物运抵指运地之日起 14 天内，货物的收货人或其代理人向指运地海关申报。逾期申报须缴纳滞报金。

3）中转方式转关

中转方式的进口转关一般采用提前报关转关方式。具有全程提运单、需要换装境内运输工具的中转转关货物的收货人或其代理人向指运地海关办理进口报关手续后，由境内承运人或其代理人向进境地海关提交“进口转关货物申报单”“进口货物中转通知书”按“指运地目的港”分列的“纸质舱单”（空运方式提交“联程运单”）等单证办理货物转关手续。

2. 出口货物的转关

1）提前报关转关

货物的发货人或其代理人在货物未运抵启运地海关监管场所前，先向启运地海关录入“出口货物报关单”电子数据，由启运地海关提前受理电子申报，并接受申报后，计算机自动生成“出口转关货物申报单”，向出境地海关传输有关数据。

货物应在电子数据申报之日起 5 日内，运抵启运地海关监管场所，并持下列单证向启运地海关办理出口转关手续：“出口货物报关单”；“汽车载货登记簿”或“船舶监管簿”；。超过期限的，将被启运地海关撤销提前报关的电子数据。货物到达出境地后，发货人或其代理人应持下列单证向出境地海关办理转关货物出境手续：启运地海关签发的“出口货物报关单”；“出口转关货物申报单”或“出境汽车载货清单”；“汽车载货登记簿”或“船舶监管簿”。

2）直转方式转关

由发货人或其代理人在货物运抵启运地海关监管场所后，向启运地海关录入“出口货物报关单”电子数据，启运地海关受理电子申报，并生成“出口转关货物申报单”数据，传输至出境地海关。发货人或其代理人应持下列单证在启运地海关办理出口转关手续：“出口货物报关单”；“汽车载货登记簿”或“船舶监管簿”。直转的出口转关货物到达出境地后，发货人或其代理人应持下列单证向出境地海关办理转关货物的出境手续：启运地海关签发的“出口货物报关单”；“出口转关货物申报单”或“出境汽车载货清单”；“汽车载货登记簿”或“船舶监管簿”。

3）中转方式的转关

具有全程提运单，需要换装境内运输工具的出口中转转关货物，货物的发货人或其代理人向启运地海关办理出口报关手续后，由承运人或其代理人向启运地海关录入并提交“出口转关货物申报单”，凭出境运输工具分列的电子或“纸质舱单”“汽车载货登记簿”或“船舶监管簿”等单证向启运地海关办理货物出口转关手续。经启运地海关核准后，签发“出口货物中转通知书”，承运人或其代理人凭以办理中转货物的出境手续。

3. 海关监管货物的转关

海关监管货物的转关运输，除加工贸易深加工结转按有关规定办理外，均应按进口转关方式办理。

（1）提前报关的，由转入地（相当于指运地）货物收货人及其代理人，在转出地（相当于进境地）海关办理监管货物转关手续前，向转入地海关录入进口货物报关单电子数据报关。由转入地海关提前受理电子申报，并生成“进口转关货物申报单”，向转出地海关传输有关数据。转入地货物收货人或其代理人应持“进口转关货物核放单”和“汽车载货登记簿”或“船舶监管簿”，并提供“进口转关货物申报单”编号，向转出地海关办理转关手续。

（2）直转方式转关的，由转入地货物收货人或其代理人在转出地录入转关申报数据，持“进口转关货物申报单”和“汽车载货登记簿”或“船舶监管簿”，直接向转出地海关办理转关手续。货物运抵转入地后，海关监管货物的转入地收货人或其代理人向转入地海关办理货物的报关手续。

（三）监管和报关要点

1. 转关运输的期限

1）直转方式转关的期限

直转方式转关的进口货物应当自运输工具申报进境之日起 14 天内向进境地海关办理转关手续，在海关限定期限内运抵指运地之日起 14 天内，向指运地海关办理报关手续。逾期按规定征收滞报金。在进境地办理转关手续逾期的，以自载运进口货物的运输工具申报进境之日起第 15 日为征收滞报金的起始日；在指运地申报逾期的，以自货物运抵指运地之日起第 15 日为征收滞报金的起始日。

2）提前报关转关的期限

进口转关货物应在电子数据申报之日起的 5 日内，向进境地海关办理转关手续，超过期限仍未到进境地海关办理转关手续的，指运地海关撤销提前报关的电子数据。出口转关货物应在电子数据申报之日起 5 日内，运抵启运地海关监管场所货物收货人或其代理人办理转关和验放等手续，超过期限的，启运地海关撤销提前报关的电子数据。

2. 转关运输的期限

申报单证的法律效力转关货物申报的电子数据与书面单证具有同等的法律效力，对确实因填报或传输错误的数据，有正当的理由并经海关同意，可做适当的修改或者撤销。如果是海关已决定查验的转关货物，则海关不再允许修改或撤销申报内容。

视野拓展

申报单证

申报单证是指出口货物报关单、与出口货物直接相关的商业和货运单证，以及国家有关法律、法规规定实行特殊管制的证件等。申报单证分为主要单证和随附单证两大类，其中随附单证包括基本单证、特殊单证和预备单证三类。

1）主要单证

主要单证是指报关单（证）。报关单（证）是由报关员按照海关规定格式填制的申报单。报关单是进出口收发货人或其代理人就进出口货物的真实情况向海关所做的报告，报关单一经海关接受，即产生法律上的确定力和约束力。

2）随附单证

（1）基本单证主要是指进出口货物的货运单据和商业单据，主要有进口提货单据、出口装货单据、商业发票、装箱单等。

（2）特殊单证主要是指进出口许可证、加工贸易登记手册（包括电子的和纸质的）、特定减免税证明、作为有些货物进出境证明的原进出口货物报关单证、外汇收付汇核销单证、原产地证明书、担保文件等。

（3）预备单证主要是指贸易合同、进出口企业的有关证明文件等。这些单证海关在审单、征税时可能需要调阅或者收取备案。

准备申报单证的基本原则：基本单证、特殊单证、预备单证必须齐全、有效、合法；报关单填制必须真实、准确、完整；报关单证与随附单证数据必须一致。

二、过境、转运、通运货物的报关程序

（一）过境货物

1. 过境货物的概念与范围

过境货物是指从境外启运，在中国境内不论是否换装运输工具，通过陆路运输继续运往境外的货物。

下列货物准予过境：与中国签有过境货物协定国家的过境货物，或在同中国签有铁路联运协定的国家收、发货的过境货物；未与中国签有过境货物协定但经国家经贸主管部门、运输主管部门批准，并向入境地海关备案后准予过境的货物。

下列货物禁止过境：来自或运往中国停止或禁止贸易的国家和地区的货物；各种武器、弹药、爆炸品及军需品（通过军事途径运输的除外）；各种烈性毒药、麻醉品和鸦片、吗啡、海洛因、可卡因等毒品；中国法律、法规禁止过境的其他货物物品。

2. 海关对过境货物的监管要求

海关对过境货物监管的目的是防止过境货物在中国境内运输过程中滞留在国内，或将中国货物混入过境货物随运出境；防止禁止过境货物从中国过境。过境货物经营人应当持主管部门的批准文件和工商行政管理部门颁发的营业执照，向海关主管部门申请办理注册登记手续；装载过境货物的运输工具，应当具有海关认可的加封条件或装置。海关认为必要时，可以对过境货物及其装载装置进行加封；运输部门和过境货物经营人应当负责保护海关封志的完整，任何人不得擅自开启或损毁。

3. 过境货物报关程序

当过境货物进境时，过境货物经营人或报关企业应当向海关递交“过境货物报关单”

以及海关规定的其他相关单证，办理过境手续。

过境货物经进境地海关审核无误后，进境地海关在提运单上加盖“海关监管货物”戳记，并将“过境货物报关单”和过境货物清单制作“关封”后加盖“海关监管货物”专用章，连同上述提运单一并交经营人或报关企业。

过境货物经营人或承运人应当负责将上述单证及时地交出境地海关验核。过境货物出境时，过境货物经营人或报关企业应当及时向出境地海关申报，并递交进境地海关签发的“关封”和其他单证。经出境地海关审核有关单证、货物和“关封”后，由海关加盖放行章，在海关的监管下出境。

过境货物的过境期限为6个月，因特殊原因可以向海关申请延期，经海关同意后，可延期3个月。过境货物超过规定的期限3个月仍未过境的，海关按规定依法提取变卖，变卖后的货款按有关规定处理。

过境货物进境后因换装运输工具等原因需要卸地储存时，应当经海关批准并在海关监管下存入海关指定或同意的仓库或场所。过境货物在进境以后、出境以前，应当按照运输主管部门规定的路线运输，运输部门没有规定的，由海关指定。海关可根据情况需要派员押运过境货物运输。

（二）转运货物

1. 转运货物的概念

转运货物是指由境外启运，通过中国境内设立海关的地点换装运输工具，不通过境内陆路运输，继续运往境外的货物。

2. 货物转运的条件

进境运输工具载运的货物必须具备下列条件之一，方可办理转运手续：

（1）持有转运或联运提货单的。

（2）进口载货清单上注明是转运货物的。

（3）持有普通提货单，但在卸货前向海关声明转运的。

（4）误卸下的进口货物，经运输工具经理人提供确实证件的。

（5）因特殊原因申请转运，获海关批准的。

3. 转运货物的报关程序

（1）载有转运货物的运输工具进境后，承运人应当在“进口载货清单”上列明转运货物的名称、数量、启运地和到达地，并向主管海关申报进境。

（2）申报经海关同意后，在海关指定的地点换装运输工具。

（3）在规定时间内运送出境。

4. 海关对转运货物的监管要点

（1）海关对转运货物实施监管的主要目的在于防止货物在口岸换装过程中误进口或误出口。

（2）外国转运货物在中国口岸存放期间，不得开拆、改换包装或进行加工。

（3）转运货物必须在 3 个月之内办理海关有关手续并转运出境，超出规定期限 3 个月仍未转运出境或办理其他海关手续的，海关将提取依法变卖处理。

（4）海关对转运的外国货物有权进行查验。

（三）通运货物

通运货物是指由境外启运，由船舶或飞机载运进境后，仍由原装运输工具继续运往境外的货物。通运货物进口报关时，运输工具负责人应在船舶的进口报告书或民航机的进口和过境的货物、邮件和其他物品清单上注明通运货物数量，海关凭以监管货物至出境止。

三、进出口货样和广告品的报关程序

进出口货样是指进出口专供订货参考的货物样品；进出口广告品是指进出口用以宣传有关商品内容的广告宣传品。有进出口经营权的企业价购或售出货样、广告品为货样广告品 A；没有进出口经营权的企业进出口及免费提供进出口的货样、广告品为货样广告品 B。货样广告品 A（代码：3010）需要提供核销单；货样广告品 B（代码：3039）不需要提供核销单。

进出口货样和广告品，不论是否免费提供，均应由在海关注册登记的进出口收发货人或其代理人向海关申报，由海关按规定审核验放。

视野拓展

出口收汇核销单

出口收汇核销单是指由国家外汇管理局制发，出口单位和受托行及解付行填写，海关凭此受理报关，外汇管理部门凭此核销收汇的有顺序编号的凭证（核销单附有存根）。核销单在中国电子口岸出口收汇系统中的海关使用状态应为“已用”。《国家外汇管理局、海关总署、国家税务总局联合公告 2012 年第 1 号〈关于货物贸易外汇管理制度改革的公告〉》第四条规定：自 2012 年 8 月 1 日起报关出口的货物［以海关“出口货物报关单（出口退税专用）”注明的出口日期为准，下同］出口企业在申报出口退税时，不再提供核销单；税务局参考外汇局提供的企业出口收汇信息和分类情况，依据相关规定，审核企业出口退税。

进出口货样和广告品属于国家禁止进出口或者进出口实行许可证件管理的商品，应按照国家有关管理规定办理。为规范进出口贸易秩序，加强对进出口货样和广告品的管理，海关总署公告2010年第33号出台了新政，进出口无商业价值的货样和广告品准予免征关税和进口环节海关代征税，其他进出口货样和广告品一律照章征税。

海关新政策实施后将对进出口快件带来以下影响：除文件和个人物品外，所有进出口快件向海关申报时均需要提供中国境内收、发货人在海关注册登记的进出口收、发货人注册编码（即海关10位注册编码）。未在海关注册的收、发货人，需委托在海关具有“海关注册登记编码”的代理人进行申报。收、发货人需要在收、发货时提供快件商品编码（H.S.code），以及准确详细的货物描述，海关对该商品要求的相关证件。新政取消了400元人民币以下货样、广告品免税的规定，海关将依据商品编码（H.S.code）计算关税。因此，完税价格在400元人民币以下的快件将有可能产生相应的关税、增值税和消费税。进口货样、广告品属自动进口许可管理的机电产品和一般商品，每批价值在5000元人民币以下的，免领自动进口许可证。如果进口的货样、广告品是旧机电产品，进口企业需要按程序审批并按有关旧机电产品进口的规定申报。

四、出料加工货物的报关程序

（一）出料加工货物的概念和范围

出料加工货物是指我国境内企业运到境外进行技术加工后复运进境的货物。出料加工的目的是借助国外先进的加工技术提高产品的质量和档次，因此只有在国内现有的技术手段无法或难以达到产品质量要求而必须运到境外进行某项工序加工的情况下，才可开展出料加工业务。

出料加工出口货物属暂时出境性质，加工后需要复运进境。开展出料加工应本着简单加工、有限加工的原则，其加工程度原则上不能改变原出口货物的物理形态，如纸张的印刷、布匹的印染等。完全改变原出口货物的物理形态的加工，如出口棉纱织成棉布，出口木材制成胶合板等，则已超出“简单加工”范围，不属于出料加工业务，而按一般贸易办理出口、进口有关手续。

（二）出料加工货物报关

1. 备案

开展出料加工货物的经营企业应当到主管海关办理出料加工合同的备案申请手续。海关根据出料加工的有关规定审核决定是否受理备案，受理备案的核发“出料加工登记手册”。

2. 境外加工的期限

出料加工货物自运出境之日起6个月内应当复运进境；因正当理由不能在海关规定期限内将出料加工货物复运进境的，应当在到期之前书面向海关说明情况，申请延期。经海关批准可以延期，延长的期限最长不得超过3个月。

3. 进出境申报

1）出境申报

出料加工货物出境，发货人或其代理人应当向海关提交登记手册、出口货物报关单、货运单据及其他海关需要的单证申报出口，属于许可证件管理的商品，免交许可证件；属应征出口税的，应提供担保。为有效的监管，海关可以对出料加工出口货物附加标志、标记或留取货样。

2）进境申报

出料加工货物复运进口，收货人或其代理人应当向海关提交登记手册、进口报关单、货运单据及其他海关需要的单证申报进口，海关对出料加工复进口货物以境外加工费、材料费、复、运进境的运输及其相关费用和保险费审查确定完税价格征收进口税。

4. 核销

出料加工货物全部复运进境后，经营人应当向海关报核，海关进行核销，提供担保的，应当退还保证金或者撤销担保。

出料加工货物未按海关允许期限复运进境的，海关按照一般进出口货物办理，将货物出境时收取的税款担保金转为税款，货物进境时按一般进口货物征收进口关税和进口代征税。

五、无代价抵偿货物的报关程序

（一）无代价抵偿货物的概念及监管特征

无代价抵偿货物是指进出口货物在海关放行后，因残损、短少、品质不良或者规格不符，由进出口货物的发货人、承运人或者保险公司免费补偿或者更换与原货物相同或者与合同规定相符的货物。

收发货人申报进出口的无代价抵偿货物，与退运出境或者退运进境的原货物不完全相同或者与合同规定不完全相符的，经收发货人说明理由，海关审核认为理由正当且“税则号列”未发生改变的，仍属于无代价抵偿货物范围。

收发货人申报进出口的免费补偿或者更换的货物，其“税则号列”与原进出口货物的

“税则号列”不一致的，不属于无代价抵偿货物范围，属于一般进出口货物范围。

无代价抵偿货物海关监管的基本特征如下：

（1）进出口无代价抵偿货物免交验进出口许可证件。

（2）进口无代价抵偿货物，不征收进口关税和进口代征税；出口无代价抵偿货物，不征收出口关税。但是，进出口与原货物或合同规定不完全相符的无代价抵偿货物，应当按规定计算与原进出口货物的税款差额，高出原征收税款数额的应当征收超出部分的税款，低于原征收税款，原进出口货物的发货人、承运人或者保险公司同时补偿货款的，应当退还补偿货款部分的税款，未补偿货款的，不予退还。

（3）现场放行后，海关不再进行监管。

（二）无代价抵偿货物报关

无代价抵偿大体上分为两种：一种是短少抵偿；另一种是残损、品质不良或规格不符抵偿。两种抵偿引起的两类进出口无代价抵偿货物在报关程序上有所区别。

1. 残损、品质不良或规格不符引起的无代价抵偿货物

对于残损、品质不良或规格不符引起的无代价抵偿货物在进出口前，相关负责人应当先办理被更换的原进出口货物中残损、品质不良或规格不符货物的有关海关手续。

1）退运进出境

原进口货物的收货人或其代理人应当办理被更换的原进口货物中残损、品质不良或规格不符货物的退运出境的报关手续。被更换的原进口货物退运出境时不征收出口关税。原出口货物的发货人或其代理人应当办理被更换的原出口货物中残损、品质不良或规格不符货物的退运进境的报关手续。被更换的原出口货物退运进境时不征收进口关税和进口代征税。

2）放弃交由海关处理

被更换的原进口货物中残损、品质不良或规格不符货物不退运出境，但原进口货物的收货人愿意放弃交由海关处理的，海关应当依法处理并向收货人提供依据，凭以申报进口无代价抵偿货物。

3）不退运出境也不放弃或不退运进境

被更换的原进口货物中残损、品质不良或规格不符货物不退运出境且不放弃交由海关处理的，或者被更换的原出口货物中残损、品质不良或规格不符的货物不退运进境，原进出口货物的收发货人应当按照海关接受无代价抵偿货物申报进出口之日适用的有关规定申报出口或进口，并缴纳出口关税或进口关税和进口代征税，属于许可证件管理的商品还应当交验相应的许可证件。

2. 向海关申报办理无代价抵偿货物进出口手续的期限

向海关申报进出口无代价抵偿货物应当在原进出口合同规定的索赔期内，不超过原货物进出口之日起3年。

3. 无代价抵偿货物报关应当提供的单证

收、发货人在向海关申报无代价抵偿货物进出口时，除应当填制报关单和提供基本单证外，还应当提供以下特殊单证。

1）进口提供的特殊单证

原进口货物报关单；原进口货物退运出境的出口货物报关单或者原进口货物交由海关处理的货物放弃处理证明或者已经办理纳税手续的单证（短少抵偿的除外）；原进口货物税款缴纳书或者进出口货物征免税证明；买卖双方签订的索赔协议。海关认为有需要时，纳税义务人还应当提交具有资质的商品检验机构出具的原进口货物残损、短少、品质不良或者规格不符的检验证明书或者其他有关证明文件。

2）出口提供的特殊单证

原出口货物报关单；原出口货物退运进境的进口货物报关单或者已经办理纳税手续的单证（短少抵偿的除外）；原出口货物税款缴纳书；买卖双方签订的索赔协议。海关认为有需要时，纳税义务人还应当提交具有资质的商品检验机构出具的原出口货物残损、短少、品质不良或者规格不符的检验证明书或者其他有关证明文件。

六、进出境快件的报关程序

（一）进出境快件的类型

进出境快件是指进出境快件运营人，以向客户承诺的快速商业运作方式承揽、承运的进出境的货物、物品。

进出境快件运营人（以下简称运营人）是指在中华人民共和国境内依法注册，在海关登记备案的从事进出境快件运营业务的国际货物运输代理企业。

进出境快件分为文件类、个人物品类和低值货物类三类。为规范海关对进出境快件的监管，加大信息化技术运用，提高通关效率，方便进出境快件通关，海关总署决定，自2016年6月1日起，正式启用新版快件通关管理系统（以下简称新快件系统），原快件通关管理系统中的报关功能同时停止使用。

新快件系统适用于文件类进出境快件（以下简称A类快件）、个人物品类进出境快件（以下简称B类快件）和低值货物类进出境快件（以下简称C类快件）报关。

（1）A 类快件是指无商业价值的文件、单证、票据和资料（依照法律、行政法规以及国家有关规定应当予以征税的除外）。

（2）B 类快件是指境内收寄件人（自然人）收取或者交寄的个人自用物品（旅客分离运输行李物品除外）。

（3）C 类快件是指价值在 5000 元人民币（不包括运、保、杂费等）及以下的货物（涉及许可证件管制的，需要办理出口退税、出口收汇或者进口付汇的除外）。

（二）进出境快件报关

在 A 类快件报关时，快件运营人应当向海关提交 A 类快件报关单，总运单（复印件）和海关需要的其他单证。

在 B 类快件在报关时，快件运营人应当向海关提交 B 类快件报关单、每一份进出境快件的分运单、进境快件收件人或出境快件发件人身份证影印件和海关需要的其他单证。B 类快件的限量、限值、税收征管等事项应当符合海关总署关于邮递进出境个人物品相关规定。

在 C 类快件报关时，快件运营人应当向海关提交 C 类快件报关单、代理报关委托书或者委托报关协议，每一份进出境快件的分运单、发票和海关需要的其他单证，并按照进出境货物规定缴纳税款。进出境 C 类快件的监管方式为“一般贸易”或者“货样广告品 A”，征免性质为“一般征税”，征减免税方式为“照章征税”。

快件运营人按照上述规定提交复印件（影印件）的，海关可要求快件运营人提供原件验核。通过快件渠道进出境的其他货物、物品，应当按照海关对进出境货物、物品的现行规定办理海关手续。

七、退运进出口货物的报关程序

退运进出口货物是指货物因质量不良或交货时间延误等原因，被国内外买方拒收造成的退运货物，或因错发、错运、溢装、漏卸造成退运的货物。退运进出口货物包括一般退运货物和直接退运货物两类。

（一）一般退运货物

一般退运货物是指已经办理进出口申报手续且海关已放行的退运货物，但不包括加工贸易退运货物。

1. 一般退运进口货物的报关

一般退运进口货物的报关分为以下两种情况。

如果原出口货物已收汇、核销，则原发货人或其代理人应填写进口货物报关单，提供原出口报关单等必需单证，办理手续。现场海关应凭加盖有已核销专用章的“外汇核销单出口退税专用联”（正本），或税务部门出具的“出口商品退运已补税证明”，保险公司证明或承运人溢装、漏卸的证明等有关资料办理退运进口手续，同时签发一份进口货物报关单。

如果原出口货物未收汇，则原发货人或其代理人应提供原货物出口报关单、出口收汇核销单、报关单退税联向进口地海关申报退运进口，同时填一份进口货物报关单，办理退运手续。若出口货物部分退运进口，海关应在原出口货物报关单上批注退运的实际数量、金额后退回企业并留存复印件，海关核实无误后，验放有关货物进境。

因品质、规格原因，出口货物自出口之日起 1 年内原装退货复运进境的，不予征税。已经征收出口税的，只要重新缴纳因出口而退还的国内环节税，自缴纳出口税款之日起 1 年内准予退还。

2. 一般退运出口货物的报关

因故退运出口的进口货物，原收货人或其代理人应填写出口货物报关单，并提供原货物进口时的有关单据，海关核实无误后，验放有关货物出境。

因品质或规格原因，进口货物自进口之日起 1 年内原状退货复运出境，可以免税已征收的进口税，自缴纳进口税款之日起 1 年内准予退还。

（二）直接退运货物

直接退运货物是指进口货物进境后向海关申报，但由于特殊原因无法继续办理进口手续，经主管海关批准将货物全部退运境外的货物。进口转关货物在进境地海关放行后，当事人申请办理退运手续的，不属于直接退运货物，应当按照一般退运货物办理退运手续。

1. 当事人申请直接退运的货物

因国家贸易管制政策调整，收货人无法提供有关证明的。

属错发、误卸货物，并能提供发货人或运输部门书面证明的；收货人因故不能支付进口税、费，或收货人未按时支付货款致使货物所有权已发生转移，并能提供发货人同意退运的书面证明的。

收发货人双方协商一致同意退运，能够提供双方同意退运的书面证明文书的。

有关贸易发生纠纷，能够提供法院判决书、仲裁机构决定书或者无争议的有效货物所有权凭证的。

货物残损或者国家检验检疫不合格，能够提供国家检验检疫部门根据收货人申请而出具的相关检验证明文书的。当事人申请直接退运前，海关已经确定检验或者认为有走私违规嫌疑的货物，不予办理直接退运。

2. 海关责令直接退运货物范围

进口国家禁止进口的货物，经海关依法处理后。

违反国家检验检疫政策法规，经国家检验检疫部门处理并且出具“检验检疫处理通知书”或者其他证明文书后的。

未经许可擅自进口属于限制进口的固体废物用作原料，经海关依法处理后的。

违反国家有关法律行政法规，应当责令直接退运的其他情形。

3. 直接退运货物的报关规定

海关责令直接退运货物的报关程序除不需要申请外均与当事人申请直接退运货物相同。

申请直接退运由货物所有人或其代理人向进境地海关提出正式书面申请，并填写“直接退运货物审批表”；海关批准后方可办理退运，并在原进境地口岸办理退运。

报关单填制符合以下要求：“标记唛码与备注”栏填写“准予直接退运决定书”编号；“贸易方式”栏填写“直接退运”代码 4500。

直接退运一般先申报出口，再申报进口；并在进口报关单的“标记唛码及备注”栏填写关联报关单（出口报关单）号；对货物进境申报后经海关批准直接退运的，在办理进口货物直接退运出境申报手续前，海关应当将原进口货物报关单或者转关单数据予以撤销。

属承运人的责任造成的错发、误卸，获批准退运的，可以不填写报关单。

经海关批准直接退运的货物免交许可证、免征税费及滞报金，不列入海关统计。

八、退关货物的报关程序

（一）退关货物的概念

退关货物又称出口退关货物，是指出口货物在向海关申报出口后被海关放行，因故未能装上运输工具，发货单位请求将货物退运出海关监管区域不再出口的货物。

（二）退关货物报关

出口货物的发货人及其代理人应当在得知出口货物未装上运输工具，并决定不再出口之日起 3 天内，向海关申请退关。

（1）经海关核准且撤销出口申报后方能将货物运出海关监管场所。

（2）已缴纳出口税的退关货物，可以在缴纳税款之日起 1 年内，提出书面申请，向海关申请退税。

（3）出口货物的发货人及其代理人办理出口货物退关手续后，海关应对所有单证予以注销，并删除有关报关电子数据。

本章小结

1. 特定减免税货物是海关根据国家的政策规定准予减免税进口，用于特定地区、特定企业、特定用途的货物。

2. 减免税申请人可以自行向海关申请办理减免税备案、审批，税款担保和后续管理业务等相关手续，也可以由已经在海关办理注册登记并取得报关注册登记证书的报关企业代理，还可以由进口货物收货人代理。

3. 特定减免税货物在海关监管期满后，自动解除海关监管。

4. 暂准进出境货物是暂准进境货物和暂准出境货物的合称。

5. 暂准进境货物是指经海关批准暂时进境，在进境时纳税义务人向海关缴纳相当于应纳税款的保证金或者提供其他担保可以暂不缴纳税款，并按规定的期限原状复运出境的货物。

6. 暂准出境货物是指经海关批准暂时出境，在出境时纳税义务人向海关缴纳相当于应纳税款的保证金或者提供其他担保可以暂不缴纳税款，并按规定的期限原状复运进境的货物。

7. 转关运输是指进出口货物在海关监管下，从一个海关运至另一个海关办理某项海关手续的行为，包括货物由进境地入境，向海关申请转关，运往另一个设关地点进口报关；货物在启运地出口报关运往出境地，由出境地海关监管出境；海关监管货物从境内一个设关地点运往境内另一个设关地点报关。

8. 提前报关方式是指进口货物在指运地先申报，再到进境地办理进口转关手续；出口货物在货物未运抵启运地监管场所前先申报，货物运抵监管场所后再办理出口转关手续的方式。

9. 出口直转转关是指在货物运抵启运地海关监管场所报关后，在启运地海关办理出口转关手续的出境货物的出口转关。

10. 中转转关方式是指在收、发货人或其代理人向指运地或启运地海关办理进出口报关手续后，由境内承运人或其代理人统一向进境地或启运地海关办理进口或出口转关手续。

复习思考题

1. 简述减免税货物的管理。
2. 简述特定减免税货物的进口报关程序。
3. 简述海关监管具有哪些特征?
4. 简述暂时进出口货物的核销结关。
5. 简述进出口货样和广告品报关情况。
6. 简述直接退运货物的报关规定。

参考文献

[1] 姚雷，李贺，李纲．报关实务理论·技能·案例·实训［M］．上海：上海财经大学出版社，2019．

[2] 鲁丹萍，冯晓宇．报关实务［M］．北京：中国商务出版社，2019．

[3] 叶红玉，王巾．报关实务［M］．北京：中国人民大学出版社，2019．

[4] 何景师，梁嘉慧．报关实务［M］．北京：北京师范大学出版社，2019．

[5] 刘丽．报关实务［M］．北京：化学工业出版社，2019．

[6] 姜洪．进出口报关实务［M］．重庆：重庆大学出版社，2019．

[7] 姜颖．报关实务［M］．4 版．哈尔滨：哈尔滨工业大学出版社，2019．

[9] 李贺．报检与报关实务［M］．3 版．上海：上海财经大学出版社，2019．

[10] 黄丹．报关理论与实务［M］．重庆：重庆大学出版社，2019．

[11] 周坚，谢兴伟．报关与报检实务［M］．上海交通大学出版社，2018．

[12] 王永红．报关报检实务［M］．2 版．北京：对外经济贸易大学出版社，2018．

[13] 黄君麟，靳晓玲，熊正平．报关实务［M］．人民邮电出版社，2018．

[14] 宋方伟，曹红梅，卫莉．报关实务［M］．南京：东南大学出版社，2018．

[15] 左武荣．进出口报关实务［M］．北京：中国纺织出版社，2018．

[16] 王海燕．报关实务［M］．2 版．北京：北京理工大学出版社，2017．

[17] 姚长佳．报关实务［M］．大连理工大学出版社，2017．

[18] 钟飞燕．报关实务与操作［M］．北京：人民邮电出版社，2017．

[19] 熊正平，黄君麟．报检与报关实务［M］．2 版．北京：人民邮电出版社，2017．

[20] 张援越，黄苹，寇毅，等．报关基础与实务［M］．北京：中国海关出版社，2017．